Friederike Habermann
Halbinseln gegen den Strom

*Konzepte / Materialien*
*herausgegeben von der Stiftung Fraueninitiative*

*Band 6*

Friederike Habermann

# Halbinseln gegen den Strom

## Anders leben und wirtschaften im Alltag

ULRIKE HELMER VERLAG

Herausgeberin der Reihe »Konzepte / Materialien«
ist die Stiftung Fraueninitiative,
eine Stiftung von Frauen für Frauen,
Postfach 190308, D-50500 Köln
www.stiftung-fraueninitiative.de

**Bibliografische Information der Deutschen Nationalbibliothek**
Die Deutsche Nationalbibliothek verzeichnet diese Publikation in der Deutschen Nationalbibliografie; detaillierte bibliografische Daten sind im Internet über http://dnb.d-nb.de abrufbar.

**Bibliographic information published by the Deutsche Nationalbibliothek**
The Deutsche Nationalbibliothek lists this publication in the Deutsche Nationalbibliografie;
detailed bibliographic data are available in the Internet at http://dnb.d-nb.de.

ISBN 978-3-89741-284-2

© 2009 Copyright Ulrike Helmer Verlag, Königstein/Taunus
Alle Rechte vorbehalten
Covergestaltung: Atelier KatarinaS / NL
Coverabbildung unter Verwendung eines Fotos vom Schenkladen ›Systemfehler‹, Berlin.
»Mit Dank für die Abbildungsgenehmigung an Kuno und die Schenkladen-Crew.«
Druck und Bindung: Verlagsservice Niederland GmbH, Frankfurt am Main
Printed in Germany

Ulrike Helmer Verlag
Neugartenstr. 36c, 65843 Sulzbach/Taunus
E-mail: info@ulrike-helmer-verlag.de

**www.ulrike-helmer-verlag.de**

# Inhalt

Einführung ............................................................................................ 9

1. Nahrungsmittel ................................................................................ 19

1.1. Containern ................................................................................... 19
1.2. Food-Coops ................................................................................. 22
1.3. Community Supported Agriculture (CSA) ................................. 23
1.4. Nichtkommerzielle Landwirtschaft (NKL): Der Karlshof ......... 24
1.5. Subsistenzwirtschaft – oder auch nicht? ................................... 32
    1.5.1. Kombinat Gatschow ............................................................ 33
    1.5.2. Wieserhoisl .......................................................................... 35
1.6. Guerilla- und Gemeinschaftsgärtnern ....................................... 37
    1.6.1.Gemeinschaftsgarten Rosa Rose ........................................... 39
1.7. Volxküchen (Voküs) .................................................................... 41
1.8. Brotaufstrich-Kooperativen (Broops) ........................................ 43
1.9. Obstbaum-Nutzungsgemeinschaften ......................................... 44

2. Kleidung und andere Gebrauchsgegenstände ............................... 46

2.1. ›Jeder Kauf ist ein Fehlkauf‹: Umsonstläden ........................... 46
    2.1.1. Arbeitskreis Lokale Ökonomie Hamburg (AK LÖk) ............ 48
        2.1.1.1. Umsonstladen Hamburg-Altona des AK LÖk ............ 48
        2.1.1.2. Fahrrad-Selbsthilfe-Werkstatt ›Schrott wird flott‹ ...... 51
        2.1.1.3. Ladies only: Frauenschichten und Frauentreffen ........ 52
        2.1.1.4. Kreativwerkstatt des AK LÖk .................................... 52
        2.1.1.3. Kleinmöbellager des AK LÖk ..................................... 54
    2.1.2. Schenkladen Systemfehler (Berlin) ..................................... 58
    2.1.3. Kostnixladen Wien .............................................................. 62
    2.1.4. Verschenkmarkt Oldenburg ................................................ 63
    2.1.5. Umsonstladen Trier .............................................................. 65
    2.1.2. Ich war ein Umsonstladen: Das Projekt ›Sole‹ in Freiburg ... 69
2.2. Freeboxen und Freeshops ........................................................... 70
2.3. Umsonstflohmärkte ..................................................................... 71
2.4. Verschenk-Webseiten .................................................................. 74

2.4.1. Freecycle ...................................................................... 74

2.4.2. Alles-und-umsonst ......................................................... 75

2.5. Nutzungsgemeinschaften ..................................................... 76

2.5.1. Whopools ...................................................................... 77

2.5.2. Justfortheloveofit............................................................ 80

2.5.3. Leihnetzwerk ................................................................. 81

2.5.4. Cosmopool .................................................................... 82

2.6. Commonsnet ..................................................................... 83

Commonism ........................................................................... 83

Umsonstökonomie und Wertkritik.................................................. 85

Verbranntes Geld – ist aber verboten, so was! (Foto: Aziza)................... 88

Peer-Ökonomie ....................................................................... 88


3. Dienstleistungen ................................................................. 92

3.1. Tauschringe ...................................................................... 92

3.1.1. Die klassische Variante ...................................................... 92

3.1.2. Der Tauschring ohne Aufrechnung: Gib&Nimm in Wuppertal.............. 95


4. ›Vivir‹ – Wohnen und Leben.................................................... 99

4.1. Besetzte Häuser .................................................................. 99

4.1.1. Bethanien ...................................................................... 99

4.1.2. Wernsdorf...................................................................... 102

4.2. (Land-)Kommunen .............................................................. 103

4.2.1. Burg Lutter .................................................................... 103

4.2.2. Kommune Niederkaufungen ................................................. 106

4.2.3. Ökolea ......................................................................... 114

4.3. Stadtkommune Alla Hopp ...................................................... 116

4.4. Beginenhöfe ..................................................................... 124

4.4.1. Beginenhof Thüringen........................................................ 126

4.4.2. Beginenwerk Berlin........................................................... 127

4.5. Generationenübergreifendes Wohnen ........................................ 129

4.6. Hartroda ......................................................................... 130

4.7. Öko-Dörfer ...................................................................... 133

4.7.1. Lebensgarten .................................................................. 133

4.8.2. Sieben Linden.................................................................. 136

4.9. Offene Plätze .................................................................... 140

Do-ocracy............................................................................. 140

4.9.1. Soma-Haus .................................................................... 141

4.9.2. Kiefernhain..................................................................... 143

5. Finanzen ............................................................................................. 150

5.1. Mietshäuser-Syndikat ........................................................... 150
5.2. GLS-Bank ............................................................................. 151
5.3. Kollektive Betriebe ............................................................... 151
    5.3.1. Der ökologische Baustoffhandel BIBER in Verden ............... 151
    5.2.2. Das TÜWI in Wien ....................................................... 153
5.3. Emmaus Köln ....................................................................... 155
5.4. Bremer Commune ................................................................. 156
5.5. Finanzkoops ......................................................................... 162


6. Bildung .............................................................................................. 168

6.1. Bücher .................................................................................. 168
    6.1.1. Berliner Büchertisch ...................................................... 168
    6.1.2. Bücher freilassen ........................................................... 171
    6.1.3. Book-Crossing ............................................................... 172
    6.1.4. Tauschticket .................................................................. 173
    6.1.4. Freie Bibliotheken und öffentliche Bücherschränke ........... 174
6.2. Freie Universitäten ............................................................... 175
    6.2.1. Freie Uni Hamburg ........................................................ 175
    6.2.2. Offene Uni Berlins (OUBS) ........................................... 177
    6.2.3. Unitopia (Bremen) ......................................................... 179
    6.2.3. Institut für vergleichende Irrelevanz ............................... 182
6.3. Skillsharing/ Freeskilling ....................................................... 187
    6.3.1. Traveling School of Life (Tsolife) ................................... 187
    6.3.3. JUKss ........................................................................... 190
    6.3.5. Wikipedia ..................................................................... 191


7. Gesundheit ........................................................................................ 193

7.1. Artabana ............................................................................... 193
7.2. Heilehaus Berlin ................................................................... 196
7.3. Medizinische Flüchtlingshilfe ............................................... 198


8. Kommunikation ................................................................................. 200

8.1. Planet 13 – Internetcafé in Basel .......................................... 200
8.2. Freie Software-Produktion .................................................... 202
    8.2.1. Oekonux ....................................................................... 204
    8.2.2. Keimform ..................................................................... 205
    8.2.3 Open Innovation Project ................................................. 207
    8.2.4. Der Chaos Computer Club (CCC) ................................... 207

8.2.5. Non-Profit-Hosting................................................................... 207
8.2.6. Freifunk ............................................................................... 208
8.2.7. OpenStreetMap...................................................................... 208
8.3. Freie Radios ............................................................................. 209
8.4. Contraste ................................................................................. 210
8.5. indymedia ............................................................................... 210

9. Mobilität ...................................................................................... 212

9.1. Offene Fahrradwerkstätten ......................................................... 212
9.2. Der Pinke Punkt......................................................................... 212
9.3. Schwarzfahrversicherung Planka in Stockholm ............................ 213
9.4. Trampen ................................................................................... 215
9.5. Mitfahrgelegenheiten ................................................................. 215
9.6. Hospitality Club & Co ................................................................ 216

10. Fun ............................................................................................. 218

10.1. Fiesta Umsonst in Hamburg ...................................................... 218
10.2. Camp Tipsy............................................................................. 219
10.3. Kinderbauernhof am Mauerplatz ................................................ 219
10.4. KinderCafé Lolligo in Wien ...................................................... 220
10.5. Ferienkommunismus in Widerstands-Camps ............................... 220

Anmerkungen .................................................................................... 223

# Einführung

*»Es gibt keine Inseln im Falschen!«*

Nein, aber Halbinseln: Räume – seien es geographische (wie Kommunen) oder soziale (wie Netzwerke) –, in denen Menschen miteinander versuchen, etwas Besseres zu leben. Räume, in denen Menschen sich ein Stück weit eine andere Wirklichkeit erschaffen und ausprobieren, wohin es gehen könnte. Räume, die es Menschen durch die darin gelebten anderen Selbstverständlichkeiten erlauben, sich anders zu entwickeln, als dies außerhalb solcher Halbinseln möglich ist.

Aus dieser Überzeugung heraus soll dieses Buch aufzeigen, was an gelebten Alternativen zu Kapitalismus, Geld und Tauschlogik existiert. Explizit geht es nicht um Ansätze in fernen Ländern und ganz anderen Lebensverhältnissen, sondern um solche im deutschsprachigen Hier und Jetzt – mitmachbar, nachmachbar und veränderbar.

Die Auswahl ist davon geleitet, das zu bevorzugen, was vom kapitalistischen Denken am weitesten entfernt ist: eher ohne Geld statt mit; eher ohne Tauschlogik statt ihr gemäß. Darüber hinaus interessieren nur Ansätze, die sich auch hinsichtlich Rassismus, Sexismus und anderen Unterdrückungsverhältnissen als emanzipatorisch definieren lassen beziehungsweise daran arbeiten – ohne zu glauben, dass dies auch nur in einem einzigen Fall vollständig gelungen ist, denn auch hierin kann es sich nur um Halbinseln handeln.

Das Ringen um Privilegien und gegen Unterdrückung findet nicht nur als Ausdruck des kapitalistischen Verhältnisses statt, sondern in allen Sphären der Gesellschaft und zwischen allen Formen von Identitäten, welche hierdurch wiederum erst geformt werden. Auf dieser Grundlage einer ›subjektfundierten Hegemonietheorie‹, wie ich sie in meinem Buch Der homo oeconomicus und das Andere. Hegemonie, Identität und Emanzipation (Nomos 2008) entwickelt habe, gehe ich davon aus, dass es für einen gesellschaftlichen Wandel keine Hierarchisierung einzelner Sphären oder kollektiver Subjekte wie beispielsweise der Arbeiterklasse gibt. Hegemonie in ihren Ausformungen von Kapitalismus, Rassismus oder Sexismus hat sich in Strukturen verfestigt und wird gleichzeitig tagtäglich und überall (auch) reproduziert. Und auf jeder gesellschaftlichen Ebene ist Veränderung möglich und nötig.

In Räumen, die Halbinseln anderer Wirklichkeiten darstellen, werden keine perfekten Alternativen gelebt, aber sie ermöglichen mehr als vereinzeltes Handeln. Denn während immer mehr Bestseller versprechen, mit ethisch korrektem Shopping die Welt zu verbessern, und damit zu einem rein individuellen Handeln aufrufen, braucht es für grundsätzliche gesellschaftliche Veränderungen kollektive Ansätze. Individuelle Veränderungsmöglichkeiten sind beschränkt: Die Wahl zwischen Pepsi und Coca Cola ist möglich, doch schon die Wahl zwischen Essen aus dem Discounter (sowie den mit den Billigpreisen verbundenen Konsequenzen für Tiere, Umwelt und die Arbeitsbedingungen von Menschen) und aus dem Bioladen existiert für jene nicht, die sich letzteres nicht leisten können. Ähnlich entlarvte Karl Marx die Freiheit des Arbeiters als eine trügerische: als die Freiheit, letztlich doch den Systemzwängen folgen und seine Haut zu Markte tragen zu müssen. Bekanntlich führte dies zu dem Missverständnis, es reiche, die Besitzverhältnisse an den Produktionsmitteln zu ändern – und anderthalb Jahrhunderte später hing in mancher Wohngemeinschaft Roland Beiers Karikatur von Marx, wie dieser entschuldigend sagt: »Tut mir leid, Jungs! War halt nur so 'ne Idee von mir ...«

Dabei verstand Karl Marx den Menschen sowohl als Ensemble historischer Verhältnisse als auch die historischen Verhältnisse als das Getane des Menschen: In seinen Thesen über Feuerbach wirft er diesem vor, die Wirklichkeit nicht »als *sinnlich menschliche Tätigkeit, Praxis*« zu begreifen. Als solche sei diese aber nicht unmittelbar erkennbar und die Menschen handelten nicht unter selbst gewählten Bedingungen. Auch poststrukturalistische Theorie macht deutlich, dass es nicht nur äußere Zwänge wie die Notwendigkeit zu essen sind, die uns unfrei machen, sondern dass wir als Menschen in den bestehenden Verhältnissen konstruiert sind: dass wir das ergänzende Gegenstück dieser Verhältnisse sind. Anders als in Aldous Huxleys *Schöner Neuer Welt*, wo schon die Embryos auf ihre spätere Arbeitsstelle konditioniert werden, gibt es allerdings das Problem, nicht dermaßen in den gesellschaftlichen Verhältnissen aufzugehen, dass wir nicht darin auch leiden würden.

Uns gibt es nur als Teil unserer Gesellschaft. An diesem Sein ist nicht alles schlecht, denn wir sind nicht nur geformt von Herrschaftsverhältnissen, sondern auch von dem Tun aller Menschen vor uns, die für eine bessere Welt gekämpft und geliebt haben. Wir sind von neuen Erfahrungen geprägt und von neuen Träumen geleitet – die Utopie liegt immer am Horizont, so erinnert uns Eduardo Galeano: Gehen wir vorwärts, so geht auch sie vor uns her, und zeigt uns auf, was wir vorher uns gar nicht vorstellen konnten. Wer möchte heute in einer der Utopien der Vergangenheit leben? Die meisten Utopien werden erkennbar als Verlängerungen der eigenen Gesellschaft, sie sind weit mehr mit diesen verwoben, als den UtopistInnen bewusst war. In diesem Sinne geht es darum, nach neuen Wahrheiten zu suchen. Dies kann nicht individuell, sondern nur gemeinschaftlich geschehen. Neue Denk- und Handlungshorizonte entstehen nur im Zusammenspiel von verändertem materiell-ökonomischem Alltag und sich verändernden Identitäten, denn eine Veränderung von Strukturen und die Veränderung von Menschen bedingen und ermöglichen sich erst gegenseitig. Die Welt formt uns, und wir formen die Welt.

*Queerémos!* lasse ich manche Powerpointpräsentation enden, um die politischen Konsequenzen meiner subjektfundierten Hegemonietheorie zu verdeutlichen. In Anlehnung an den Ruf *Vencerémos! Wir werden siegen!* und graphisch auf ein T-Shirt gedruckt, fasse ich so die These zusammen, dass nicht nur die eigene Identität ›gequeert‹ werden muss (wie sich dies aus der feministischen Theorie Judith Butlers ergibt: als Entidentifizierung mit den uns zugedachten Rollen) und nicht nur die äußeren gesellschaftlichen Verhältnisse umgeworfen werden müssen (worauf die Marx'sche Theorie zwar nicht hinausläuft, doch dahingehend interpretiert wurde), sondern dass sowohl die eigene Identität als auch der gesellschaftliche Kontext Ziel von Veränderung sein müssen, da das eine sich nur zusammen mit dem anderen verändern kann. »Wenn du dich selbst ändern willst, ändere deine Umwelt. Wenn du die Welt ändern willst, ändere dich selbst«, spitzt Francisco Varela diesen Gedanken in seinem Buch *Ethical Know-How* (1992) zu.[1] Nur die Veränderung des einen eröffnet wieder Möglichkeiten für die Veränderung des anderen.

Materielle Verhältnisse und unseren gesellschaftlichen Kontext zu verändern bedeutet auch, den eigenen Alltag nach seinen ›Dissidenten Praktiken‹ (Carola Möller)[2] auszuloten, das eigene alltägliche Leben als potentiell revolutionär zu begreifen. In diesem Sinne sind folgende Bereiche für ein anderes Leben und Wirtschaften ausgewählt: Nahrungsmittel, Kleidung und andere Gebrauchsgegenstände, Dienstleistungen, Wohnen, Bildung, Gesundheit, Kommunikation, Mobilität, und, *last not least, Fun.* Und da wir noch nicht in der Utopie leben, auch Finanzen. All dies, das sei gleich dazugesagt, sind jedoch nur grobe Zuordnungen, da die Menschen in den vorgestellten Projekte sich fast nie auf nur einen Bereich mit ihren Bemühungen um Veränderungen beschränken. Dabei ist es gerade auch Ziel aufzuzeigen, dass die vorgestellten Elemente Module darstellen, die beliebig benutzt, kombiniert und erweitert werden können.

Doch handelt es sich nicht in erster Linie um ein Überblicksbuch im Sinne eines Nachschlagewerks, sondern die Aufmerksamkeit liegt darauf: Was hat Menschen dazu gebracht, solche Alternativen zu leben? Wo läuft aus der Sicht der Beteiligten was gut, was schlecht? Wo klappt der Schritt ins Neue, wo nicht? Und nicht zuletzt: Was verändert sich? Bei den Menschen im Kopf, im Bauch, im Miteinander. Kurz: Gibt es einen utopischen Überschuss in dem, was versucht wird?

Dieses Buch erhebt zudem nicht im Geringsten den Anspruch, einen vollständigen Überblick zu geben. Es kann sich nur um eine exemplarische Auswahl handeln, denn es gibt oft viele Projekte ähnlicher Art. Es geht darum, unterschiedliche Ansätze darzustellen, um die Vielfalt des bereits Gelebten aufzuzeigen. Dies soll anregen, Neues zu versuchen, Erfahrungen zu vergleichen und die hegemonialen Alltagspraktiken stückweise zu überwinden.

Dabei wurde darauf verzichtet, für jeden Bereich noch einmal darzustellen, warum der Kapitalismus hierin versagt; dies kann in vielen Büchern nachgelesen werden. An einige Beispiele sei hier aber dennoch kurz erinnert:

- bei *Nahrungsmitteln*: deren Vernichtung sowie ihre Verschwendung als Kraftstoff, während fast eine Milliarde Menschen hungert und täglich an die 100.000 verhungern, weil sie weniger Geld für Essen bieten können, als der Markt verlangt und als jemand an der Tankstelle zu zahlen bereit ist;
- bei *Kleidung und anderen Gebrauchsgegenständen*: 10.000 Liter Wasser stecken in einer Jeans, dazu der Schweiß der Arbeiterinnen, die sie in den Weltmarktfabriken hergestellt haben, und jede Menge Energie und Umwelt. Beispielsweise machen die jährlich weggeschmissenen 315 Millionen Computer allein schon vier Milliarden Pfund Plastik, eine Milliarde Pfund Blei und Hunderttausende Tonnen anderer, giftiger Materialien aus, welche nicht zuletzt Kohlendioxid und Methan freisetzen und so zur weiteren Verschlechterung des Klimas beitragen;
- bei *Dienstleistungen* und anderen Tätigkeiten: die Verdammung zur

sogenannten Arbeitslosigkeit auf der einen Seite, während auf der anderen Seite wer in der Gesellschaft etwas zählen will, zur Überarbeitung angetrieben wird;
- bei *Wohnen*: die Verdammung zur Obdachlosigkeit für jene, die auch hier es nicht schaffen, den Marktpreis zu bezahlen. Wo aber der Sozialstaat eingreift, versetzt er die Menschen in billige Wohnsilos, so dass einige die Straße sogar vorziehen;
- bei *Finanzen*: das System, in dem Menschen nur etwas wert sind, die ihre Fähigkeiten zu verwerten imstande sind, und welches sie auf ›Humankapital‹ reduziert;
- bei *Bildung*: diese zur Elitensache zu erklären, als gäbe es davon nicht genug, wobei in Wirklichkeit der Nutzen von Bildung nicht nur für die Gemeinschaft steigt, je mehr gebildete Menschen es gibt, sondern auch für das Individuum, je mehr es sich mit anderen austauschen und Gedanken weiterentwickeln kann;
- bei *Gesundheit*: dass Menschen sterben, weil Patentrechte geschützt werden, und die Lebenserwartung auch in Deutschland stark vom sozialen Status abhängt;
- bei *Kommunikation*: wenn auch nicht überall wie in Italien der Regierungschef gleichzeitig quasi Fernsehmonopolist ist, sind Medien, Macht und Geld dennoch häufig gefährlich vermischt;
- bei *Mobilität*: dass es monetär bestraft wird, seine alte Großmutter zu besuchen oder die beste Freundin zum Schwätzchen, den kranken Nachbarn im Hospital oder die Schule. Gleichzeitig werden Milliarden und Abermilliarden dafür ausgegeben, die Autoindustrie zu stützen, obwohl innerhalb weniger Jahre eine entscheidende Umkehr (auch) im Transportsystem vonnöten ist, soll der Klimawandel nicht in die Katastrophe führen;
- und schließlich bei *Fun*: wenn für die meisten Vergnügungen viel Geld gezahlt werden muss, und immer mehr Menschen durch zunehmende Verarmung davon ausgeschlossen werden – nicht zuletzt Kinder. Vielen ist die Lust am *Fun* aber sowieso vergangen: Die Zahl der Depressiven steigt sowohl in Deutschland als auch weltweit stark an.

›*Vivir bien*‹, gut leben, war ein vieldiskutierter Begriff auf dem jüngsten Weltsozialforum im brasilianischen Belém. Er steht für die Abkehr vom Wachstumszwang des Kapitalismus. In seiner indigenen Kultur entspräche die damit verbundene Lebensweise mit durchgängig maximaler Ressourcen- und Leistungsanstrengung einem ›permanenten Kriegszustand‹ – Diese Charakterisierung durch einen Referenten aus Peru im Rahmen des Europäischen Sozialforums in London einige Jahre zuvor kommt mir oft in den Sinn. Aber auch in meiner ehemaligen Heimat Hamburg gibt es ähnliche Kritiken:

> Der eigentliche Genuss, in einer sauberen Elbe zu baden, statt in Autokolonnen eine andere Erholungsregion suchen zu müssen, eine blumenreiche Wiese, die Artenvielfalt in einem Erholungsraum Wattenmeer oder eine erotisch spannungsreiche Liebesbeziehung statt des patriarchalisch zwanghaften Austauschs sexueller Dienstleistungen, das sind Qualitäten, die man nicht kaufen kann, mit denen kein Geschäft gemacht werden kann, also verkommen sie. Alle qualitativen Bedürfnisse, die nicht quantifizierbar, also nicht mit Geld käuflich sind, werden unterbunden und aus dem gesellschaftlichen Bedürfnissystem verdrängt.

Diese Worte von Thomas Ebermann und Rainer Trampert zitiert Franz Schandl in einem Aufsatz über ›Fülle und Verzicht‹, und schließt an:

> Wir müssen lernen, in Qualitäten und nicht in Quantitäten zu denken. Unsere Bedürfnisse sind nicht indirekt über Geld, sondern direkt über den materiellen oder immateriellen Bezug zu definieren … *Mehr oder weniger?*, ist eine typische Fangfrage. Nicht wenige tappen in diese Falle. Gerade der Gesellschaftskritik wird oft vorgeworfen, sie will den Leuten etwas wegnehmen und sie gar um den Genuss bringen. Und auf vieles, was heute selbstverständlich ist, muss oder viel besser: darf tatsächlich verzichtet werden: auf die schamlose Plünderung des Planeten, auf die Zerstörung der natürlichen Lebensgrundlagen, auf die Festlegung der Menschen auf Arbeit und Herrschaft, auf den Zwang, sich am Markt als Konkurrenten zueinander zu verhalten. Etc.
>   Derlei ist kein Verlust, sondern ein Gewinn an Lebensqualität. Dieses Weniger ist gleichbedeutend mit einem Mehr. Gerade deshalb ist es wichtig festzuhalten, *was weniger und was mehr werden soll*. Wirkliche Fülle ist ohne *bestimmten* Verzicht nicht zu haben. Opfer ist das keines, im Gegenteil, ein solcher Verzicht ist geradezu Quelle und Bedingung des menschlichen Reichtums. In Qualitäten zu denken meint auch, das jeweils richtige Quantum in Zeit und Raum zu finden.[3]

Im April 2009 titelt die Deutsche Presseagentur und mit ihr zahlreiche Medien: »Deutsche wollen eine ›Wohlfühlgesellschaft‹«. Statt einer Konsumgesellschaft wünschten Deutsche sich eine Sozialgesellschaft, so das Ergebnis einer Studie anlässlich des 60jährigen Bestehens der Bundesrepublik.[4] Am selben Tag geht durch die Nachrichten, dass auf dem G20-Gipfel in London beschlossen wurde, fünf Billionen US-Dollar zur Bewältigung der Finanzkrise auszugeben. Diese ungeheure Ziffer kann nur mit Panik begründet werden. Doch selbst wenn diese Maßnahmen nicht gleich verpuffen, so können sie letztlich nur die Krise vor sich herschieben, denn der Widerspruch einer immer größeren Reichtumsproduktion bei gleichzeitigem Überflüssigmachen immer größerer Teile der Bevölkerung – und

damit ihr weitgehender Wegfall als KonsumentInnen – wird dadurch nic
aufgehoben. Die den keine zwei Jahre zuvor angekündigten Maßnahmen
gegen den Klimawandel Hohn sprechenden Geldspritzen für beispielsweise
die Automobil-Industrie kann weder diese Entwicklung aufhalten noch den
Widerspruch zwischen Wachstumszwang und der Endlichkeit dieser Erde
auflösen.

Es ist ein schwacher Trost, dass der vielgescholtene Neoliberalismus ein
so plötzliches Ende gefunden hat mit dieser Krise des globalen Nordens –
während den Ländern des globalen Südens in vergleichbaren Krisensituati-
onen durch die Verschuldungspolitik stets die völlige Neoliberalisierung
aufgezwungen worden war. Wie hatte dies der ehemalige Chefvolkswirt
der Weltbank, Joseph Stiglitz, auf den Punkt gebracht? Die Politik des
Internationalen Währungsfonds könne von einem Papagei referiert werden,
dieser müsse nur drei Wörter wiederholen: Privatisierung, Marktöffnung
und Sparpolitik. Nun lauten die Zauberwörter gegen die Krise Verstaatli-
chung, Protektionismus und ins Unermessliche steigende Staatsausgaben.

J.K. Gibson-Graham – so der kollektive Name einer australischen und
einer US-amerikanischen Wissenschaftlerin – versuchen in ihrem Buch *A
Postcapitalist Politics* Queertheorie als öffnende Denkbewegung auf ökonomische Verhältnisse anzuwenden. Eine Definition von *queer* ist im
Grunde ein Widerspruch an sich, da der Terminus gerade für das Aufbrechen jeder Art von Identität steht. Der Begriff stammt aus identitätspoliti-
schen (von Lesben und Schwulen, aber auch von *people of colour*) Bewegungen in den USA, die die ursprüngliche Bedeutung von *queer* als
wunderlich positiv wendeten, und sich als Eigenbezeichnung aneigneten.
Theoretisiert wurde er vor allem durch die Bücher Judith Butlers Anfang
der neunziger Jahre. Die Denkbewegung der Queertheorie begnügt sich
also nicht damit, Möglichkeiten des Seins sowie des Handelns aufzuzeigen,
die zwischen zwei Polen liegen: Der männliche Mann, der unmännliche
Mann, die männliche Frau, die weibliche Frau – oder auch noch 15 weitere
dazwischen. Sondern es geht darum, Räume jenseits dieses Kontinuums
sichtbar, denkbar und lebbar zu machen.

Gibson-Graham geht es um eine ›kollektive Desidentifizierung‹ mit Kapitalismus, ähnlich wie Judith Butler dies in Bezug auf Heterosexualität
und Zweigeschlechtlichkeit vornimmt. Dafür zweifeln sie die Binarität von
›Kapitalismus – Antikapitalismus‹ mit Queertheorie an. Bis heute gilt
vielen der im Ostblock im 20. Jahrhundert vorherrschende Staatssozialis-
mus als das Gegenteil des Kapitalismus. Wenn wir diese Form des Sozia-

15

lismus nicht wollen (den viele zu Recht als Staatskapitalismus bezeichnen) bleibt nur noch Kapitalismus – so die Logik. Zudem impliziert diese Binarität leicht die Unvereinbarkeit, das Verschieben in die Zukunft, in der das Andere erst möglich sein wird, während im Jetzt und Hier nur Kapitalismus pur lebbar ist. Aus diesem ›Kapitalismuszentrismus‹, wie Gibson-Graham es nennen, gelte es herauszutreten, und die bereits bestehenden vielfältigen ökonomischen Praktiken aufzuspüren und die Räume zu erkennen, in denen sie in all ihrer Eigenheit und Unabhängigkeit bereits bestünden – wenn dies auch nie vollkommene Autonomie sein wird, woran der Titel dieses Buches ›Halbinseln‹ erinnern soll.

Viele Feministinnen haben von jeher darauf aufmerksam gemacht, dass der Großteil von Tätigkeiten nicht nach kapitalistischen Kriterien erbracht und belohnt wird; für die bundesdeutsche Diskussionen haben vor allem die ›Bielefelderinnen‹ Maria Mies, Claudia von Werlhof und Veronika Bennholdt-Thomsen gezeigt, dass dies kein Überbleibsel oder eine Randerscheinung ist, sondern – wie bereits Rosa Luxemburg darlegte – Kapitalismus strukturell darauf beruht, Arbeit und Ressourcen einzubeziehen, die außerhalb der eigenen Logik liegen. Ihr Buchtitel ›Frauen, die letzte Kolonie‹ (1983) verwies sowohl auf die geschlechtlichen als auch die globalen Implikationen dieser quasi ursprünglichen Akkumulation.

In diesem Sinne versuchen Gibson-Graham in ihrer *Postcapitalist Politics* zu zeigen, wie die Vielfalt ökonomischen Verhaltens unter einer einzigen Logik gefasst wird, nämlich als individualisiertes, kalkuliertes, rationales, egoistisches Verhalten. Die bürgerliche Wirtschaftstheorie erklärt auch noch Altruismus und Selbstaufopferung mit dem größeren individuellen Nutzenzuwachs, da der Gewinn, sich ›gut‹ zu fühlen, in der individuellen Präferenz höher bewertet wird als der Verlust an materiellen Werten oder das erlittene körperliche Leid. Das ist nicht ganz falsch – es macht aber die Unterschiede zwischen offenem egoistischen Verhalten und einem derartig impliziten hinfällig. Wo Solidarität, Verantwortung oder gar Liebe gesehen werden könnten, bleibt nur noch die Nutzenfunktion – während die meisten von uns es doch lieber mit Menschen zu tun haben, deren individuelle Nutzenkurve sich etwas indirekter steigern lässt als durch offenen Egoismus. In diesem Sinne wollen Gibson-Graham den ökonomischen Raum denaturalisieren und queeren, indem sie die Allgegenwart des Kapitalismus als Mythos aufzeigen. Sie sehen ihre Suche nach Spuren radikal heterogener Formen des Wirtschaftens als einen Prozess der Dekonstruktion; Spuren, in denen das Gegenteil von Kapitalismus seine Negativität verliert und zu einer Vielzahl und Vielfalt von speziellen ökonomischen Handlungen und Beziehungen wird.

Unter Replik auf die Queertheoretikerin Eve K. Sedgwick sprechen Gibson-Graham von ›weak theory‹. Während eine ›strong theory‹ für sich in Anspruch nehme, tendenziell auf alle Situationen anwendbar und umfassend analysierend zu sein, wobei verschiedene Phänomene auf eine Kernthese abbildbar sind, stelle eine solche ›schwache Theorie‹ nur wenig mehr als eine Beschreibung dar. Sie skizziere die Gegenwart und lasse die Zukunft offen. Sie sei, so fügen Gibson-Graham ironisch hinzu, unfähig zu wissen, dass alternatives Wirtschaften zwangsläufig zum Scheitern verurteilt sei …

Solidarisches Wirtschaften bedeutet aber auch nicht, Formen anderen Widerstands aufzugeben. Dafür stehen insbesondere die Zapatistas. Am 1. Januar 1994, dem Tag des Inkrafttretens des Nordamerikanischen Freihandelsabkommens, der NAFTA, begannen sie einen Aufstand, der weltweit Widerhall fand. Sie waren nicht nur jene, welche die Vernetzung zur Globalisierungsbewegung ins Leben riefen, sondern sie stehen auch für Bewegungen, die anstatt um Macht zu ringen, bereits damit beginnen, neue Welten zu erschaffen.[5] So gehen viele der heutigen sozialen Bewegungen Hand in Hand mit Formen des solidarischen Umgangs und Ansätzen zu einer gemeinschaftlichen Ökonomie: eine Ökonomie, die Gemeinschaft schafft, ohne sie vorauszusetzen – Gruppenzwang ist nicht die Vision; viele Projekte der Umsonstökonomie gehen mit dem Konzept des Offenen Raumes zusammen, also mit der Idee, für alle ohne Zugangsbeschränkungen offen zu sein.

Nicht zufällig werde das Wort Gemeinschaft, so zitieren Gibson-Graham Tom Morton, gerne von Regierungen benutzt: um sich von staatlichen Aufgaben fern, und konservative Werte hoch zu halten.[6] Doch sei es gerade diese Wärme des Begriffs, so Gibson-Graham, die KritikerInnen frösteln lässt. Sie beziehen sich auf Jean-Luc Nancy, der nach einem Gemeinschaftssinn sucht, welcher nicht darauf aufbaut, angeblich ganzheitliche Subjekte zu einem konstruierten Ganzen zusammenzubringen. Für Nancy gibt es keine gemeinsame Substanz oder Identität, kein ›common being‹, sondern nur ein ›being in common‹. Ganz in diesem Sinne schreibt Giorgio Agamben in *La comunità che viene* von einer inessentiellen Gemeinschaftlichkeit, einer Solidarität, die an keine essentielle Gemeinsamkeit gebunden sei. Die Vereinigung in einer Gemeinschaft, so Nancy weiter, welche auf einem *Sein* beruhe, das bekannt und vorausgesetzt sei,

17

verhindere ein *Werden* neuer und noch ungedachter Möglichkeiten des Seins.

Gibson-Graham warnen vor dem Erstarren in eine neue Binarität von Kapitalismus und einer fixen Vorstellung davon, welchen Kriterien Solidarische Ökonomie entsprechen müsse – beispielsweise individualisiert, großangelegt und global versus gemeinschaftlich, kleinteilig und lokal. Dies würde nur den Blick verschließen für neu entstehende Wege, die von der geraden Streckenführung von dem einem zum anderen abweichen. Jeder Versuch, die Phantasien zu binden und festzuschreiben, was Solidarische Ökonomie sein könnte, und was sie nicht sein sollte, verschließe Möglichkeiten, ethische Praktiken entwickeln zu können. Stattdessen fordern sie: »Start where you are«.[7] Dies darf aber nicht Beliebigkeit bedeuten, sondern setzt durchaus die Analyse dessen voraus, worin der Kapitalismus versagt und uns leiden lässt. Wonach Gibson-Graham suchen und worum es auch hier gehen soll, sind ›Koordinaten‹ für eine politische Praxis aufzuspüren – und explizit kein Modell oder Plan, kein Dogma, dem es nachzufolgen gilt.

Trotz einer solchen Analyse wird sich vieles wiederum als Verlängerung der gegenwärtigen Gesellschaft entpuppen, womöglich alles aber wird uns weiterbringen (und sei es, weil es als falsch erkannt wird) und nichts wird die eine perfekte Lösung für die ganze Welt darstellen. Wie sagen die Zapatistas?

*Für eine Welt, in die viele Welten passen.*

# 1. Nahrungsmittel

## 1.1. Containern

Container sind diese großen Überraschungsboxen hinter den Supermärkten. Darin verbergen sich oft erstaunliche Schätze: Milch, Käse, Obst und Gemüse sowie manchmal auch Leckerlies wie Fertig-Latte Macchiato oder Marabou-Schokolade. Insbesondere so etwas wie den Fertig-Latte oder - Chai im Joghurtbecher kauft mensch als Ökobewusste sonst ja nicht, da ist das doch eine willkommene Abwechslung. Und während der Käse für manche Geschmäcker schon mal etwas streng schmecken kann, verleidet einem umgekehrt der regelmäßig containerte Obstgenuss das unreife Zeugs, was es auf der offiziellen Auslage des Supermarkts zu kaufen gibt. Vor allem aber ist es Essen, das angebaut, gepflegt und geerntet wurde. Und kein Müll. Anja[8] vom Projekt Soma erinnert sich an ihr erstes Erlebnis mit Containerware: Bananen.

Ich war gerade schlafen gegangen, da hörte ich unten im Wohnzimmer diese Stimmen und dachte nur: wer hat denn den Fernseher angelassen?

Total übermüdet und restdicht vom Gutenachtjoint, schwankte ich in die Küche.

Alles gelb, alles voll mit Bananen. Überall Bananen ...

Ich vermutete, dass ich halluzinierte oder träumte, was ja angesichts meiner Übermüdung durchaus auch wahrscheinlich war.

Doch am nächsten Morgen stellte sich leider heraus, dass ich nicht geträumt hatte. Und ich leider nicht so verrückt war, wie ich immer geglaubt hatte. Sondern dass es tatsächlich die Welt war, die 'nen krassen Schatten hatte. Ich weiß nicht, ob ich nicht besser damit klargekommen wäre, mich einfach mit meiner eigenen Verrücktheit abzufinden.

Jeden Tag wird auf diesem Planeten fast so viel Getreide und Brot weggeworfen wie gegessen. Jeden Tag landen massig Gurken und Karotten im Müll, weil sie krumm sind oder zu klein. Jeden Tag werden Lebensmittel vernichtet, um Marktpreise stabil zu halten. Jeden Tag finden sich tonnenweise Bananen in Müllcontainern wieder, die kleine braune Flecken haben und die deshalb niemand mehr kaufen will. Oder abgelaufene Nahrungsmittel, die sich noch Monate länger halten.

300 Tafeln Schokolade...

80 Liter Milch ...

Seit zwei Tagen abgelaufener Kaffee in Massen ...

Brotcontainer, in denen man baden kann ...

Sushi...

Kiloweise Bio-Getreide …

Kiloweise Bio-Würstchen …

Und der Supermarktabfall ist nur die Spitze der Pyramide!

In den Ländern, aus denen die Bananen herkommen, verhungert alle paar Minuten ein Kind.

Riesige Dschungelflächen werden abgeholzt, um die Konsumsucht der Nordstaaten zu befriedigen. Riesige Kuhweiden und Futtermittelfelder, die innerhalb kürzester Zeit verwüsten.

Gigantische Mengen an Treibstoff werden in die Luft gepustet, um Schokolade, Kaffee und andere exotisch normale Produkte um den halben Erdball zu bringen …

Und was passiert hier damit?

Die landen bei uns in der Tonne …

*Einige Zeit nach dem Bananenerlebnis: der Kühlschrank in Anjas Haus*

Wem die Sache mit der Tonne nicht gefällt, hat die Möglichkeit, am Gemüsestand vor dem Supermarkt nachzufragen, ob es unverkäufliche Reste gibt. Oder am Samstagnachmittag über den sich leerenden Wochenmarkt zu gehen. Hier ist der Ausdruck ›containern‹ dann nicht mehr wörtlich zu nehmen. Und wer auf ökologisch angebaute Waren besteht, fragt im Bioladen oder Biosupermarkt nach oder sucht beim Zulieferer der biologischen Bäckerkette.

Für Menschen, die einzeln leben, ergibt sich beim Containern das Problem, erstens häufig zu viel zu containern und zweitens vor allem zu viel vom selben. Hierfür gibt es informelle Austauschnetzwerke, aber auch, wie in Wien, eine Art Markt, wo das Ergatterte umverteilt werden kann, oder – wie in Braunschweig – Umsonstessenregale in Häuserkellern. Das KuBiZ in Berlin-Weißensee beginnt gerade, eine Container-Coop aufzubauen.

Für ein Leben jenseits des Verwertungszwangs ist Containern natürlich ein wichtiger Faktor, da es sehr viel Geld spart, und trotzdem gutes Essen ermöglicht. Da schon mehrere dies entdeckt haben, reagieren viele Supermärkte mit Wegschließen ihrer als Abfälle deklarierten Lebensmittel. Containern ist Diebstahl, so will es das Gesetz. Oft werden aber auch andere Erfahrungen gemacht, wie dieser Bericht von Gabriele beispielhaft wiedergibt:

Als das bundesweite Umsonstladen-Treffen hier in Berlin war, hieß es, wir gehn containern, also Lebensmittel organisieren, die von den Geschäften weggeworfen werden. Das wollte ich miterleben. Es war das erste Mal in meinem Leben und es war sehr aufregend. Für die anderen war das nichts Besonderes. Die jungen Leute sind in so einen Container reingesprungen, muss ich schon sagen – ich hätte das körperlich gar nicht mehr drauf. Ich stand draußen.
Es war eine Bäckereikette. Das Personal kam raus mit den Sachen zum Wegwerfen. Die waren noch warm! Die waren nicht verbrannt und nichts! Die waren in Ordnung! Das kippten sie alles in den Container rein. Die drinnen drückten sich an die Wand und packten nur noch ein. Aber man hat uns natürlich bemerkt, und die von der Bäckerei schimpften erst, ich bin aber dann hingegangen und habe denen alles erklärt, dass wir also vom Umsonstladen sind und ein Treffen haben, ich habe ihnen auch so einen Flyer von uns gegeben, sie auch eingeladen, mal in den Laden zu kommen. Die waren direkt ein Stück sprachlos. Dann haben wir tütenweise gekriegt. Sie kamen immer wieder raus mit Körben voll Brötchen, Brot, Schrippen, Kuchen, einfach alles. Ich war entsetzt, wie viel da weggeworfen wird normalerweise, man bekommt eine Wut bei dem Gedanken. Es war für mich ein gutes Erlebnis, erstens gegen was zu verstoßen, was man nicht macht, zweitens aus dem Container was zu essen, drittens die Gespräche mit den Leuten dort.[9]

Wer sich international mit anderen übers Containern (Achtung, dieses Wort ist so Englisch wie Smoking, Handy oder Beamer – die korrekte Übersetzung lautet ›dumpster diving‹, also ›Müllcontainer-Tauchen‹) austauschen möchte (mit vielen Container-Tipps für die gesamte Hemisphäre des globalen Nordens) kann dies auf diversen Webseiten tun.

*http://container.blogsport.de*
*http://www.couchsurfing.com/group.html?gid=2439*

## 1.2. Food-Coops

Es gibt aber auch sozial weniger fordernde und legalere Formen von Produzenten-Verbraucher-Beziehungen sowie bewusst mit Essen umzugehen. Die wöchentliche Gemüsekiste vom lokalen Biobauern vorbeigebracht ist die direkteste Form einer Produzenten-Verbraucher-Beziehung. Die Einsparung an Energie, Müll, Wasser und Luftverschmutzung ist offensichtlich und enorm.

In gemeinschaftlicher Form als *Food-Coop* ergeben sich weitere Vorteile für beide Seiten. Für die Bäuerin, welche nicht für eine einzelne Kiste in die Stadt fahren wird, und sich ansonsten ihre KundInnen einzeln zusammen suchen müsste. Für die Abnehmerin, da sie von Mengenrabatten profitiert. Bestellt die Foodcoop nicht nur bei einer Lieferantin, sondern neben dem Gemüse und Obst von der einen Bäuerin zusätzlich noch die Milch von einem anderen und gegebenenfalls auch Non-Food-Ökoprodukte aus dem Großhandel, können auf diese Weise große Teile des Bedarfs gedeckt werden. Die Food-Coops, an denen ich selbst teilhatte, funktionierten fast wie kleine Läden, da es die Möglichkeit einer eigenen Lagerung gab. In Hamburg holten wir dort das, was wir in der vorherigen Woche bestellt hatten, einfach ab. Im Lebensgarten arbeitete Evert in dem Lager, so dass dieser wie ein Laden funktionierte, abgesehen von einer kleinen finanziellen Einlage all jener, die dort regelmäßig kauften. Um diese Formen zu unterscheiden spricht man von *Bestell-Foodcoop*, *Lager-Foodcoop* und *Mitgliederladen*.

Auch hier gibt es wiederum Unterschiede. Die *Bremer Commune*, welche sich die Grundsätze ›alle nach ihren Fähigkeiten‹ und ›alle nach ihren Bedürfnissen‹ zu eigen macht, hilft nicht nur bei den Fähigkeiten mit ›solidarisch-kooperativen Motivationshilfen‹ nach, sondern informiert auf der Seite der Bedürfnisse auch über den damit verbundenen Aufwand. Und das geht so:

Aus dem Laden können sich sowohl die Mitglieder der Commune bedienen, die nach einem komplizierten Schlüssel von ihrem Einkommen abgeben, als auch Externe, die lediglich 35 Euro dafür monatlich zahlen müssen. Die Waren im Laden sind unterteilt in ›Grundversorgung‹ und den ›Konsumbereich‹. In der Grundversorgung finden sich beispielsweise Kartoffeln, Linsen, Eier, Binden, Allzweckreiniger. Ob Verhütungsmittel auch darunter fallen sollen, wird gerade diskutiert. Im Konsumbereich gibt es unter anderem Erbsen, Gouda, Getreidekaffee, Deo-Roller oder Glühpunsch. Die Preisliste hinter diesen Produkten ist zwar irrelevant für diejenigen, die sich etwas aus dem Laden holen: Einzahlen und Entnehmen sind nicht individuell verkoppelt. Und doch ist die Preisliste wesentlich, denn die Koop insgesamt berechnet sich selbst nicht nur den Einkaufspreis. So finden sich hinter jedem aufgelisteten Produkt die Spalten: ›Energie‹, ›Tierschutz‹, ›Umwelt‹, ›Nord-Süd-Verhältnis‹ und zuletzt ganz einfach ›Schwund‹.

So ergibt sich beispielsweise bei Linsen ein Zuschlag von 25 Prozent für die hohen Energiekosten bei der Herstellung sowie die in der Regel aufgeschlagenen zwei Prozent für Umweltschutz, 15 Prozent für den Nord-Süd-Ausgleich und ein Prozent für Schwund. Diese letzteren Aufschläge finden sich auch bei den Eiern; bei diesen kommt jedoch noch ein Aufschlag von 100 Prozent für den Tierschutz hinzu, wobei der für Energie wieder entfällt. Entsprechend schlägt beim Allzweckreiniger der Umweltschutz mit zehn Prozent zu buche, und erhöht sich bei Lakritz der Schwund auf das Doppelte.

Lakritz und die anderen Produkte des Konsumbereichs sind jedoch gerade gesperrt – die Einnahmen lagen in letzter Zeit zu weit im Minus gegenüber dem, was an Waren entnommen wurde; das muss sich erst wieder ausgleichen. Doch niemand zweifelt daran, dass dies geschieht. Immerhin existiert der Laden seit fünfzehn Jahren. Und niemand käme auf die Idee, das fehlende Geld den Projekten zu entziehen, die mit dem in jedem Fond angesammelten Geld unterstützt werden: auf den Cent genau errechnet, was wohin geht.

## 1.3. Community Supported Agriculture (CSA)

Grundgedanke der *Community Supported Agriculture (CSA)* ist die Verlässlichkeit der Abnahme für den landwirtschaftlichen Betrieb. In der Regel wird diese für ein halbes oder ganzes Jahr garantiert. Teilweise kann der dafür aufzubringende Betrag in Absprache vereinbart werden; es muss sich nicht unbedingt um feste Preise handeln. Umgekehrt kommt es auch im Angebot zu natürlichen Schwankungen. So geht es in diesem im Deutschen auch Wirtschaftsgemeinschaft genannten Ansatz darum, das ›freie Spiel‹ von Angebot und Nachfrage zu überwinden.

Die Gemeinschaftlichkeit findet darüber hinaus meist einen Ort in über das Jahr verteilten Hoffesten. Die dabei konsumierten Produkte sind zum größten Teil dann schon bezahlt, da in den monatlichen Beiträgen inbegriffen. So allerdings auch in der Ferienzeit: Wer in den Urlaub fährt, sollte sich darum kümmern, welche FreundInnen währenddessen die Produkte vom Hof abholen – das Gemüse hat seinen eigenen Rhythmus und hält sich nicht an Urlaubszeiten.

Schon seit zwanzig Jahren mit CSA wirtschaftend und damit der älteste Hof in Deutschland ist der bei Hamburg gelegene Buschberghof. Er liefert Gemüse, Getreide, Milch und Fleisch – im Jahr 2008 an 92 Haushalte. Trotz der Vorteile für beide Seiten arbeiten bislang nicht einmal zehn weitere Biohöfe mit dem Modell der CSA. In den USA sind es über 2500.[10]

http://www.buschberghof.de

## 1.4. Nichtkommerzielle Landwirtschaft (NKL): Der Karlshof

Für romantische Ferien auf dem Bauernhof eignet sich der Karlshof bei Templin nur auf den zweiten Blick. Auf den ersten erscheinen die Gebäude etwas unidyllisch, die Umgebung zu weitläufig und so manches Mal der Himmel zu grau. Doch dann läuft einem das Huhn Isolde über den Weg, und die Schweine Charles und Camilla grunzen hinterm Stall, und vor allem die Atmosphäre von gemeinschaftlichem Arbeiten, Essen und Feiern lässt schnell alles bunt erscheinen.

Das Besondere aber ist: Die hier betriebene *Nicht-Kommerzielle Landwirtschaft (NKL)* überwindet das Spiel von Angebot und Nachfrage noch wesentlich radikaler. Die Menschen, die hier arbeiten, geben ihre Produkte unentgeltlich ab – seien es Kartoffeln, Erbsen, Topinambur oder Öl aus Sonnenblumenkernen. ›Zutaten: Solidarität, selbstbestimmte Mitarbeit, Organisation, Pflanzgut, Maschinen, Land‹, heißt es auf den grünen Kärtchen, die im Frühling verteilt werden, damit darauf angegeben werden kann, wie viel Kilo von welcher Kartoffelsorte dieses Jahr gewünscht werden. Im Kleingedruckten ist angemerkt: ›Diese Kartoffeln sind nicht für den Verkauf produziert. Sie unterliegen dem Recht zur freien und unentgeltlichen Weitergabe, zur Weiterverarbeitung und zum Verzehr.‹ Auch auf die möglichen Folgen wird hingewiesen:

Nebenwirkungen: Die Annahme, Weitergabe und der Verzehr kann zur Entkommerzialisierung und Bildung von nichtwarenförmigen Freiräumen, zur Entschärfung von Privateigentum, zu kollektiver Verfügbarkeit an Produktionsmitteln, zur Durchbrechung der Warenproduktion sowie zur Unterstützung und Vernetzung von gesellschaftlichemanzipativen Initiativen und Projekten führen.

Selbst an einem der Arbeitseinsätze beteiligt gewesen zu sein, ist nicht Voraussetzung: Nehmen und Geben werden entkoppelt, die Abgabe der Nahrungsmittel erfolgt unabhängig von der Beteiligung am Entstehungsprozess. David erklärt den Leitgedanken:

»Die Grundidee ist, Sachen nicht für den Verkauf zu produzieren, sondern an andere in einem politischen Kontext abzugeben, mit der Motivation, nicht-kommerzielle, nicht-kapitalistische Nahrungsmittelversorgungssysteme aufzubauen.«

Der Karlshof ist Teil der *Projektwerkstatt auf Gegenseitigkeit (PaG)*, ein Netzwerk, das es sich zur Aufgabe macht, Freiräume für alternative Lebensentwürfe und Wirtschaftsweisen zu schaffen, indem es mit Hilfe der Rechtsform einer Stiftung Re-Privatisierung – wie es bereits das Schicksal vieler Projekte war – verhindert. So war auch der Karlshof zunächst einer anderen NutzerInnengruppe geliehen worden, die jedoch bald schon wieder aufgab mit ihrem Konzept. Im Frühjahr 2005 fiel der Karlshof zurück an die Projektwerkstatt auf Gegenseitigkeit. Nils war auch an diesem Versuch beteiligt, der noch auf Verkauf ausgerichtet gewesen war. »Betriebswirtschaftlich hatten wir eh keine Chance«, resümiert er. Die 50 Hektar, die sich zu einem Drittel aus Ackerland, einem jeweils kleineren Anteil Naturwald und Weiden sowie dem sehr geräumig angelegten Hof zusammensetzen, erlaubten keine Bewirtschaftung, die unter heutigen Bedingungen konkurrenzfähig sein konnte. »Warum sollten wir dann nicht gleich nichtkommerzielle Landwirtschaft betreiben?« Dies entsprach auch am besten Nils schon immer wertkritisch geprägter Einstellung. David gehört zu denen, die dazu kamen:

»Nachdem das alte Projekt weggegangen war, gab es diesen Leerraum, den wir relativ kurzfristig gefüllt haben. Das war aber auch gut so, weil ich weiß nicht, ob wir das Projekt sonst gemacht hätten – weil es so experimentell ist, dass ein Sprung ins kalte Wasser notwendig war.«

David war viele Jahre lang Teil einer Kommunegruppe mit wechselnder Besetzung. Dies sieht er jedoch eher als für ihn persönlich wichtige Vorbereitungszeit an.

»Letztendlich, wenn man so ein Projekt anfängt, ergibt sich sowieso alles noch mal neu und das lässt sich durch viele Diskussionen gar nicht vorausdenken, weil die immer theoretisch bleiben, während dann später viele unvorhersehbare Probleme und Konstellationen auftreten, die sich nur praktisch lösen lassen. Wobei das nicht heißt, dass ich nicht glaube, dass man nicht bestimmte Dinge vorher abklären muss. Gut war, dass wir eine relativ homogene politische Idee hatten. Wir waren am Anfang nur vier, die das Projekt angerissen haben, dadurch war die Idee relativ eingegrenzt und das hat uns auch Stärke gegeben.«

Die Idee, zusammen mit anderen zu arbeiten, zu leben, sich politisch auszudrücken und zu organisieren, hatte David schon lange begleitet.

»Es war das, was ich eigentlich schon immer am Sinnvollsten fand: ein Projekt zu machen, was eine gesellschaftliche und eine persönliche Komponente hat. Das habe ich nie in einem politischen Zusammenhang, aber auch nicht in einem Hausprojekt in der Stadt jemals so verwirklicht gesehen. Das habe ich eher in Projekten auf dem Land gesehen, aber auch nur in wenigen.«

Für David sind dies die beiden gleichermaßen wichtigen Ebenen:

»Zum einen die politische Motivation: Das ist auf jeden Fall etwas, was mich sehr stark antreibt und was teilweise auch Mankos überdeckt und mich dabei bleiben lässt. Die andere ist die persönliche: einen Platz zum Leben zu haben und den eigenen Bedürfnissen darin nachkommen zu können. Ich merke aber oft, dass das gar nicht unbedingt vereinbar ist. Oft stehen die ganzen persönlichen Bedürfnisse der Leute gegeneinander und auch mit einem Anspruch an Solidarität und Miteinander kommt man da manchmal nur bis zu einer bestimmten Grenze.«

Landwirtschaft wird von den KarlshoferInnen aus drei Gründen als besonders wesentlich erachtet: erstens da die Lebensmittelproduktion die fundamentale Grundlage der menschlichen Existenz und damit die gesellschaftliche Basis für Produktion und Organisation darstellt. Zweitens werden die Gestaltungsmöglichkeiten durch den direkten Zugang zu Ressourcen besonders hoch eingeschätzt. Und schließlich sehen sie in der Sicherung der Ernährung neben den Konflikten um Wasser und Energie eine der wichtigsten Auseinandersetzungen in naher Zukunft.

Den Sommer 2006 verbrachten die KarlshoferInnen damit, ein Konzept für den Hof und die Gruppe zu erstellen.

Inmitten eines warenproduzierenden Systems, das den meisten Menschen als vollkommen alternativlos erscheint, versuchen wir zu unterlaufen, was vielen als Naturgesetz gilt: Wertproduktion und Warentausch. Das Widersprüchliche dabei ist, dass wir vorläufig einen Großteil unseres Bedarfs weiterhin aus diesem System beziehen müssen. Woher dafür das Geld nehmen, wenn wir weder unsere Produkte noch unsere Arbeitskraft verkaufen wollen? Aus marktökonomischer Sicht wirkt unser Projekt absurd. Auf uns allein gestellt wäre unser Experiment nicht finanzierbar. Als Teil eines kollektiven Selbstorganisierungsprozesses wird jedoch auch die Beschaffung der für die NKL notwendigen Geldmittel zu einer Aufgabe unter vielen. Eine wichtige Voraussetzung, die Gebäude und Nutzflächen auf dem Karlshof, haben wir von der PaG unentgeltlich überlassen bekommen. Zur Sicherung sowohl der Produktionskosten für die NKL als auch unserer Lebenshaltungskosten werben wir Spenden und Patenschaften ein, vorerst sind wir aber noch abhängig von staatlichen und privaten Unterstützungsleistungen und Fördergeldern. Wir müssen also vorläufig mit dem Widerspruch leben, die Überschüsse vergangener Wertproduktion zu vernutzen, um eine andere Produktionsweise experimentell zu entwickeln. Falls das Experiment gelingt und tatsächlich ein funktionierendes Versorgungsnetzwerk entsteht, haben wir die Hoffnung, dass sich dieses auf weitere Produktions- und Dienstleistungsbereiche ausdehnen wird und somit ein zunehmend größerer Teil unseres Bedarfs aus einer nicht-kommerziellen Wirtschaftsweise gedeckt werden kann. Bereits jetzt zeigt sich, dass die Selbstorganisierung mit anderen auch ermöglicht, vieles Notwendige und Angenehme mit weniger oder ganz ohne Geld zu schaffen.

Unter der Überschrift ›Wir haben es nicht gelernt…‹ reflektieren die KarlshoferInnen ihren Ansatz und dessen Wirkung und den damit verbundenen Schwierigkeiten weiter:

Eine weitere Schwierigkeit besteht in der Ungewohntheit einer nicht auf äquivalentem Tausch beruhenden Wirtschaftsweise. Wir haben es nicht gelernt, die Dinge, die wir zum Leben brauchen, in einem gemeinschaftlich organisierten Prozess direkt herzustellen und nach Bedarf zu verteilen. Vielen fällt es schwer, eine solche Wirtschaftsweise auch nur zu denken, wir alle werden die Fähigkeiten, die ein Wirtschaften auf der Basis von vertrauensvoller Kooperation und respektvoller Kommunikation erfordert, erst noch erlernen müssen. Wir müssen uns selbst befähigen zu dieser Art gesellschaftlicher Selbstorganisation. Das verlangt von allen Beteiligten nicht nur ein gehöriges Maß an Kommunikations-, Konflikt- und Auseinandersetzungsfähigkeit, sondern auch Verantwortungsbewusstsein und Vertrauen in einen Prozess, der von den Einzelnen nicht immer in allen Details überschaubar sein wird.[11]

Die KarlshoferInnen berichten von ihrem ersten Jahr:

Im Frühjahr 2006 starteten wir unsere erste NKL-Saison. Da wir nur über wenige landwirtschaftliche Maschinen und eine rudimentäre Infrastruktur verfügten, entschieden wir uns für den Anbau von Kartoffeln, da dieses Produkt direkt verteilt und verzehrt werden kann. Wir verschickten einen ›Aufruf zur Selbstorganisation‹, in dem wir die Menschen einluden, sich an unserem Experiment zu beteiligen und ihren Bedarf an Kartoffeln mitzuteilen. Die Resonanz war erstaunlich gut, sodass wir beginnen konnten, auf dreiviertel Hektar Kartoffeln anzubauen. Die Grundbodenbearbeitung erledigte unser Nachbarbauer, der sich zu unserer Überraschung bereitwillig auf eine Kooperation auf der Basis gegenseitiger Hilfe ohne Geldfluss einließ. Mit dem Geld von UnterstützerInnen kauften wir einige der für den Anbau benötigten Geräte, andere liehen wir uns in der Umgebung und bei befreundeten Projekten aus. Über den Sommer kamen immer wieder Menschen, die uns beim Absammeln der gefräßigen Kartoffelkäfer, beim Aufbau der Infrastruktur und bei der Sanierung der Gebäude unterstützten oder im Garten mithalfen. Zur Kartoffelernte kamen bei herrlichem Wetter viele Menschen, die Hand in Hand arbeiteten und Spaß dabei hatten. In nur vier Tagen waren fünf Tonnen Kartoffeln geerntet, sortiert und abgepackt im Keller, abschließend wurde gefeiert. Diese Erntetage, die den meisten Beteiligten als ein soziales Ereignis der besonderen Art in Erinnerung bleiben wird, bildeten den gelungenen Abschluss unseres ersten Anbaujahres.[12]

Auch David erinnert sich:

>»Die Resonanz war sehr motivierend. Wenn wir in den ersten anderthalb Jahren nicht eine solche Resonanz erfahren hätten, hätten wir das wahrscheinlich nicht weitergemacht.«

›Wir werden Ihnen ein Angebot machen, dass Sie nicht ausschlagen können‹, wirbt der Karlshof auf einem Faltblatt dafür, eine finanzielle Patenschaft zu übernehmen oder das Projekt mit einer zweckgebundenen Geldspende, einer Sachspende, durch Fachwissen, Mitarbeit und nicht zuletzt durch Vernetzung mit eigenen Projekten zu unterstützen. Das Angebot hierfür lautet: ›Wir geben unser Bestes, auf dem Karlshof eine bedürfnisorientierte nichtkommerzielle Landwirtschaft aufzubauen … Wir bieten damit ein Modell für eine gesellschaftliche Perspektive jenseits der kapitalistischen Verwertungstotalität als Vision für einen gesellschaftlichen Wandel.‹ Angesichts der Finanzkrise fügen sie bei ihrer Finanzkampagne 2009 hinzu: ›Also rein in die Bank und raus mit dem Geld! Wer weiß, ob es in einem Jahr nicht schon längst weg ist. Bei der NKL ist es definitiv gut angelegt … Garantiert ohne Rendite, dafür mit der Aussicht auf ein Leben nach dem Kapitalismus‹.

Die derzeitige Situation sehen sie gekennzeichnet durch eine zunehmende Kommerzialisierung aller Lebensbereiche. Sie dagegen wollen ›einen gesellschaftlichen Raum schaffen, in dem die Dinge und Beziehungen nicht ausschließlich durch die Brille der ökonomischen Verwertbarkeit wahrgenommen werden.‹[13] Das bedeutet eben nicht nur, keine Lohnarbeit einzusetzen, sondern auch, keine Waren zu produzieren, also die erzeugten Güter nicht in Tauscheinheiten, seien es Euro oder andere Formen von Äquivalenten, zu messen.

David hat den Eindruck, dass ihr Projekt auf dem Karlshof viele Menschen zum Nachdenken gebracht hat: »Ich habe das Gefühl, dass es andere Leute bestärkt hat, sowas real zu sehen und mitzubekommen, dass es funktioniert; das bestärkt Menschen darin, den Ideen, die sie selber haben, nachzugehen.«

Für ihn ist der Karlshof aber nicht Non-plus-ultra:

>»Wir sind ja in allen unseren Beziehungen eingebunden ins marktförmige System, auch wenn wir unsere Produkte nicht marktförmig abgeben. Das ganze Geld, was zu uns kommt, ist ja ganz normal im Geldkreislauf drinnen und von daher wäre es idiotisch zu behaupten, man würde letztendlich wirklich dagegen arbeiten. Aber die Auseinandersetzung darin ist schon spannend.«

Wenn David den Karlshof auch nicht als allgemeingültige Lösung ansieht, so ist die Idee dafür bei ihm aber doch entstanden in bewusster Abgrenzung zu historischen Vorläufern, nicht zuletzt zu Kollektiven:

»Was mich persönlich beeinflusst hat, war diese ganze Kollektivgeschichte der Siebziger und Achtziger – was ich auf der einen Seite spannend fand, was aber auf der anderen auch ein abschreckendes Beispiel war: nämlich genau da, wo hierarchische Strukturen durch kollektive Strukturen ersetzt wurden, aber letztendlich die antikapitalistische Analyse gefehlt hat – was ich total komisch finde, weil es ja eigentlich oft aus einer starken linken Position heraus betrieben wurde, aber letztendlich sind es einfach kollektive marktfähige Unternehmen geworden. Nachdem die weggefallen sind, die nicht marktfähig sind, sind die marktfähigen übriggeblieben. Und letztendlich ist es ja Schnuppe, ob du als Kollektiv auf dem Markt funktionierst oder als hierarchisches Einzelunternehmen. Beziehungsweise für die Leute selbst ist es ein Unterschied und auch sehr wichtig, und ich will ihnen nicht absprechen, dass das nicht sinnvoll war persönlich für die Leute, aber politisch hat mir eine klarere Ausrichtung gefehlt. Das war ein Grund, warum mir das wichtig ist, danach zu suchen, was für Möglichkeiten es gibt, nicht marktfähig zu funktionieren und andere Strukturen zu experimentieren. Deshalb auch diese sehr starke Ablehnung von Verkauf, weil darüber ja viele von den Projekten einfach ganz normal wieder in den Wirtschaftskreislauf einbezogen wurden.«

Zum anderen entstand die Idee auch in Abgrenzung zu Kommunen:

»Das war für mich ein Umfeld, was ich eher langweilig fand, weil es für mich immer etwas hatte von alternativer Spießbürgerlichkeit. Das ist vielleicht etwas ungerecht, aber so im Großen und Ganzen war das mein Eindruck von der Kommune-Szene. Ich finde die halt oft auch relativ unpolitisch. Entweder war es für sich abgeschlossen oder es wurden ganz normale Kollektivbetriebe gegründet, die teilweise für die Kommune Aufträge machen und teilweise nach außen – wo du aber auch ganz schnell wieder in dem Konflikt bist, der dann unter dem Marktdruck oft dazu geführt hat, dass die marktförmigen Aufträge Priorität haben und der Rest praktisch nebenbei läuft.«

Der Karlshof nennt sich ›Lokomotive‹. In welche Richtung soll es gehen? Und welche anderen Projekte könnten sich an diese Lokomotive hängen?

»Ideen hätte ich ganz viele. Die sind halt vollkommen abhängig von dem Umfeld, auf das wir stoßen: Das hängt hier von der Gruppe ab, das hängt von der Resonanz ab, die wir mit unseren Aktivitäten bekommen, und das hängt von den politischen Bedingungen ab. Von daher kann ich nicht sagen, wo ich da irgendwann hinwollen würde. Aber möglich wäre schon viel. Was ich spannend fände in einem kurz- bis mittelfristigen Zeitraum: ein landwirtschaftlich funktionierender Betrieb und nichtkommerzielle Strukturen, in die mehrere Menschen mit eingebunden sind und sich zusammen organisieren, um Nahrungsmittel weiter zu verarbeiten und diese jenseits von einem Markt zu verteilen und zu verbrauchen.«

Dass die produzierten Güter des Karlshofs Menschen unabhängig von ihren finanziellen Möglichkeiten und damit wirklich deren Bedürfnissen entsprechend zur Verfügung gestellt werden, heiße aber nicht, dass die Abgabe anonym oder karitativ erfolge.

»Ich mache das nicht, damit ich Leute versorge – aber das macht mir auch Spaß: Einfach für Freunde und für Leute, die ich kenne, aus dem Gedanken heraus, wie kann eine nicht-kapitalistische Gesellschaft funktionieren? Die gesellschaftliche Funktion zu übernehmen, für andere mitzudenken, also auf der Basis natürlich, dass ich davon ausgehe, dass andere an anderen Punkten auch für mich mitdenken. Mittelfristig ist aber auch denkbar, dass man das mengenmäßig ausweitet, als politische Idee noch stärker betreibt, noch mehr Leute versucht mit einzubinden in diese produktive Selbstorganisation, so dass es irgendwann eine materielle gesellschaftliche Relevanz hat, dass Leute sich produktiv zusammen organisieren und gesellschaftliche Funktionen übernehmen, die momentan hundertprozentig über den Markt geregelt werden.«

Derzeit besteht nur vereinzelt eine Vernetzung mit befreundeten Projekten: Die Apfelsaftpresse wird von dem einem geliehen, das Getreide von einem anderen überlassen – insgesamt aber existieren nur wenige Kooperativen. Davids Visionen für die Entwicklung des Hofes und dessen Einbindung in Strukturen gemeinsamen Wirtschaftens gehen wesentlich weiter:

»Ganz konkret in den nächsten zwei bis drei Jahren fände ich cool, wenn wir das mit dem Öl und mit dem Getreide hinbekommen; dass wir Mehl haben und eventuell eine Nudel-maschine, um Nudeln zu produzieren. Und eine Bierproduktion. Was ich supercool fände: Wenn es eine Gruppe in Berlin gäbe, die einmal die Woche backen würde und die Brote verteilen. Man kann diesen ganzen benachbarten Bereich weiterdenken.«

David überlegt vor allem, welche Entwicklungen des Karlshofs und anderer Lebensmittel produzierender Projekte für eine gesellschaftliche Perspektive notwendig wären:

»Was ich auch spannend finde, ist Lebensmitteltechnologie. Es fasziniert mich immer, wie Sachen auf einem industriellen oder halbindustriellen Niveau auch rationalisiert hergestellt werden können – was nicht heißt, das ich das Handwerkliche unwichtig finde, das finde ich spannend und gut, also zum Beispiel Backen oder sowas als Handwerk, aber wenn man das weiterdenkt auf der gesellschaftlichen Ebene der Organisation kommt man nicht darum herum, auch halbindustrielle oder teilweise industrielle Ebenen der Produktion oder Weiterverarbeitung zu etablieren. Wenn sich das mengenmäßig erweitert, dann kann man sich auch vorstellen, dieses ganze Verteilungs- und Distributionssystem von Nahrungsmitteln effektiver zu gestalten.«

Während jetzt das Kartoffelernten durch die vielen HelferInnen und die viele Handarbeit noch sehr romantisch wirkt, soll der Großteil dieser Arbeit durch Maschinen ersetzt werden.

»Technikfeindlich ist niemand bei uns. Das ist eher so eine Frage: ›Was können wir mit welchen Mitteln anfangen?‹. Technik an sich ist nicht problematisch, sondern sehr hilf-reich. Aber irgendwann stellt sich dann natürlich die Frage, mit welchem energetischen Aufwand betreibst du was? Wichtig ist uns eine Reflexion darüber, welche Konsequen-zen der Einsatz von konkreter Technik im jeweiligen Kontext hat und eine bewusstere Entscheidung des Für und Widers im Rahmen des Möglichen zu treffen.«

Welche weiteren Möglichkeiten ergäben sich durch eine solche mengenmäßige Ausweitung?

»Gut wäre es, wenn es nicht nur eine Ergänzung auf der Basis von einzelnen Gruppen oder Kooperativen gäbe, sondern auch eine Organisierung auf noch einer Ebene höher. Wo man gemeinsam versucht, so eine Entwicklung weiterzutreiben auf gesellschaftlicher Ebene. Wie das aussehen könnte, weiß ich nicht, aber man müsste Formen der Auseinandersetzung finden. Gesellschaftliche Produktion, die nicht kapitalistisch sein soll, das heißt eine Abstimmung der Bedürfnisse und der Notwendigkeiten von Produktion, liegt ja noch im experimentellen Bereich. Es muss sich in der Praxis herausstellen, mit welchen Mitteln so eine Kommunikation und Abstimmung erreichen werden könnte.«

Bei soviel Reflexion über Produktion stellt sich auch die Frage nach den Reproduktionsarbeiten. Diese werden im Prinzip unter allen aufgeteilt: Gekocht wird reihum, so dass alle dreimal im Monat dran sind. Einmal in der Woche gibt es einen gemeinsamen Putztag. Ursprünglich bestand auch die Idee, die Kinderbetreuung auf alle, die Lust haben, zu verteilen, doch das hat sich nicht durchgesetzt. Diese bleibt überwiegend an den Eltern hängen, wenn auch des Öfteren von den anderen unterstützt.

»Wobei die Frage natürlich ist, was Reproduktionsarbeiten sind und was nicht. Letztendlich sind ja viele Sachen reproduktiv, die Grenze verschwimmt. Was ist mit den Sachen, die eingekocht werden? Die Bereitstellung von Lebensmitteln – ist das produktiv oder reproduktiv? Die Reparaturen an den Gebäuden – produktiv oder reproduktiv? Die Grenze verschwimmt in dem Moment, wo du nicht als Marktsubjekt auftrittst und die Sachen nicht nach außen verkaufst.«

Können sie bei sich dennoch eine geschlechtliche Arbeitsteilung erkennen?

»Das hängt ganz von den Personen ab. Jetzt waren drei Monate lang Wandergesellinnen da, die alle auf dem Holzbau gearbeitet haben. Ich finde es schwierig davon zu sprechen, ›Das sind klassische Männer- und das sind klassische Frauenfelder‹ – gesamtgesellschaftlich ja schon, aber in unseren Bereichen ist das teilweise durchbrochen. Bei den Arbeiten im Haushalt habe ich das Gefühl, es läuft einigermaßen ausgeglichen. Neulich habe ich zwei Wochen lang die ganze Waschküche neu gemacht inklusive der ganzen Dreckhaufen. Petra hat eine Zeitlang sehr viel eingekocht, dieses Jahr sich aber viel mit der Baustelle beschäftigt draußen.

Es ist auf jeden Fall ein Punkt, den ich zu reflektieren wichtig finde. Aber noch mehr beschäftigt mich die Atmosphäre auf Baustellen: Da gibt es schnell Situationen, dass manche Männer meinen, sie wüssten sehr genau, wie Sachen funktionieren und Frauen dadurch abgeschreckt werden, sich etwas anzueignen. Das finde ich eigentlich das wichtigste Feld.«

Nicht zuletzt um genau dieses Phänomen anzugehen und Arbeitssituationen hinsichtlich der Geschlechterproblematik zu reflektieren und (angebliche) Wissenshierarchien abzuschwächen oder wenigstens transparent zu machen, trafen sich im Mai 2008 vier Frauen und drei Männer mit unterschiedlichem Vorwissen in der frisch eingerichteten Schlosserei auf dem Karlshof, wobei sie sich mit Metall- und Holzbau im landwirtschaftlichen Sinne beschäftigten. ›Gelungen ist uns dies leider nur teilweise‹, heißt es im Karlshofkurier vom Juni in Bezug auf den Geschlechteraspekt. ›Es wird wohl ein immer wiederkehrendes Thema bleiben.‹

Häufig ist es das Argument der Effizienz, das zu ungewollten Arbeitsteilungen führt, weil es die einzelnen auf jene Tätigkeiten verweist, die sie bereits am besten können – und sei es als unausgesprochener Druck, Leistung zu bringen. Ist dies auf dem Karlshof der Fall?

>»Nicht in dem Sinne, dass wir direkt untereinander vergleichen, wer was macht. Es gibt eine relativ große Autonomie, dass die Leute einfach für sich entscheiden, wie sie ihre Kräfte einsetzen und was sie für Bedürfnisse haben.

Aber eigentlich denke ich auch, dass wir alle sehr viele Kräfte einsetzen für das Projekt, von daher ist es jetzt nicht so, dass sich da Leute stark rausziehen.«

Ob die Bereitschaft, sehr viele Kräfte einzusetzen, ein inoffizielles Aufnahmekriterium in die Gruppe auf dem Karlshof darstellt? »Ja, vielleicht schon.«

http://www.gegenseitig.de

# 1.5. Subsistenzwirtschaft – oder auch nicht?

Unter Subsistenzwirtschaft wird selbstversorgende Eigenarbeit verstanden. Subsistenzwirtschaft muss aber nicht individuell oder familiär organisiert sein, es könnte sich auch um ganze Regionen handeln. Das schließt Vernetzung mit ein. Wesentliches Kriterium aber ist, dass die Erarbeitung des Lebensunterhaltes nicht geldvermittelt erfolgt, und dass eine gegenseitige Bereitstellung der Mittel zum Leben weitgehend ohne Tausch vor sich geht.

Subsistenzwirtschaft geschieht an vielen Orten dieser Welt aus der Not heraus. Als politisches Konzept wurde Subsistenzwirtschaft nicht zuletzt als wesentliches Element des ›Bielefelder Ansatzes‹ der Wissenschaftlerinnen Maria Mies, Veronika Bennholdt-Thomsen und Claudia von Werlhof bekannt beziehungsweise – in Zusammenarbeit mit Vandana Shiva – als *Ecofeminism*. Für manche geriet er dadurch jedoch auch etwas in Verruf, da zumindest bei den ›Bielefelderinnen‹ »das Begriffspaar ›Frau und Natur‹ als das Gute, als das weibliche Prinzip, dem Begriffspaar ›Männer und

Gewalt< als dem Bösen gegenübergestellt wird«, wie es Carola Möller formuliert.[14] Diese ist es auch, die den feministischen Ökonomieansatz des >gemeinwesenorientierten Wirtschaftens< prägt, der ebenfalls die Bedeutung der Subsistenz betont, ohne aber in biologistischen Differenzfeminismus zu verfallen.

Wo aber sind die praktischen Beispiele für Subsistenzwirtschaft heute? Auf der einen Seite stellt jeder Garten, ja jede Tomate auf dem Fensterbrett ein Stück Subsistenzproduktion dar. Auf der anderen Seite sucht man Projekte, die ausschließlich davon leben, vergeblich – selbst wenn argumentiert werden kann, dass der Begriff Subsistenz als >DIY<, als >Do It Yourself<, ein Revival in der Bewegung erfahren hat. Das *Do It Yourself-Handbook For Changing Our World* des britischen *Trapese*-Kollektivs (einer Gruppe, die sich im Zuge der Anti-G8 Proteste von 2005 gebildet hatte) sei hier stellvertretend genannt: Hier finden sich Anleitungen zum Bauen von Solarduschen und Komposttoiletten ebenso wie zu nicht-hierarchischen Entscheidungsstrukturen und direkten Aktionen.

Statt reinen Subsistenzprojekten werden also an dieser Stelle zwei Gemeinschaften vorgestellt, bei denen Subsistenz im Selbstverständnis zumindest eine größere Rolle zukommt.


## 1.5.1. Kombinat Gatschow

Das *Kombinat Gatschow* wurde 2005 bei Demmin in Mecklenburg-Vorpommern ins Leben gerufen als Teil eines Netzwerkes libertärer, dezentraler Kooperation. Es soll nicht nur in enger Verbindung stehen mit anderen Projekten, sondern ebenso als offene Basis dienen für freikooperative Aktivitäten auch für Menschen in der Umgebung. Der Verein *LANDkombinat* bildet das finanzielle Standbein. Aber auch die Subsistenzproduktion stellt ein wesentliches Element dar. In einer Selbstdarstellung des Kombinats von 2008 heißt es:

> Wir hinterfragen die Mechanismen der Markt- und Geldwirtschaft und wollen Strukturen jenseits der Marktwirtschaft aufbauen, also selbstversorgerische Ansätze nicht nur in der Landwirtschaft verfolgen. Dazu entwickeln und kommunizieren wir Alternativen zu den bestehenden, von >oben organisierten< Strukturen und arbeiten an dem Aufbau entsprechender Netzwerke.

> Die Versorgung mit dem, was wir alle benötigen, soll einmal über den Gemüsegarten hinausgehen und auch sämtliche anderen Lebensbereiche innerhalb eines Netzwerkes umfassen (Energie, Gesundheit, Lernen, Kultur, Mobilität), auf der Grundlage freier Kooperation auf hohem Niveau. Dazu stehen wir mit mehreren Höfen und Projekten in Kon-

takt und Austausch. Die Gebäude, teilweise im Besitz unseres Vereins, werden Schritt für Schritt, möglichst baubiologisch unter Verwendung von Recyclingmaterial, hergerichtet. Alle Arbeiten werden selbstorganisiert erledigt, dazu gehört auch die Aneignung von Wissen und Fähigkeiten. In einer Metallwerkstatt führen wir Reparaturen durch und stellen Dinge selbst her. Eine Umweltwerkstatt und Seminarmöglichkeit und Kulturscheune sind in Form von geförderten Projekten in Planung, derzeit arbeiten wir an der Verarbeitungsküche, welche der Schwerpunkt der diesjährigen Bauaktivitäten ist. Ansonsten ist der Ideenreichtum größer als die personellen Möglichkeiten, vieles noch immer sehr provisorisch und nicht alles so schön, wie wir es gerne möchten.

Doch 2009 trennt sich das kleine Landkollektiv bereits wieder. Die meisten machen sich auf, ein neues Projekt zu suchen. Heinz gehört dazu. Für ihn bedeutet dies aber nicht, dass der Subsistenzansatz gescheitert ist:

»Ich will trotzdem versuchen, in Richtung Subsistenz zu gehen. Dabei ist immer die Frage, wieweit das wirklich geht. Überleben kannst du damit nicht. Wir haben schon relativ viel versucht. Aber du schaffst es nicht, mit Subsistenz rumzukommen«.

Es sei immer allen bewusst gewesen, dass Subsistenz nicht über Nacht zu erreichen wäre, dass es ein Prozess werden würde: im Ernährungsbereich anfangen, danach die Energieversorgung einbeziehen, und sich auf diese Weise in immer mehr Bereiche vorzuarbeiten. »Es war klar, das ist ein Prozess, der ein paar Jahre dauert – ein paar mehr Jahre.«

Was ist es, was Heinz an dieser Wirtschaftsweise festhalten lässt?

»Die jetzige Gesellschaftsform geht auf Kosten der Natur oder funktioniert, weil andere Leute für einen arbeiten. Wenn man das nicht will, dann ist man darauf angewiesen, dass es langsamer geht. Das ist auch einer der Punkte, wo wir uns zerstritten haben. Einer von uns wünschte sich mehr Effizienz.«

Subsistenz könne allerdings immer nur teilweise erreicht werden, betont Heinz.

»Natürlich will man an ein, zwei Stellen auch mal was anderes machen. Oder es nicht so mühsam haben. Das ist immer auch eine Frage der Kompromisse: Sollen wir die Ziegelsteine selber brennen? Beispielsweise würde ich nicht anfangen, Türklingen selbst herzustellen.

Es gibt einen Widerspruch zwischen Freiheit und Subsistenz, weil Subsistenz bindet – über Jahrzehnte hinweg. Das ist für viele nicht attraktiv. Und du lebst mit den Jahreszeiten und bist darum nicht so mobil. Aber auf der anderen Seite bedeutet Subsistenz auch einen Gewinn an Freiheit im Sinne von Unabhängigkeit, weil man auf viele Sachen nicht mehr angewiesen ist.«

Die Spaltung der Gruppe erlebt Heinz ambivalent.

»Die Gesellschaft heute bietet die Möglichkeit, mal eben schnell zu wechseln, wenn es mal eine Krise gibt. Früher musste man sich da mehr zusammenraufen. Was aber natürlich auch die Spannungen erhöht hat.«

## 1.5.2. Wieserhoisl

Inmitten der Berge der österreichischen Steiermark liegt das *Wieserhoisl*. Sechs Frauen, zwei Männer und drei Kinder leben hier. Vier der zwölf Hektar Wirtschaftsfläche sind von Wald bedeckt, dem die BewohnerInnen ihr Brennholz entnehmen. Desweiteren wird ihr Häuschen von einem großen Gemüsegarten und alten Obstbäumen umgeben. Dazwischen laufen einige Hühner.

Subsistenzlandwirtschaft ist eines der Stichworte, dem sich das Wieserhoisl-Kollektiv zuordnet. Mit dem Gemüsegarten versuchen sie, ihren Bedarf zu decken. Demnächst wollen sie die für die Steiermark typischen Käferbohnen aber in größerem Maßstab anpflanzen. Dafür fragen sie nach dem Prinzip der nichtkommerziellen Landwirtschaft bei Bekannten den Bedarf vorher ab, um dann eine entsprechende Menge anzubauen. »Die Idee ist, das bedürfnisorientierte Wirtschaften zu verankern – mal schauen, wie das funktioniert«, sagt Katrin.

Bedürfnisorientiertes Wirtschaften – welche Rolle spielt dieser Begriff bei ihnen?

»Für mich spielt schon eine Rolle, in welche Richtung oder politische Orientierung ich mich einreihen würde. Ich habe den Anspruch, kritisch zu sein. ›Kapitalismuskritisch‹ ist ein ausgelutschtes Wort – aber eben bedürfnisorientiertes Wirtschaften. Und selbstbestimmt zu sein in dem, was wir tun.«

Doch auch für die Menschen im Wieserhoisl deckt die Subsistenzproduktion nur einen Teil ihrer Bedürfnisse. Nicht zuletzt containern sie, was sich angesichts fehlender Konkurrenz in ihrer Umgebung als sehr einträglich erweist.

»Es gibt kein einheitliches Konzept, sondern es ist eher ein Herantasten, ein Konglomerat verschiedener Richtungen. Zum Beispiel sagen die einen, für sie ist verkaufen schon okay, obwohl wir damit Ausbeutungsverhältnisse reproduzieren – also wenig Geld für viel Arbeit in der Landwirtschaft. Sie wollen nicht nach außen lohnarbeiten gehen, aber trotzdem einen, wenn auch kleinen, finanziellen Beitrag zum Hofbudget leisten. Das ist bei uns okay, genau wie es okay ist zu sagen: ›Ich gehe lohnarbeiten, und dafür habe ich keinen Stress, dass ich was verkaufen muss. Weil irgendwie müssen wir halt schon zu Geld kommen.«

Elke arbeitet sogar in einem 20-Stunden-Bürojob. Die anderen jobben hier und da, so wie Katrin:

»Ich mache Gelegenheitsarbeit: Schafe scheren im Frühling und im Herbst. Aber das ist körperlich so anstrengend! Ich überlege, das wieder sein zu lassen – die Schafe wollen immer aufstehen und trampeln! Wenn ich schneller wäre, würde ich einiges Geld verdienen damit, aber ich habe gesagt: ›Ich mag es nicht mehr machen, weil ich den Eindruck habe, ich mache mich kaputt damit‹.

Im Dezember arbeite ich auf dem Weihnachtsmarkt bei befreundeten BiobäuerInnen, wir verkaufen Punsch und Essen, teilweise von deren Hof. Wenn ich keinen Bezug dazu hätte, würde ich das nicht machen, aber bei ihnen ist das okay. Trotzdem ist das auch total widersprüchlich: Ich will eigentlich nicht lohnarbeiten, gehe aber trotzdem arbeiten und dann ausgerechnet auf einem Weihnachtsmarkt, dem Inbegriff des Konsums! Und diese Widersprüche, die spiegeln sich auch in unserem Projekt.«

Alles, was jemand verdient, kommt in die gemeinsame Kasse, aus der alle Ausgaben bestritten werden. Auch hier kommt es zu Widersprüchen – und sei es zu welchen im eigenen Kopf. Hiervon berichtet Tina:

»Wir wollen nicht den Eindruck geben, alles sei wunderschön und ohne Schwierigkeiten – sondern wir sind tagtäglich herausgefordert, das zu meistern – diese vielen Theorien, die wir im Kopf haben, umzusetzen, und diese Ideale. Man steht vor den verschiedensten Herausforderungen – zum Beispiel mit dem Thema Geld. Gemeinschaftskasse? Ja! Und das funktioniert auch, aber es fällt nicht immer leicht, von diesem ›mein Geld‹ wegzukommen; zu akzeptieren, dass es gleichwertig ist, ob ich Euros erarbeite oder Marmelade einkoche. Also diese ganze Wertigkeit von Arbeit und Geld ist eine der großen Herausforderungen, vor denen wir stehen.«

Die Wertigkeit von Geld und das damit verbundene Sicherheitsgefühl beschäftigen Katrin:

»Ich merke, dass es einen Druck gibt in mir drinnen – der verinnerlichte gesellschaftliche Druck, wonach das alles zu wenig ist, was wir hier machen. In der Leistungsgesellschaft gibt es ganz bestimmte Vorstellungen, wie mensch zu funktionieren hat. Sich dann immer wieder selbst Bestätigung zu geben, dass das gut ist, was wir machen, das ist manchmal anstrengend. Aber die Sicherheit, die uns von einem fixen Job vorgegaukelt wird, die gibt es ja eh nicht«.

Nach der Uni den klassischen Weg zu gehen: sich eine Arbeit zu suchen, mit dem Partner zu leben, ein Kind zu bekommen, vielleicht ein Haus – damit hat sie sich nie anfreunden können. Für sie sind die anderen im Wieserhoisl ihre »Großfamilie« geworden. »Wir haben den Anspruch, das Leben mit Lohnarbeit und in Kleinfamilienstrukturen in Frage zu stellen und zurzeit kommunizieren wir das halt, indem wir so leben: dass es auch anders gehen kann.« Doch für Katrin ist es nicht nur politischer Anspruch, Wege neben der »klassischen Autobahn« zu finden – »es ist für mich total lebensnotwendig, weil ich kann mir das nicht vorstellen, das ödet mich an, wenn ich nur dran denke – nicht nur die Wohnform, sondern auch mit dem Job, dieses Funktionieren müssen, das Fremdbestimmte, Regelmäßige«.

Ein solches Leben abseits der ›Autobahn‹ ist nicht immer einfach – und sei es auf der Bank oder bei der Landwirtschaftskammer, deren formale Vorgaben nicht die Zeichnungsberechtigung von acht gleichberechtigten AnteilseignerInnen vorsehen. Selbst im lokalen Baumarkt werden sie schon angeguckt, wenn sie reinkommen, welche Extrawünsche sie wohl dieses Mal vorbringen würden. Denn Reparieren und Improvisieren ist in der Wegwerfgesellschaft eher ungewöhnlich.

Das Zusammenleben muss wie überall auch bei ihnen gelernt werden: Welches sind meine eigenen Bedürfnisse und welche die der anderen? Wie können beide befriedigt werden, auch wenn sie sich manchmal gegenüberstehen und eine Konsenslösung schwierig machen?

Als weitere Herausforderung in ihrem Zusammenleben schildert Tina Rollenmuster. Trotz ihres Verhältnisses von sechs Frauen und zwei Männern – wobei der zweite Mann, Bernhard, erst vor kurzem dazu kam – ergeben sich geschlechtliche Arbeitsteilungen; teilweise aufgrund physischer Stärke. Teilweise liege es aber auch daran, so Katrin, »der überlegt nicht, der macht halt einfach – und dann denk ich: Das könnte ich ja auch! Aber warum mach ich es nicht? Andererseits hat der sich auch schon x-mal verletzt. Das Selbstverständnis, an gewisse Dinge heranzugehen, ist einfach ein anderes«. Erleichtert wird dieses Ungleichverhältnis nicht dadurch, dass der neu dazugekommene Bernhard der einzige ist, der nicht studiert hat – und als Tischler Qualifikationen mitbringt, die den anderen oft fehlen.

»Alles selbst zu machen, braucht seine Zeit«, sagt Tina – umso mehr, als fast alle im Wieserhoisl sich vorher mehr mit Theorie als mit Praktischem beschäftigt haben. Jetzt lernen sie im Tun: »Wir verlieren nicht den Mut und möchten diesen Mut, selbst ein Leben abseits der Pfade auszuprobieren, weitergeben. Der zapatistische Spruch ›preguntando caminamos – fragend schreiten wir voran‹ gefällt uns, weil auch wir stetig nach Lösungen suchen und Schritt für Schritt neue Wege ausprobieren. Der Prozess der Veränderung braucht Zeit, aber wir können ihn aktiv mitgestalten«.

## 1.6. Guerilla- und Gemeinschaftsgärtnern

Gärtnern und Guerilla – wie das zusammen passt? Spätestens, seit Guerilla-GärtnerInnen bei den Globalisierungsprotesten am *J18*, den 18. Juni 1999, gegen den G8-Gipfel in Köln, Teile der Londoner Innenstadt vom Beton befreiten und bepflanzten. Auch politische Botschaften lassen sich so noch Monate später lesen, wie ein ›*No War*‹ im Londoner Hydepark.
Die Ursprünge der Gemeinschaftsgärten gehen aber noch weiter zurück.

Die Mischung aus der Not in verfallenden Stadtvierteln und dem Geist der sozialen Bewegungen der sechziger Jahre in den USA brachte NachbarInnen dazu, brachliegende Freiflächen mit Obst, Gemüse und auch Blumen zu bepflanzen.[15] Adam Honigman erinnert sich:»wenn du dir die Leute anschaust, die nicht nur blöd rumgeschwätzt haben, müsste ich sagen, dass Community Gardening sowohl aus der Umweltschutz- als auch der Frauenbewegung der 60er gewachsen ist.«[16]

Dabei sind auch die *community gardens*, die Gemeinschaftsgärten in der Regel ›illegalisiert‹, da die Grundstücke entweder der Stadt oder privaten Investoren gehören, und zum weiteren Verkauf beziehungsweise zur Spekulation gedacht sind: ›Die Pflanzen können jederzeit geräumt oder zerstört werden‹.[17] Bei dem Versuch, den Unterschied zu erklären, wird Adam Honigman bildlich:

> *Guerrilla Gardening* ist das ursprüngliche Gefühl von `lass uns auf diese Fläche gehen und ein bisschen gärtnern‹. Was das bedeutet ist, zwei Leute beschließen, Sex zu haben. *Community Gardening* bedeutet, verheiratet zu sein und eine Familie zu gründen und auf Dauer zu erhalten.[18]

Nicht zuletzt mit den neuen Bewegungen seit den Globalisierungsprotesten Ende der neunziger Jahre hat sich sowohl das Guerilla-Gärtnern als auch das Gemeinschaftsgärtnern in vielen westeuropäischen Städten verbreitet – wenn es Vorformen davon auch schon seit Jahrzehnten sowohl im Westen als auch im Osten gab. Zu unterscheiden sind verschiedene Arten. Während das brachliegende Baugrundstück die klassische Form des Gemeinschaftsgartens darstellt, bilden das Bepflanzen von Verkehrsinseln oder auch die Anreicherung der öffentlichen Grünflächen mit Blumen und Pflanzen Mischformen. Natürlich bietet sich auch der Hinterhof im eigenen Miethaus an. Grasmöbel schaffen hier wie auch im öffentlichen Raum konsumzwangfreie Sitzflächen – wie beispielsweise auf einer Brachfläche am Berliner Mauerpark. Als ›*graffiti with nature*‹ wird das Bespritzen von grauen Betonwänden mit einem Gemisch aus Buttermilch und Moos genannt, denn es ermöglicht ebenfalls die Verbreitung von spät grünenden Botschaften. Die sogenannten *seedbombs* (oder auch *seed granates* und in davon abgewandelter, schönerer Form *seed greenaids* genannt) ermöglichen Aktionen ›im Vorbeigehen‹ – wobei das oft zu lesende Bild, dies geschehe sogar vom fahrenden Rad aus, nicht zu empfehlen ist, da so die ›Samenbomben‹ zerbrechen.

Die dafür notwendige Mischung sollte aus ›fettem‹ Boden bestehen (als ideal hierfür empfehlen sich Maulwurfshügel in Parks) sowie aus Humus (ideal für StädterInnen: die heimische Wurm-/Kompostkiste) und einem Gutteil Samen (am besten von Pflanzen, die sich gegenseitig begünstigen).

Wer diese Mischung über Tage hinweg erst anfeuchtet, dann zwei Nächte trocknen lässt und dann am allerbesten kurz vor einem Regen in der Stadt verteilt, hat hohe Erfolgschancen. Wer lieber gleich Pflanzen verteilt, muss diese natürlich erst besorgen. Hilfreich kann hier eine Tauschbörse für ungewollte Pflanzen sein, wie es ihn Berlin und London gibt.[19]

Wie bei anderen Guerillas auch, wird in der Regel verdeckt gehandelt, zum Beispiel an uneinsehbaren Stellen, in scheinbar offizieller Gärtnerkleidung oder vorsichtshalber nur nachts – denn Strafen bis zu 5.000 Euro drohen. Theoretisch. Vielerorts wird es von den städtischen Behörden gar nicht ungern gesehen – sparen sie doch so an Begrünungskosten. In Berlin hat das Gartenbauamt gar einen Flyer mit zu beachtenden Regeln herausgegeben. »Was wir natürlich nicht wollen, ist, dass es sich verselbständigt«, betont Hans-Gottfried Walter vom Berliner Grünflächenamt.[20]

Der *Bund für Umwelt und Naturschutz (BUND)* hat für Berlin schon Wettbewerbe ausgeschrieben, wer eine jener winzigen unbetonierten Inseln um die Straßenbäume herum, im Fachjargon ›Baumscheiben‹ genannt, am Schönsten bepflanzt hat. Und das Bezirksamt Friedrichshain-Kreuzberg vergibt Patenschaften für Baumscheiben. Doch gleichzeitig wird das Engagement von der Stadt dort, wo Gewinninteressen im Wege stehen, mit allen Mitteln zu unterbinden versucht.

http://www.gruenewelle.org
http://www.urbanacker.net

## 1.6.1.Gemeinschaftsgarten Rosa Rose

Im Frühling 2004 beschlossen NachbarInnen der brachliegenden Grundstücke 11, 13 und 15 der Kinzigstraße im Berliner Friedrichshain, dieses 2.000 Quadratmeter große Stück Land zu bepflanzen. Sie entfernten Bauschutt, defekte Kühlschränke und ausrangierte Möbel, welche sich dort angesammelt hatten, nachdem die Firma, die hier bauen wollte, schon einige Jahre zuvor in Konkurs gegangen war. Die GartenpiratInnen legten Gemüse und Blumenbeete an, pflanzten Bäume und kleine Sträucher und nannten den Garten *Rosa Rose* nach einer rosa Plastiktüte, welche sie um einen Ast geschlungen in dem ganzen Müll fanden. Diese einzige Schönheit in dem Dreck erschien ihnen wie ein Symbol der Zuversicht. Als Motto wählten sie: »Eine andere Welt ist pflanzbar«.

Es entstand ein blühender Garten: Kleine Wege schlängelten sich durch die Blütenstauden, die Wespen summten in den Sommermonaten. Kinoabende, Hochzeiten und Geburtstagsfeste wurden hier ebenso veranstaltet wie Grillparties, Konzerte und Theateraufführungen. Kinder hatten eine Spielfläche und einen Sandkasten, Hunde eine eigene Wiese. Wer wollte, nutzte den Basketballkorb, andere das durchgängig betriebene W-LAN, NachbarInnen trafen sich an einer aus Holz gebauten Bar: ein Stück öffentlicher Raum, dessen Zugang nicht durch Geld beschränkt war. Salat, Kräuter und Gemüse aller Art wuchsen hier, und ersparten an acht Monaten im Jahr den Kauf im Supermarkt. Zusammen mit einer Gartenpiratin im Rollstuhl wurde ein Hochbeet angelegt.

2007 wurde das Grundstück der Hausnummer 11 – und damit ein Großteil des Gartens – zwangsversteigert. Einer der Gläubiger ist das Finanzamt von Friedrichshain-Prenzlauer Berg. All dies sei doch ein ganz normaler Vorgang, kommentiert eine Mitarbeiterin des Bezirksamtes, und warum solle die Stadt soviel ausgeben für einen so kleinen Nutzerkreis?[21] Erst nach dem Verkauf sprechen sich der Bezirksbürgermeister, die Umweltsenatorin und die Bezirksverordnetenversammlung bei dem Investor für die Suche nach Lösungen aus. Vergeblich. Es folgen: Blockade – Räumung – Baubeginn. Bagger walzen im März 2008 zwei Drittel der Fläche platt. Die Bar, der Brunnen und der Lehmofen werden zerstört – die ›Bewacher‹ des Kinderbeetes, ein Plastikfrosch und zwei Gartenzwerge, können es nicht verhindern. Die Reste des Gartens machen einen unglücklichen Eindruck.

Sie würden immer wieder gefragt, »warum wir uns denn für so ein paar Blümchen und Salatblättchen so stark engagieren«, berichten die AktivistInnen der Rosa Rose. Ihre Antwort: Sie fühlen sich als Teil der Bewegung ›*Right to the City* – Recht auf die Stadt‹, welche von den USA ausgehend weltweit Widerhall gefunden hat. »Die Idee, die dahinter steckt: Weil wir in Städten leben, haben wir das Recht zu bestimmen, wie diese Städte aussehen. Das Recht, wie das städtische Leben auszusehen hat, darf nicht an denen hängen, die Geld haben, sondern ist das Recht der BewohnerInnen, demokratisch mitwirken zu können, wie ihr Leben in ihrer nahen Umgebung aussehen soll«. Im Fall der Rosa Rose hieße das, dass nicht der Investor, der auf dem Brandenburgischen Land lebe, in einem kleinen Ort ›eingebettet von glasklaren Seen und herrlichen Mischwäldern‹, wie es auf dessen Homepage heißt, bestimmen dürfe. »Friedrichshain ist ihm egal, er will Geld verdienen und nicht hier wohnen. So ist es mit allen Investoren, sie interessiert weder die weitere Versiegelung des Bodens und die damit zusammenhängenden ökologischen Schäden, noch die Erhöhung der Feinstaubbelastung«.[22] Dabei hat Friedrichshain bereits die höchste Feinstaubbelastung Berlins. Ausgleichsflächen fehlen.

Weitere Punkte sind für Frauke Ernährungssouveränität und die »Schaffung eines ganzheitlich ausgerichteten Arbeitssystems«. Aber auch: Ein Schmunzeln hervorrufen. Philipp reizte einfach, sich mit seinen handwerklichen Fähigkeiten einbringen zu können.[23]

Darüber hinaus war und ist die Rosa Rose ein ›Interkultureller Garten‹: Dieser Ausdruck hat neben Guerilla-Gardening und ›urbanen Gemeinschaftsgärten‹ ebenfalls an Bekanntheit gewonnen. Ihren Ursprung haben die interkulturellen Gärten vermutlich in Göttingen, wo Mitte der neunziger Jahre traumatisierte bosnische Flüchtlingsfrauen wieder Boden unter den Füßen gewinnen sollten. Doch auch anderswo finden sich über die Gartenarbeit anscheinend leichter als bei den meisten anderen Gelegenheiten Menschen aus Deutschland und MigrantInnen zusammen. Neben Gemüse und Blumen wachsen so auch Freundschaften, Netzwerke und Kompetenzen.

http://www.rosarose-garten.net
http://www.berlin.de/imperia/md/content/lb-integration-
migration/publikationen/religion/interkulturelle_gaerten.pdf

## 1.7. Volxküchen (Voküs)

Es fing an mit Telefonieren: Katrin telefonierte mit den Bio-Großhändlern und bestellte und bestellte, und überredete gleichzeitig, noch extra Lebensmittelspenden dazu zu geben. Dann telefonierten sie und andere landwirtschaftliche Höfe zwischen unserem Projekt und der Ostseeküste ab: Ob sie nicht auch noch Gemüse oder anderes hätten, was sie nicht verkaufen und was wir abholen könnten?

Die Fahrt mit dem kleinen LKW dauerte entsprechend lange. Vor Ort wurde die Küche aufgebaut: Selbstgeschmiedete, offene Feuerstellen, auf die drei Töpfe von einem Meter Durchmesser gleichzeitig passten. Und dann wurde die zehn Tage des Anti-G8-Camps in Reddelich fast ununterbrochen gekocht: Während die anderen Volxküchen zu bestimmten Uhrzeiten Mahlzeiten anboten, griffen sich bei uns alle dann, wenn ihnen danach war, das, was sie zum Kochen fanden, und kochten daraus das, was ihnen damit sinnvoll erschien. So gab es fast durchgehend etwas zu essen. Jene, die zu verschiedenen Zeiten von verschiedenen Aktionen kamen, hat es gefreut. Und die AnwohnerInnen waren beeindruckt: »Das ihr das alles so gut organisiert habt!«

Das Essen wurde gegen Spende herausgegeben; wer nichts hatte, durfte trotzdem essen. Während der letzten Tage des Camps aber wurden Schilder aufgestellt: Es fehlen noch 40.000 Euro! Das Camp ging zu Ende, und es schien sich gezeigt zu haben, dass die Spendenbereitschaft nicht ausreichte. Bis sich herausstellte, dass alles ganz anders war: Die Endabrechnung ergab, dass die Kosten nicht nur wieder hereingekommen waren. Nein: Das übriggebliebene Geld ergab eine solche Summe, dass es in den folgenden Monaten wie eine kleine Stiftung verwaltet wurde; zahlreiche Aktionen und Projekte kamen auf diese Weise noch einmal in den Genuss der Früchte der Volxküchen-Aktion.

Die anderen Volxküchen-Gruppen waren ›richtige‹: Sie bilden Gruppen, die regelmäßig auf Aktionen, Demonstrationen, Kongressen oder einfach zu bestimmten Zeiten in einem bestimmten Raum kochen. So gibt es im Berliner Stressfaktor, einem kleinen kostenlos verteilten Veranstaltungsmagazin der linken Szene, stets die Seite ›Fressfaktor‹, auf welcher für jeden Wochentag verschiedene Möglichkeiten, zu einer Vokü zu gehen, aufgelistet werden.[24] Sind diese nicht vegan oder gar auf Fleischessende eingerichtet, so wird dies extra vermerkt, denn vegane Kost ist bei Volxküchen die Regel und nicht die Ausnahme: Ein Kilo Fleisch verbraucht ein Vielfaches an Nahrungsmitteln, zudem beispielsweise Rindfleisch das Hundertfache an Wasser (insgesamt 21.000 Liter) wie Weizen, die Methan rülpsende Kuh ist als Klimakiller enttarnt, und das Leid der Tiere wird auch nicht als Selbstverständlichkeit hingenommen.

Das Essen wird zum Selbstkostenpreis abgegeben, wobei sich viele Voküs (aber einige bewusst auch gerade nicht) Teile ihrer Zutaten durch Containern besorgen. Der Preis für eine üppige warme Mahlzeit liegt damit bei zwei oder drei Euro. Anders als bei den traditionellen Volks- oder auch Suppenküchen geht es aber wie in der Umsonstökonomie bewusst nicht darum, sich speziell ›an Bedürftige‹ zu richten. Die Schreibweise ›Volx‹ drückt zudem aus einer anti-nationalistischen Haltung heraus die Ablehnung des völkischen und damit ausgrenzenden Aspekts dieses Wortes aus. Diese Abgrenzung hat auch ihren Hintergrund in der Geschichte der traditionellen Volksküchen, die – meist aus karitativen, manchmal aber auch aus kommunistischen Motiven heraus gegründet – in den dreißiger Jahren von den Nationalsozialisten übernommen wurden, die Essensausgabe aber an ›rassische, politische und erbbiologische Reinheit‹ knüpften.[25]

Als wesentliche politische Vorgängerin der Voküs gilt die 1980 in den USA gestartete, aber schon lange weltweit verankerte *food not bombs*-Bewegung. Diese sammelt ebenfalls (ausschließlich vegane) Nahrung von Märkten und Produzenten ein, und verteilt die fertigen Mahlzeiten kostenlos. Gruppen existieren auch in Köln, Bonn, Bremen, Bochum und Düsseldorf sowie in Wien und Graz. Ziel ist es, neben der direkten Wohltat für die Essenden, auf die Verschwendung von Lebensmittel hinzuweisen und damit verknüpft das kapitalistische Wertprinzip zu hinterfragen. In den USA, wo kostenlose Essenausgabe verboten ist, sind schon viele *food not bomb*-AktivistInnen verhaftet worden. Selbst der Vorwurf des Terrorismus wurde gegen sie erhoben.

Die bekanntesten Vokü-Gruppen im deutschsprachigen (und in diesem Fall ebenso niederländischen) Raum sind wohl *Rampenplan*, *Le Sabot* und *Food for Action*.

http://bandito.blogsport.de/bevoku
http://www.food-not-bombs.de
http://www.kollektieframpenplan.nl
http://www.lesabot.org
http://www.food4action.de

## 1.8. Brotaufstrich-Kooperativen (Broops)

›Brotaufstrich ist der fachsprachliche Oberbegriff für streichfähige Lebensmittel von dickflüssiger bis pastenförmiger Konsistenz‹ so informiert Wikipedia. Gerade unter vegetarisch und nicht zuletzt unter vegan lebenden Menschen ist es beliebt, diese selbst herzustellen, um die Auswahl am Frühstückstisch zu erweitern. Denn der Kauf solcher Pasten ist meist teuer. Darüber hinaus sind Brotaufstriche eine gute Methode, größere Mengen an containertem Gemüse zu verarbeiten und haltbarer zu machen. Allerdings macht die Herstellung viel Arbeit, wobei der Aufwand nicht wesentlich steigt bei größeren Mengen. Darum lohnt es sich am ehesten für eine große Gruppe, zumal die Aufstriche nur begrenzt haltbar sind. Und werden sie eingefroren, so kann einem der Geschmack nach einiger Zeit eintönig vorkommen.

Darum hatte sich die Wohngemeinschaft, in der ich in Berlin für einige Zeit lebte, einer Brotaufstrichkooperative angeschlossen. Obwohl die Wohngemeinschaft schon aus acht Personen bestand, war es wesentlich einfacher und auf die Dauer schmackhafter, sich mit anderen WGs abzuwechseln. Einmal pro Woche wurden auf diese Weise mehrere Gläser vegane Brotaufstriche geliefert: zum Beispiel auf Sojabasis oder aus Grünkern hergestellt, aus Obst oder Gemüse, mit Kräutern, Nüssen oder Trockenfrüchten – der Phantasie und dem Geschmack waren und sind keine Grenzen gesetzt.

http://www.autoorganisation.org/mediawiki/index.php/
Umsonstnetzwerk/Brotaufstrich-Kooperative

## 1.9. Obstbaum-Nutzungsgemeinschaften

Zumindest eine gibt es: In Neuenhagen bei Berlin besteht eine Obstbaum-Nutzungsgemeinschaft. ›*Erntehilfe gegen Obstgeschenk*‹ lautet ihr Motto. Mit einem Artikel haben die InitiatorInnen Merle und Paul in der Lokalzeitung ihre Vernetzung beworben:

> »Wie kommt es, dass unser Obst häufig am Baum verfault, während wir im Supermarkt Lebensmittel kaufen, die einen weiten Weg hinter sich haben, chemisch behandelt sind – und Geld kosten? Wahrscheinlich ist die Situation bekannt – plötzlich sind die Kirschen reif, doch keiner schafft es, alle zu pflücken, ob aus Zeitmangel oder Altersgründen. Und auch zum frisch Essen sind die Früchte manchmal einfach zu viele. Doch es gibt genauso das Gegenteil: Viele Menschen haben keinen Baum, den sie als ihr ›Eigentum‹ betrachten können, und sind somit auf die Lebensmittel im Supermarkt angewiesen …
>
> Es ist unser Anliegen, mit einer Obstbaum-Nutzungsgemeinschaft eine Alternative zu schaffen, damit wir das eigene Obst in Neuenhagen und Umgebung nutzen sowie wertschätzen. In der Nutzungsgemeinschaft finden sich Menschen, die ihren Baum für eine gemeinschaftliche Nutzung öffnen möchten, weil sie die Ernte alleine nicht bewältigen – und vielleicht auch gar nicht essen können, sowie Menschen, die gerne beim Ernten helfen und sich über das frische Obst freuen. Ganz nebenbei kann Wissen über Baumpflege und Obstkonservierung weitergegeben und der Austausch zwischen Nachbarn, Generationen und Stadt-Land-Menschen (Berlin/ Neuenhagen) angeregt werden.«

26 Menschen finden sich, die Interesse haben. Doch nur die Hälfte davon trägt sich auf der Webseite ein – »das ging nur mit Expertenhilfe«, kritisiert die als Pflückerin interessierte Michaela, und betont, dass sie ansonsten ganz gut mit dem Internet zurechtkomme. Kein Wunder also, dass besonders Ältere – und damit gerade die Obstbaumbesitzenden – darauf angewiesen bleiben, sich ›offline‹ zu vernetzen.

Es kommt zu einigen Apfelernten in der Nachbarschaft, doch für alle anderen Früchte und Obstsorten ist es bereits zu spät im Jahr. Michaela kontaktiert eine andere Frau und fährt mit ihr gemeinsam nach Neuenhagen. »Es war November, wir wollten aber schon mal für die künftige Saison die Orte abchecken, und so gab es einen einzigen kleinen Apfel, der trotzdem noch gepflückt werden musste. Natürlich mussten wir dafür auf den Baum klettern.« Sandra hatte gar kein Glück mehr. Bei ihr scheiterte es allerdings schon daran, dass die Telefonnummern nicht funktionierten oder die Person am anderen Ende nicht verstand, was sie wollte. Darum bietet sie an, für das kommende Jahr die Kontakte vorher auf Aktualität zu überprüfen.

Wenn dann die nächste Saison schon mit den Erdbeeren beginnt, wird mehr möglich sein. Merle und Paul hoffen, dass es dann auch gemeinsames Einkochen geben wird, und vielleicht auch eine kleine Apfelpresse und einen Dörrapparat. Solarbetrieben natürlich.

# 2. Kleidung und andere Gebrauchsgegenstände

## 2.1. ›Jeder Kauf ist ein Fehlkauf‹: Umsonstläden

> Und über all den ausgemusterten Dingen schwebt, wie aufgewirbelter Staub, die vergessene Arbeit der Unbekannten, die sie gemacht haben. [26]

›Sie verlassen jetzt den kapitalistischen Sektor‹ begrüßt ein Schild die Eintretenden an der Tür des Berliner Umsonstladens in der Brunnenstraße 183. Wer diesen Sektor dann verlassen hat und sich bereits im Inneren des Ladens befindet, wird hier durch einen weiteren Hinweis in dieser Entscheidung bestärkt: ›Jeder Kauf ist ein Fehlkauf‹.

Über vierzig Umsonst- (oder auch Schenk-)läden gibt es mittlerweile über ganz Deutschland verteilt, in großen Städten wie Berlin und Hamburg sogar mehrere, aber auch auf Dörfern wie zum Beispiel jener gut geführte in Weyhe-Leeste bei Bremen. Dieser hat mich derart in meinem Grundsatz erschüttert, mir wenigstens die Schuhe neu zu kaufen, dass ich gleich drei Paar mitnahm – nun ja, ich wusste ja, wenn ich mich dann entschieden hatte, konnte ich die anderen beiden wieder im nächsten Umsonstladen abstellen.

Denn ein Umsonstladen funktioniert wie ein Second-Hand-Laden, nur eben ohne Geld und ohne Tauschlogik. Die Frage ist nicht ›Wie viel kostet das?‹, sondern ›Kann ich das gebrauchen?‹. Wer etwas hat, was er oder sie nicht mehr möchte, bringt es. Wer etwas im Laden entdeckt, was er oder sie gebrauchen kann, nimmt es. Dies könnte beispielsweise sein: Kinder-, Damen und Herrenkleidung, Bestecke, Geschirr, Töpfe, Staubsauger, Hammer, Zangen, Bohrmaschinen, Computer, Tastaturen, Mäuse, Fernseher, Videorecorder, Radios, CD-Player, Puzzle, Brettspiele, Videospiele, Puppen, Teddybären, Gitarren, Akkordeons – und so fort. Nur wenige Umsonstläden nehmen jedoch große Sachen an wie Tische, Betten oder Kühlschränke. Der Alles-Umsonst-Laden Trier ist hier eine Ausnahme: Hier waren auch schon komplette Schlafzimmereinrichtungen im Angebot. In anderen Läden hängen meist Pinnwände für entsprechende Angebote und Suchanfragen aus.

Kreative Ballonmütze, aus Tier,
flimmert im Licht
0,00 Euro, Umsonstladen

Top,
im
Regen-
wald
gebatikt

0,00 Euro
Umsonst-
laden

Shorts -
ohne
Worte....

0,00 Euro
Umsonst-
laden

Schwarze
Strumpf-
hose

mitge-
bracht
für's
Shooting

Stiefel, mit Stahlkappe,
für die erste Tanzstunde
0,00 Euro, Umsonstladen

*Hoffentlich nicht umsonst: Werbung für den Hamburger U-Laden*
*(Model: Ilka)*

Der Umsonstladen Greifswald stellt seine Internetseite hierfür zur Verfügung. Und in Hamburg wurde das Kleinmöbellager ausgegliedert.

Allerdings beziehen sich nicht alle BetreiberInnen auf die Grundsätze der Umsonstökonomie. Einige Läden sind aus überwiegend karitativen oder ökologischen Gesichtspunkten heraus entstanden. So speist sich der Laden in Trier aus christlicher Sozialethik, und wurde der Oldenburger Verschenkmarkt mit Unterstützung der Stadt im Rahmen der Agenda 21 als Mittel gegen die ›Wegwerfgesellschaft‹ gegründet. Gleichzeitig soll er Menschen zugute kommen, die sich den Erwerb ständig neuer Konsumgüter nicht leisten können. Aber auch diese beiden Läden richten sich explizit an alle Menschen, um so Solidarität miteinander zu erleben und zu fördern. Diesen Gedanken weitertragend bezeichnen die AktivistInnen des Gießener Umsonstladens als langfristiges Ziel, »dass über den Umsonstladen ganz viele weitere soziale Beziehungen zwischen den NutzerInnen entstehen, um sich von staatlichen Institutionen unabhängig zu machen; zum Beispiel Umzugshilfen, Wohnprojekte, VerbraucherInnen- und NutzerInnengemeinschaften, Kinderläden etc.«.[27]

Alles, was brauchbar (sowie heil und sauber) ist, kann gebracht werden; alles, was gebraucht wird, genommen werden. Um einer Schnäppchen-Mentalität vorzubeugen sowie der Gefahr, als Grundlage für Flohmarktverkäufe zu dienen, gilt häufig eine Begrenzung für die Mitnahme; beispielsweise dürfen dann nur drei Teile pro Besuch ausgewählt werden.

Natürlich besteht immer Vermüllungsgefahr. Jeder Umsonstladen muss gut gepflegt werden. Dies geschieht teilweise durch Freiwillige, nicht zuletzt aber auch durch die Mithilfe der NutzerInnen, die beispielsweise im Schenkladen Berlin aufgefordert sind, ihre mitgebrachten Dinge selbst einzusortieren sowie auszusortieren, was ihnen zu schäbig erscheint.

http://www.umsonstladen.de


### 2.1.1. Arbeitskreis Lokale Ökonomie Hamburg (AK LÖk)

#### 2.1.1.1. Umsonstladen Hamburg-Altona des AK LÖk

Der erste Umsonstladen Deutschlands entstand 1999 in Hamburg. Obwohl dieser ohne Wissen von Vorbildern gegründet wurde, existierte als erster europäischer jedoch wohl der »Weggeefwinkel« im niederländischen Leiden. Weltweit der erste war vermutlich 1967 jener des Kollektivs *Diggers* an der *Lower-East-Side* New Yorks, dem bald zwei weitere in San Francisco folgten.[28]

Der Umsonstladen Hamburg wurde von fünf Menschen des *Arbeitskreises Lokale Ökonomie* gegründet, und so zeichnet sich dieser Laden dadurch aus, dass er im Verbund mit anderen Projekten besteht. Wer in Hamburg bis zur S-Bahn-Station Holstenstraße fährt, braucht nur stadteinwärts die Stresemannstraße zurückgehen und trifft schon nach 50 Metern auf eine Eingangstür an der abgewinkelten Ecke eines alten großen Wohnblocks. Wer hineingeht – wie rund 300 Menschen jede Woche –, findet sich in einem geräumigen Laden wieder: Während vorne in der Sitzecke am Fenster sich meist jene aufhalten, welche gerade die Öffnungszeit betreuen, finden sich geradeaus, räumlich etwas abgetrennt, Bücher, und links den Flur entlang folgen die Zimmer mit Kleidung und Gegenständen aller Art. Wer aber die Stresemannstraße noch etwas weiter hinunter geht, stößt nacheinander auf eine Kreativwerkstatt, eine Fahrradwerkstatt sowie ein Kleinmöbellager des AK LÖk. Weitere Bereiche stellen die Freie Uni Hamburg, eine Gartengruppe sowie ein Frauentreff dar. Unter dem Motto ›Neue Wege suchen – selbstbestimmte Schritte gehen‹ kann zudem eine psychologische Beratung in Anspruch genommen werden.

Es wird deutlich: Der AK LÖk versucht, den Umsonstladen nicht als Nische zu verstehen, sondern ihn Teil einer möglichst geld- und tauschfreien Projektgemeinschaft werden zu lassen. Dieser ›gemeinsame Topf der Nützlichkeiten‹ bedeute Entlastung für den Einzelnen: Schon als der Arbeitskreis Ende der neunziger Jahre mit dem Umsonstladen begann, war die Motivation, der niederdrückenden Abhängigkeit von Erwerbsarbeit zu entkommen. In dem Flugblatt ›Herausfinden, was ich wirklich will‹ vom September 2008 heißt es:

Sind Sie mit Ihrer Erwerbsarbeit nicht glücklich? Das Klima ist inzwischen langweilig oder hart geworden? Fehlt es Ihnen wie den meisten Erwerbstätigen an freier Zeit?

Oder haben Sie einen oder gar mehrere ungesicherte Jobs und damit ebenfalls wenig freie Zeit und trotzdem gerade nur das Notwendige zum Leben?

Sind Sie zurzeit ohne Erwerbsarbeit oder ungesichert beschäftigt und haben zwar Zeit, aber teilweise würdelos wenig Mittel zum Leben?

Auch außerhalb der Arbeitszeit hastet manche(r) von Termin zu Termin und organisiert sich eine besinnungslose, ›effektive‹ Freizeit, ist mit dem Handy immer erreichbar… Der Lebens-Takt-Rhythmus wird durch die (teils selbst geschaffenen) Zwänge des Gelderwerbs vorgegeben und die meisten Menschen machen das mit. Muße und selbstbestimmtere, kreative Tätigkeiten kommen häufig zu kurz. Der ›ICE‹ des Alltagslebens kommt selten zum Stehen…

Ist es wirklich das, was Sie mit Ihrem Leben machen wollen?

Im Arbeitskreis Lokale Ökonomie e.V. Hamburg geben wir uns nicht mit dieser Art Arbeit und Leben zufrieden: Erwerbsarbeitszeit senken – gegenseitige Hilfe entwickeln![29]

»Darum sind wir damals zu dem Schluss gekommen, nicht mehr alle Fähigkeiten und Neigungen der Erwerbsarbeit geben zu wollen«, erzählt

Hilmar. So heißt es im Selbstverständnis des Umsonstladens: ›In der Projektgemeinschaft soll versucht werden, Wege zu finden, nach denen die einzelnen Projekte gut zusammenwirken, um die Lebensqualität der Beteiligten unabhängig vom Geldbesitz zu verbessern‹. Damit sollte der Umsonstladen ein erster Ansatz sein, ›aus den Fähigkeiten der sich aktivierenden Menschen eine Projektgemeinschaft aufzubauen, die ein Stück Erwerbsarbeit nach dem anderen durch verabredete und spontane gegenseitige Hilfen ersetzen sollte‹.[30]

> Die Praxis eines Umsonstladens hat aber nicht die Eindeutigkeit, die wir ihr stets unterstellt haben. Menschen bringen zu uns Gebrauchsgegenstände und nehmen Gebrauchsgegenstände mit, ohne dass eine Verrechnung stattfindet. Insofern bricht die Praxis eines Umsonstladens mit der für kapitalistische Gesellschaften grundlegenden Form des gesellschaftlichen Zusammenhangs qua Tausch von Waren auf dem Markt. Sie ist aber offen für die Wahrnehmung als ein Verschenken beziehungsweise Geschenke entgegennehmen oder als ein Spenden beziehungsweise Spenden erhalten. In diesen Formen des Handelns steckt keine Dynamik, um zu einer anderen, demokratischeren Form des Wirtschaftens zu gelangen. Unser Umsonstladen versucht dahingegen im Zusammenschluss mit den anderen Projekten des Arbeitskreises Lokale Ökonomie Hamburg eine Praxis der gegenseitigen Hilfe zu etablieren, die der Vereinzelung entgegenwirken soll.[31]

In diesem Sinne ist auch die Teilung gedacht, dass NutzerInnen an die Spende erinnert werden oder aber auch verpflichtet werden, einen Obolus zu entrichten, während Aktive auf alles umsonst zugreifen dürfen. ›Wir unterscheiden dabei bewusst zwischen Aktiven bei uns und den punktuellen NutzerInnen unserer Projekte. Gratis für alle, die überhaupt nicht in einen verabredeten kooperativen Zusammenhang mit uns treten wollen, lehnen wir ab‹.[32] Hilmar erläutert dies: »Es soll ein Anreiz sein, selbst aktiv zu werden. Es ermöglicht aber ebenso einen Keim davon, systematisch als Gruppe die Ressourcen nicht als Ware zu behandeln. Während die NutzerIn sich ja nicht in so ein verabredetes Verhältnis begibt, ist das Verhältnis unter uns ein Verabredungsverhältnis, uns abrechnungsfrei diese Dinge zu geben«.

In dem bereits zitierten Text heißt es weiter:

> Allerdings hat sich die gegenseitige Unterstützung unter den Aktiven längst nicht in dem Maße intensiviert, wie wir es in unserem Konzeptpapier angestrebt haben. Gut, es gibt die Kleinmöbel auf Wunsch, die Fahrrad-Unterstützung, den Transporter, einen Kopierer und noch ein paar nützliche Hilfen. Aber insgesamt ist sowohl die Dichte und Verbindlichkeit der Kontakte innerhalb der Gesamtgruppe recht beschränkt geblieben. Der Umfang der Hilfen stagniert auf einem niedrigen Niveau. Das Bedürfnis nach intensiveren gegenseitigen Hilfen ist vom Anspruch her bei einer Mehrheit vorhanden. In der Alltagspraxis sind aber nur wenige bereit, etwas mehr von ihrer Kraft in die Gruppe zu geben.[33]

Diese Lagebeurteilung der Gruppe war Ausgangspunkt für ein paar Versuche der Erweiterung: zum einen hinsichtlich der internen Diskussion, so dass ein Teil der Gruppe inzwischen einmal im Monat an einer Weiterentwicklung des Selbstverständnisses des AK LÖK arbeitet, und zum anderen nicht zuletzt durch die Öffnung nach außen den Umfang der abgedeckten Bereiche zu erhöhen:

Erstens wurde die Zusammenarbeit mit anderen Gruppen in der Nähe (zum Beispiel zum nahegelegenen *Centro Sociale*) ausgeweitet, und damit die gegenseitigen Nutzungsmöglichkeiten von Räumen beziehungsweise den Werkstätten. Zweitens arbeitet die Gesamtgruppe an einer jährlichen ›Fiesta Umsonst – Rock die Ware‹, einem Stadtteilfest, bei dem AnwohnerInnen und Initiativen aus den Stadtteilen mit dem AK LÖK sich und ihre Aktivitäten vorstellen und (fast) ohne Geld zusammen feiern können (vgl. 10.1.). Drittens wurde die Freie Uni Hamburg begonnen, ein selbstorganisiertes Bildungsprojekt, in dem die Beteiligten sich gegenseitig anspruchsvolle Bildung in kleinen Gruppen geben (vgl. 6.2.1.). Darüber hinaus gibt es Pläne für einen Verein zur Förderung regenerativer Energien und einen Ansatz verabredeter Produktion. Dabei ist allerdings noch unklar, inwieweit sich das realisieren lässt.

### 2.1.1.2. Fahrrad-Selbsthilfe-Werkstatt ›Schrott wird flott‹

Nach dem Motto: ›So viel gegenseitige Hilfe ohne Geld und Warenwelt wie möglich, so viel gewerblich orientierte Arbeit wie nötig‹ haben die Aktiven des Arbeitskreises im Januar 2003 beschlossen, sich gegenseitig auch dabei helfen zu wollen, die nötige Lebensgrundlage durch Erwerbsarbeit zu erreichen. Volker hat diese Möglichkeit dankbar ergriffen:

»Als Initiator des Fahrradprojektes habe ich diese Chance so ziemlich als erster dankbar aufgenommen, stand ich doch damals vor der Situation, entweder meine durch jahrelange Tätigkeit liebgewonnene Facharbeit aufzugeben und zum Arbeitsamt/Sozialamt zu gehen oder meine Fachkenntnisse in ein soziales Projekt einzubringen, das mir gleichzeitig die nötigen Räumlichkeiten zu fairen Bedingungen, auch zur Fortführung meiner gewerblichen Arbeit, zur Verfügung stellt. Diese bewusste ›Zweisträngigkeit‹ des Fahrradprojekts ist mir von Anfang an schon bei der Vorstellung meiner Tätigkeitsidee in den entsprechenden Sitzungen nicht verhehlt worden und ist auch so von der Mehrheit der Sitzungsteilnehmer akzeptiert worden.«

So entstand der Laden ›Schrott wird flott‹.

»Da genügend Leute das Projekt in diesem Sinn nutzen, trägt es sich fast selbst, ohne vom AK finanziell unterstützt zu werden, was wir von der Fahrradgruppe als Ziel anstreben.

Für die gewerbliche Nutzung dieser Werkstatt zahle ich dem AK 50 Euro im Monat als anteilige Miete. Alle Spenden, die während der Selbsthilfe-Zeiten als freiwillige Spende für Beratung und Werkzeugverleih von den Nutzer/innen gegeben werden, reichen wir an unsere Kasse weiter. Sie fließen so in den gemeinsamen Topf des Arbeitskreises zur Deckung der gemeinsamen Kosten. Gespendete Teile werden eingelagert und Nutzern aus dem AK kostenlos (freiwillige Spenden werden natürlich nicht zurückgewiesen) allen anderen preisgünstig als Gebrauchtteile verkauft (Der Erlös geht an den AK). Gespendete Fahrräder werden von mir mit Teilen aus dem Gebrauchtlager wieder fahrfertig gemacht und je nach Bedarf und Nachfrage als Leihfahrrad Mitgliedern des AK quasi als Dauerleihgabe zur Verfügung gestellt.

Da ich aber nicht ganz ohne Geld leben kann (Miete, Lebensmittel), bin ich dazu gezwungen, an den übrigen Wochentagen zur Reparatur angenommene Räder zu reparieren beziehungsweise aus meinen Gebrauchtteilen Räder auf Bestellung zusammenzustellen und zu verkaufen.«[34]

### 2.1.1.3. Ladies only: Frauenschichten und Frauentreffen

Seit einigen Jahren öffnet der Umsonstladen Hamburg jeden vierten Montag im Monat nur für Frauen. An diesem Tag kommen viele schon vor der eigentlichen Öffnungszeit um 11 Uhr zu einem gemeinsamen Frühstück. Zwei bereiten das Frühstück vor, alle machen im Anschluss zusammen sauber. Auch während der Schicht bleibt die Küche offen, womit an den anderen Tagen schlechte Erfahrungen gemacht wurden. »Wir haben ein gutes Miteinander, was in den anderen Öffnungszeiten nicht so machbar ist«, findet Evelyn. »Unter Frauen geht es lockerer zu. Und auch das Anprobieren im Laden ist einfacher. Man kann auch mal fragen: ›Steht mir das?‹ – ohne blöde Blicke und Bemerkungen von Männern«.

An jedem zweiten Montag im Monat findet darüber hinaus ein Frauentreffen mit Kaffee und Keksen statt. Auch hier können Frauen einfach vorbei kommen. Da dieses Treffen aus einem ehemaligen internationalen Café entstand, sind darunter viele Migrantinnen. Spezielle Themen werden nicht besprochen, aber zum Beispiel werden häufig Tipps ausgetauscht, wie mit wenig Geld zurechtzukommen ist.

### 2.1.1.4. Kreativwerkstatt des AK LÖk

Früher hieß die Kreativwerkstatt ›Nähwerkstatt‹; umbenannt wurde sie zu einer Zeit, als sich zwei Frauen für sie zuständig fühlten, von denen eine Designerin war. Ingrid, die nach deren Weggang, damit die Werkstatt weiter aufrechterhalten bleibt, die Verantwortung hierfür übernahm – »so wie Maria zu ihrem Kind gekommen ist!« – würde jedoch gerne im Namen klar machen, was hier nun ausschließlich geschieht: Handarbeiten. Die Idee dahinter ist sehr einfach, nämlich »dass man das, was man zu Hause hat, wieder heil machen kann«. Aber wer macht das schon? Wo die Strumpfhosen mit Löchern oder die Hosen, denen Knöpfe fehlen, nicht gleich weggeworfen werden, landen sie meist auf einem langsam wachsenden Berg, und warten vergeblich darauf, wieder Instand gesetzt zu werden. Manchmal fehlt das Fachwissen, oft aber fehlt einfach der Augenblick: Immer gibt es Dringenderes zu tun; dafür aber Freizeit zu opfern, ist auch langweilig. Sich ab und an einen Donnerstagnachmittag in der Stresemannstraße 144 bei Tee und Süßem zusammenzusetzen und zudem sich gegenseitig Hilfestellungen zu leisten, kann darum hierfür genau die richtige Lösung sein. Auch Kleidung zum Bügeln kann mitgebracht werden. »Ich weiß nicht, ob ›Kreativwerkstatt‹ das richtige Wort dafür ist«, drückt Ingrid ihr Unwohlsein mit dem Namen aus. Ganz unkreativ gehe es aber dennoch nicht zu in dem kleinen Laden: Momentan sind Stulpen der Renner. Dabei kann frau sich natürlich auch anregen untereinander. »Und am Ende dieser Stunden ist dann etwas fertig geworden.«

Warum aber kommen nur Frauen? »Das weiß Jesus!«, ruft Ingrid aus. »Hilmar, kannst du da was sagen?« »Ich bin jetzt gerade nicht dran«, meint dieser. Ingrid vermutet, dass deren Wunsch eher wäre: ›Machst du mir das mal eben?‹. Einer kam und wollte malen – das aber war Ingrid auch nicht recht. »Ich möchte das gar nicht so breit angelegt haben«, sagt sie.

Während ihre Vorgängerinnen sich kaum für den AK LÖk als Gesamtzusammenhang für ein anderes Wirtschaften interessierten, wuchs bei Ingrid so nach und nach das Verständnis für das eigentliche Anliegen des Projekts. »Das war alles neu, da musste ich erst hineinfinden«, erinnert sie sich. »Als ich den Umsonstladen entdeckte, hatte ich schon so die Idee: ›Ach, ist das toll für arme Menschen!‹. Dabei bin ich ja auch nicht übermäßig reich; zum Beispiel diesen Mantel, den habe ich aus dem Umsonstladen – das ist für mich wie ein Sechser im Lotto. Doch lange Zeit habe ich das so gesehen, bis Hilmar mal gesagt hat: ›Wir sind hier keine Sozialstation!‹. Das hat etwas angeregt.« Inzwischen habe sie ihre Position zu der Idee des Projekts gefunden. »Ich bin nicht die Allerallerpolitischte, aber die Idee – was hier gewünscht wird – die finde ich gut, und darum möchte ich mitmachen mit dem, was ich dazu anbieten kann.«

Auch sie selbst habe sich in diesem Prozess verändert, findet Ingrid: »Ich habe eine Entwicklung durch den AK LÖk gemacht: Meine Interessen zu vertreten, mich deutlich zu machen, mich nicht unterbrechen zu lassen, mich zu trauen, eine Gruppe zu leiten, auch abzulehnen, wo ich weiß, das kann ich doch nicht so gut. Das ist auch eine Hilfe vom AK LÖk – die Hilfe, dass man sich entwickeln kann. Wenn man denn möchte.«

### 2.1.1.3. Kleinmöbellager des AK LÖk

›Zu schade zum Wegwerfen‹ – das ist auch das Motto im Kleinmöbellager des AK LÖk. Während Umsonstläden Möbel, auch kleine, in der Regel aus Platzmangel nicht annehmen, hat der Arbeitskreis Lokale Ökonomie Hamburg einen eigenen Laden daraus gemacht. So können Möbel, die noch schön und nützlich sind, aber nicht mehr benutzt werden, hierher gebracht und von Menschen, die sie gebrauchen können, abgeholt werden. Auch Lampen, Schrauben und Eisenkleinteile können im Kleinmöbellager abgegeben beziehungsweise wieder ausgegeben werden.

Auch hier gilt: Für Aktive des AK LÖk sind die Möbel umsonst, alle anderen werden um eine Spende zur Deckung der (Raum-)Kosten gebeten. Wer in einem Radius von fünf Kilometer Umkreis wohnt und Möbel abgeben möchte, kann diese auch durch den Transporter des Projekts abholen lassen, muss jedoch selbst für die Spritkosten aufkommen.

Sieben Aktive sind hier derzeit tätig. Ralf ist einer davon. Wenn er erzählt, wird deutlich, dass die Flugblätter des AK LÖk zur Kritik der Erwerbsarbeit nicht am Schreibtisch entstanden sind. Früher hat er »in Internet gemacht«. Heute scheut er sich darum davor, seine Emails zu checken. Zwei Jahre hatte er in einem »Topjob« als Computerfachmann in der Architekturbranche gearbeitet, als seine Frau sich von ihm scheiden lassen ließ.

> »Da habe ich den Job gleich hinterher gekickt, weil ich den auch dafür verantwortlich gemacht hatte, dass es soweit kam – also, dass ein Job einfach zu viel Zeit kostet und die Zeit frisst, und einen mit den Nerven völlig runter zurücklässt. Das sind die Erfahrungen, die ich mit Arbeit habe.
>
> Was mich gestört hat, das ist diese Vollzeit – dass man so voll aus seinem Leben gerissen wird. Vorher war ich Hausmann und war für meinen Sohn da, und dann auf einmal gehe ich arbeiten und kriege überhaupt nicht mehr mit, wie dieses Kind lebt. Kam dann nach Hause und war natürlich auch müde, und dann war mir das fast auch ein bisschen zu viel. Meine Ex-Frau hat dann auch ihren Frust bei mir abgeladen: ›Ich schaff das alles nicht mehr und du bist den ganzen Tag weg und ich habe das Kind alleine und das hatten wir mal anders geplant!‹ Sie hatte ihre freiberufliche Arbeit, von der wir in der Zeit davor alle drei ganz gut leben konnten, nahezu aufgegeben.«

Nur Hausmann zu sein, war auch Ralf zu wenig gewesen: »Es war alles immer sehr, sehr eng«. Aber auf seiner Arbeit blieb es eng:

> »Als ich dann arbeitete – dieser Beruf, auch dort, diese Einseitigkeit… Ich wollte entwer-

fen, ich wollte auch gerne Modelle bauen, und diese Sache mit den Rechnern, die gefiel mir auch gut, aber ich konnte dort nur Rechner machen, und letztendlich war sogar klar, dass selbst diese kleinen Sahnehäubchen, die es in dem Job ab und an mal gab, wegfielen. Das war für mich so eine Art Sackgasse, da hatte ich dann keine Lust mehr. Aber gekickt habe ich den Job erst, als die Trennung kam.«

Ralf versuchte es dann mit freiberuflichem Arbeiten. Das erwies sich zwar als weniger eintönig, bedeutete aber, noch mehr als bei Vollzeit arbeiten zu müssen.

»Irgendwann wurde mir das alles viel zu viel. Schließlich war es dann so, dass ich am Ende des Projekts einen Tinitus mit dreierlei Tönen im Ohr hatte. Da fing ich an, die Arbeit zu hassen. Ja, und da habe ich dann auch tatsächlich nichts mehr gemacht – nahezu nichts.«

In dieser Situation traf Ralf auf den AK LÖk.

»Angesprungen auf dieses Projekt bin ich über den Titel ›Neue Arbeit‹. Das fand ich einen ziemlich guten Ansatz. Dann natürlich der ökonomisch-ökologische Aspekt, den ich hier auch gleich vorgefunden habe, dieses ›Zu schade zum Wegwerfen‹, das traf auch noch. Dann ein relativ gutes Klima. Wir haben hier zwar auch schon kleine Territorialkriege erlebt, aber genau genommen finde ich es doch ein recht gutes Klima; auch mit den Nutzern, die mir manchmal zwar ziemlich auf die Nerven gehen, aber im Allgemeinen besteht ein sehr liebevolles, rücksichtsvolles Miteinander. Man bekommt Anerkennung für das, was man tut, und zwar nicht über den monetären Aspekt, sondern direkt mit einem Lächeln.«

Über die Renovierung des Kleinmöbellagers stellt Ralf fest, dass er handwerklich eine Menge Fähigkeiten hat. Aus dieser Erfahrung heraus macht er sich selbständig.

»Gärten habe ich am liebsten gemacht. Und damit habe ich mich dann im Prinzip von dieser Nervenkrankheit, die diese Computerarbeit bei mir hinterlassen hatte, geheilt. Nach zwei, drei Stunden im Garten fiel dann alles von mir ab. Diese stumpfen Arbeiten, die fand ich gerade gut – eine Wohnung weißen zum Beispiel: Walkman auf und rauchen und vor einer weißen Wand stehen, das fand ich klasse; ganz alleine da sein, und niemand sagt mir etwas.«

Als Ralf sich den Arm bricht, verliert er Aufträge, er ist nicht versichert, es kommt eins zum anderen, er verschuldet sich.

»Da war dieses Projekt doch sehr hilfreich. Hier wurde viel gekocht. Aber auch die Anschaffungen fürs tägliche Leben, Umzüge allein, den Transporter benutzen – ich hätte mir keinen Transporter leisten können, sowas kann man nur noch mit Kreditkarte anmieten, und so etwas habe ich schon lange nicht mehr. Mein ganzer Hausstand ist mittlerweile von hier – ich bin fast sieben Jahre dabei – meine Möbel, auch viel Kleidung, auch die Bücher: Ich hole jede Woche ein, zwei Bücher aus dem Laden. Ohne das Projekt stünde ich wirtschaftlich bedeutend anders da beziehungsweise könnte einfach gar nicht teilnehmen.«

Das Bedürfnis nach dem »Shoppi-Hoppi, das so viele andere da draußen immer noch betreiben«, sei inzwischen völlig weg.

»Ich habe überhaupt kein Problem damit, die Sachen aus dem Umsonstladen zu nehmen. Im Gegenteil. Gerade bei Haushaltsgegenständen: Ich habe einen Faible für die Siebziger, ich sammle mir meine Kindheit zusammen, diese Sachen, die ich eigentlich immer schon haben wollte, die irgendwie an mir vorbeigegangen sind, die sonst schon gar nicht mehr zu haben sind – wenn sie da noch ankommen, dann sind sie wirklich qualitativ hochwertig!«

Andrea war noch nie ein ›Shopping-Typ‹, sagt sie. »Aber ich kann mich schon wie ein Schneekönig freuen, wenn ich hier so Kleinigkeiten sehe, die ich einfach nach Hause nehmen kann.« Doch zu überschwänglich will sie das Konzept des Umsonstladens nicht bewerten.

»Heute gab es viel Berichterstattung zu der Entscheidung des Bundesverfassungsgerichts zu den Kindersätzen des Arbeitslosengeldes II, wo die Verfassungsrichter wieder nicht gesagt haben: ›Es ist einfach zu wenig‹, sondern nur: ›Der Staat muss noch mal genauer den Bedarf berechnen‹. Da hatte ich gleich die Vision, wenn das, was wir hier tun, sich sehr verbreiten würde und immer mehr Leute so lebten, kämen garantiert die Ämter und würden sagen: ›Da könnt ihr euch doch versorgen!‹ Und würden wieder staatliche Transferleistungen streichen.«

Genau diesen Mechanismus musste sie schon als Mitglied in einem MieterInnenrat erleben: Wenn Studis, KünstlerInnen und andere beginnen, in ihren Vierteln etwas zu machen, werden diese als chic aufgewertet, Sanierungen werden durchgeführt – und alles wird teurer.

»Das ist immer der Grund, warum ich gar nicht so großartige Ansprüche an dieses Projekt hier habe – dass ich denke: ›Das ist ganz toll‹, oder: ›Das ist politisch genau das, was ich möchte‹, sondern ich denke: Es ist gut, so etwas zu machen, man sollte aber eigentlich – wenn man die Kräfte dazu hätte – immer auch daran arbeiten, dass sich gesamtgesellschaftlich etwas ändert und man sollte beweglich bleiben und nicht einfach nur eine Kampagne durchführen: ›Organisiert Euch in Umsonstläden, dann ist das Leben etwas billiger‹. Ich brems oft eher, weil ich immer gleich die Achillesferse daran sehe.«

Auch den ökologischen Aspekt des Projekts sieht Andrea durchaus zurückhaltend.

»Hier kommen Kühlschränke her, die sich eigentlich niemand mehr anschalten sollte, weil sie so viel Strom verbrauchen. Waschmaschinen genauso. Oder Kunststoffe. Das ist kein ökologischer Durchbruch, so etwas zu machen. Ich finde das einfach genauso sinnvoll, wie meine Eltern, die Jahrgang 1924 sind, ihr halbes Leben noch so gewirtschaftet haben, also nicht kaufen-wegschmeißen-kaufen-wegschmeißen, sondern verbrauchen-verwerten-aufbewahren-gucken, wofür man das gebrauchen kann. Ein sinnvolles Wirtschaften.«

Das heißt aber nicht, dass sie die Idee hinter dem AK LÖk nicht teilen würde: »Ich stell mir Gesellschaft im Idealfall so vor – dass man die Güter in irgend so einer Form verteilt.«

Auch bei Andrea stand eine Krise am Anfang ihrer aktiven Zeit im AK LÖk; bis heute ist sie krankgeschrieben. Sie wollte etwas Sinnvolles machen, auch etwas Politisches. »Ich hatte aber nicht die Kraft für die typischen Auseinandersetzungen in der Linken – die ich so kannte – die Hahnenkämpfe in kleinen Grüppchen, die sich dann noch weiter zersplittern müssen.«

Anders als bei Ralf, der keine Emails mehr lesen mag aus Abscheu vor allem, was mit seiner früheren Erwerbsarbeit zu tun hat, hätte Andrea durchaus Lust, weiter als Rechtsanwältin zu arbeiten. »Aber nicht unter diesen Bedingungen.« Nachdem sie bereits im Frauenhaus tätig gewesen war, wusste sie immer, was für eine Klientel sie vertreten wollte: existenziell bedrohte Menschen – sei es durch Gewalt, Abschiebung oder anderes. Um dies zu verkraften, fand sie aber nicht den Rückhalt in einer solidarischen Gemeinschaft von AnwältInnen, den sie dafür gebraucht hätte. Das sei ausgesprochen schwierig hinzubekommen. »Ehrenamtlich mache ich das schon noch, im Rahmen von politischen Sachen. Bei mir ist es nicht so, dass ich nicht mehr wollte, ich würde schon wollen, aber ich habe die Nerven einfach nicht mehr, ich würde den Druck nicht mehr aushalten.«

Für Ralf ist die Abneigung gegen Erwerbsarbeit grundsätzlicher: »Dieser Umweg: für irgendjemanden zu arbeiten, um dafür Geld zu bekommen, um mit diesem Geld mir wiederum meine Nahrung zu kaufen – das finde ich etwas abstrakt.« Und was plant er für seine Zukunft?

»Ich lasse im Augenblick alles so dahin fließen. Ziele zu formulieren ist eigentlich gar nicht wichtig, es kommt darauf an, das Leben gegenwärtig zu begreifen, nicht in der Vergangenheit und nicht in der Zukunft, ansonsten würde ich für meine Rente arbeiten. Solche Systeme sind nicht stabil – man kann nicht in die Zukunft schauen. Darum denke ich, ist eine gute Gegenwartsbewältigung bedeutet wichtiger. Und wenn sich das gut anfühlt, dann wird das auch gut sein, denke ich.

Dieses Planen – so bin ich früher beispielsweise auch meine berufliche Karriere angegangen: Ich kann etwas planen, und komm dann auch dahin, wenn ich genügend Druck dahinter setze. Das hat immer geklappt. Aber ob ich mich da dann wohlfühle, das ist die nächste Frage.«

http://www.neue-arbeit-hamburg.de

## 2.1.2. Schenkladen Systemfehler (Berlin)

Auch der Berliner *Schenkladen Systemfehler* in der Scharnweberstraße 29, Friedrichshain, begreift sich als Alternative zu Anonymisierung, Individualisierung und Konkurrenzdenken sowie als Kritik an einer ungerechten Wirtschafts- und Gesellschaftsordnung.[35] Der Schenkladen ist ein Projekt unter mehreren im Systemfehler, und dieser ein »Raum für ein Experimentieren mit konkreten Alternativen«. Allerdings ist der Schenkladen in der Außenwahrnehmung des Systemfehlers so bestimmend, dass vielen NutzerInnen des Ladens die weiteren Möglichkeiten als Seminarraum, Bildungstreff und Kunstgalerie kaum bewusst sein werden.

Hell und freundlich gestaltet ist der mit Sofas ausgestattete Raum, durch den die BesucherInnen kommen, bevor sie den eigentlichen Ladenbereich betreten. Dieser längliche und durch eine aus Holz eingezogene zweite Etage etwas dunkle Raum birgt wie alle Umsonstläden Kleidung, Bücher, Kinderspielzeug sowie Küchenausrüstungen, technische Geräte und weiteres für den täglichen Gebrauch. ›Heute 100 Prozent Rabatt‹, heißt es auf dem Schild an der Eingangstür, und beim Verlassen fragt ein anderes: ›War alles umsonst?‹

›There is an alternative. TINA ist Quark‹, heißt es im Selbstverständnis des Systemfehlers in Anlehnung an das berühmte Zitat Margaret Thatchers, ›there is no alternative‹ – es gäbe keine Alternative zum Kapitalismus. »Ohne, dass damit eine bestimmte politische Richtung vorgegeben werden muss, liegt die Alternative auf der Hand. Die Menschen müssen sich selbst als die Gestalter/innen ihres Lebens, ihrer Umgebung und ihrer Gesellschaft sehen.«[36] Dabei beziehen sich zumindest einige BetreiberInnen des Systemfehlers explizit auf die mexikanische Aufstandsbewegung Zapatistas und deren Versuch, nicht die Macht im Staat zu übernehmen, sondern aus einem basisdemokratischen Anspruch heraus auf den allmählichen Aufbau einer andersartigen Macht von unten zu setzen. Den Schenkladen selbst sehen die AktivistInnen als ›Teilschritt in eine Gesellschaft, die auf solidarischer Kooperation zwischen den Menschen und nicht auf Konkurrenz und Statusdenken zielt‹.[37] Dem Systemfehler angegliedert ist eine Nutzungsgemeinschaft (vgl. 2.5.).

Während viele Umsonstläden staatliche Förderungen für sich ausschließen, ist der Systemfehler gestartet als ein EU-finanziertes ›Jugend in Aktion‹-Projekt. Von anderen sind sie hierfür kritisiert worden. Felix vom Schenkladen findet diese Aversion absurd:

»Ich habe diese Förderung von Anfang an so gesehen, dass das unser Sprungbrett ist, es ging nie darum, ein zeitlich begrenztes Projekt zu machen, und ich finde diese Förderung eine super Möglichkeit dazu. Außerdem höre ich auch viel immer diese Frage nach Widerspruchsfreiheit. Diese Welt ist voll von Widersprüchen, und für mich ist es auch ein Lernprozess gewesen, dass ich bestimmte Widersprüche akzeptieren muss.«

Sein Mitstreiter Jonas sieht dies ähnlich:

»Wie konsequent bin ich in dem, was ich für ideell richtig halte? Viele Menschen, die große Ideale haben, machen sich Druck und machen sich Stress, weil sie versuchen, etwas ganz konsequent zu tun – sei es jetzt vegan sein oder irgendwas anderes. Es ist wichtig, da nicht zu dogmatisch ranzugehen, um mich nicht selbst zu sehr einzuschränken.«

Im November 2008 lief die Förderung aus, nun muss das Geld über Spenden zusammen kommen. Dafür können ›Patenschaften‹ für den Laden übernommen werden, das heißt die Bereitschaft, regelmäßig mindestens einen Euro im Monat dem Schenkladen zukommen zu lassen. Bis dahin konnten 120 Paten und Patinnen geworben werden, die teilweise auch mehr im Monat spenden. Es reicht noch nicht, um den monatlichen Bedarf von 450 Euro zu decken, doch da viele schon zahlten, bevor die Förderung auslief, kann dieses finanzielle Polster genutzt werden, bis genügend PatInnen gefunden sind. Im März 2009 sieht es so aus, als ob sich das Modell letztlich trägt.

Die Finanzierung ist nicht der einzige Bereich, wo sich die Vorstellung eines völlig vom Warenstrom abgekoppelten Projektes als Illusion erwies. Jonas gibt ein Beispiel:

»Vor einem halbem Jahr kam jemand, der hat immer nur Technik mitgenommen, und hat sich auch als Technik-Second-hand-Verkäufer vorgestellt. Dem haben wir ein Teilverbot für Technik ausgesprochen. Das heißt, er durfte den Laden weiter nutzen, aber keine Technik mitnehmen. Da hat er versucht, seine Freundin zu schicken, und jetzt haben wir mit der auch noch mal gesprochen, und ihr auch gesagt, dass es nicht geht – dass vier Videorecorder im halben Jahr schon ganz schön viel sind für den eigenen Bedarf.

Aber ansonsten kommt es kaum zu Missbrauch. Die Leute nehmen zwar mehr mit, als wir es für notwendig halten, aber Felix hatte jetzt zwei Leute drauf angesprochen, und die hatten dann auch relativ plausible Erklärungen, dass sie es an andere Leute weitergeben. Finde ich auch ganz gut, mich nicht zu sehr damit zu belasten. Schon so zu gucken und gemeinsam zu überlegen, wie damit umzugehen ist, aber ich fände es sehr anstrengend, jetzt immer zu denken: Nimmt sie das jetzt mit oder nicht? Das will ich gar nicht. Ich will mich da im Projekt wohlfühlen, und nicht Big Brother spielen.«

Sowohl Felix als auch Jonas haben festgestellt, »dass wir beide gar keine Lust auf die Artikel dort haben. Zum Beispiel Sachen sortieren – ich finde das so schrecklich!«. Für Felix war von vornherein eine Motivation, den Schenkladen mit einem politischen Bildungsprojekt zu verbinden. »Der

Umsonstladen ist ein guter Aufhänger, um Gesellschaftskritik, Konsumkritik und all das herbeizuleiten. Das war von Anfang an meine Motivation, und das fehlt mir noch sehr in der Umsetzung. Aber das soll nicht so offensiv wirken, sondern eher eine ›passive‹ politische Bildung sein. Mir würde es genügen, den Leuten Flugblätter in die Hand zu drücken«.

Obwohl Felix Umsonstläden als guten Aufhänger für Gesellschaftskritik bezeichnet, hält er dessen antikapitalistischen Aha-Effekt dennoch für begrenzt:

»Ich habe den Eindruck, in den Schenkladen bringen Leute Sachen dann, wenn sie – übertrieben gesagt – sie nicht bei Ebay versteigern können. Diese Argumentation: ›Es ist zu schade zum Wegwerfen‹ basiert darauf, dass Leute mal Geld dafür ausgegeben haben, und wenn sie jetzt dann die Jeans, die sie für 50 Euro gekauft haben, in den Müllcontainer werfen würden, dann würden sie in ihren Augen diese 50 Euro wegwerfen. Und dann ist für sie die Überlegung: Kann ich es auch bei Ebay versteigern? Und dann ist ihnen das zu anstrengend, und dann: Ich kann es auch in den Schenkladen bringen. Das heißt, ich denke, wenn die Leute das machen, dann reproduzieren sie ganz klar diesen Wert, der dem Gegenstand beigemessen wird. Genau diese Frage: Warum wollen sie es denn nicht wegwerfen? Ist das wirklich, weil sie denken: Diesen Alltagsgegenstand kann jemand anders noch gut gebrauchen, oder ist es eher, weil sie denken: Ich habe mal das und das dafür bezahlt. Das ist meine Unterstellung. Ob das stimmt, ist eine andere Frage. Jedenfalls sehe ich darin eine totale Reproduktion des Geldwertes, der den Sachen beigemessen wird, und eben nicht, dass ein Umdenken durch das Nutzen des Ladens entstehen würde. Die Leute haben so ein komisches Bauchgefühl, wenn man das aber nicht nutzt, und ihnen nicht weitere Informationen an die Hand gibt, dann bleiben sie genau in der Logik drin.«

### Beim Bauchgefühl abholen – und wohin bringen?

»Das sagen die Leute immer wieder: dass sie eigentlich etwas geben wollen. Mein Anspruch wäre, zu Konsumkritik und Überflussgesellschaft zu kommen, und warum die Welt eigentlich auf Tausch basiert. Die Idee für ein Kunstprojekt, was wir machen wollen, ist so zu tun, als sei der Schenkladen die gesellschaftliche Normalität, und nicht die Welt da draußen. Diese Schenkladenwelt sähe ganz anders aus. Und ich finde es spannend, den Leuten konkrete Alternativen an die Hand zu geben – die Deutschen sind doch in dieser Logik drin: ›Es muss so sein, wie es um uns herum abläuft‹ – um den Leuten zu zeigen, es stimmt nicht, es gibt da und da Beispiele, wo es anders ging.«

### Gleichzeitig freut Felix sich, dass die Tatsache, dass es diesen Raum gibt, dazu führt, dass er genutzt wird:

»Mila macht regelmäßig einen Siebdruckworkshop, andere machen Sprachkurse, und viel ist dadurch entstanden, dass wir klar gemacht haben: ›Es ist ein Raum, den ihr mit nutzen könnt‹. Und dann zu sehen, wie gut es funktioniert, und wie dann wieder andere Leute dazukommen, die gerne diese Workshops mitmachen – das erfüllt mich sehr, dass es so funktioniert.«

Jonas Wünsche gehen in eine ganz ähnliche Richtung:

»Ich finde eine tolle Sache, wenn Leute in selbstorganisierte Projekte kommen, sich mit den Leuten dort austauschen, und dann für sich entscheiden: Oh, das will ich auch machen!› Es gibt soviel Überschuss, dass es möglich wäre, in jedem zweiten Kiez so einen Laden aufzumachen. Aber oft werden solche Sachen nur als Infrastruktur benutzt und konsumiert, und nicht der Rückschluss auf sich selbst bezogen, und dabei glaube ich, dass es viel leichter möglich ist als die Leute denken, da ich selbst vorher auch nicht gedacht habe, dass ich so ein Projekt mit tragen und mit aufbauen kann. Für mich wäre das Tollste, wenn andere Leute auch anfangen: ›Ey, hier ist ein Projekt, warum mache ich das eigentlich nicht selbst oder warum mache ich nicht selbst einen Siebdruckworkshop?‹ Es können ganz kleine Sachen sein. Wenn mehr Leute das für sich als Perspektive verstehen würden, als Möglichkeit zur Selbstverwirklichung – das fände ich total gut.«

Im Januar 2009 eröffnet mit Lesungen, Filmen und Livemusik offiziell das Projekt *Sozkult* in den Räumen des Systemfehlers. Die darin aktiven acht Menschen wollen sich gegenseitig unterstützen bei ihren Projekten; erste Lesungen, Konzerte, eine Performance, eine Ausstellung und die Aufführungen eines Improvisations-Theaters fanden bereits vorher statt. Felix sieht dies als weiteren Versuch, »da hinzukommen, dass Leute den Systemfehler als ihren Raum begreifen«.

Aber geht es ihnen wirklich nur darum, irgendetwas zu machen, egal was?

»Ich hatte auch mal den Anspruch, dass es ein konkreter Raum für eine andere Organisierung ist. Wir haben ja mittlerweile einen Bioladen, von dem wir Kram kriegen, und zwei Bäckereien, und eigentlich fände ich das schön, diese Netzwerkgeschichte, also wir brauchen deswegen auch weniger Geld, brauchen kein Brot kaufen und kein Gemüse, und das war mein Anspruch, und den kann man auch noch viel, viel mehr ausbauen. Wirklich ein Selbsthilfenetzwerk – das ist mein Traum.«

Dieser Traum von Felix trifft sich mit seinem anderen, dem der ›passiven‹ politischen Bildung, worunter er das Gegenteil von Agitation versteht, sondern die Überzeugung am Beispiel:

»Das würde auch sehr in die Richtung gehen, eine andere Realität für mich aufzubauen. Das konkrete Vorleben von Alternativen ist der Punkt. Das Umsonstladenverständnis, was das bedeutet, das ist bei mir eher danach dazugekommen, und nicht wie bei einigen aus einer Umsetzung von Wertkritik«.

Und was war und ist dann seine Grundlage dafür, Alternativen zu leben?

»Warum ich das mache? Das Menschenbild, das hinter dem Anarchismus steht, das passte mit meinen Grundwerten zusammen, ohne dass ich das vorher hätte benennen können. Diese Keimlinge waren da, das Menschenbild und so etwas wie ein Gerechtigkeitsgefühl, und deshalb bin ich da reingerutscht und habe eine völlig neue Welt entdeckt.

Und weil es mir damit ziemlich gut geht, weil ich mich sehr wohl fühle, und weil es das

Umfeld gibt von Leuten, mit denen ich mich gerne umgebe, und mit denen ich gerne zusammen in eine ähnliche Richtung weitergehe. Also nicht, weil ich mir explizit sage: ›Ich will anders leben‹, sondern das ist eine gewisse Art und Weise von Zusammenleben, welches auf bestimmten Grundwerten basiert, Spaß macht, und aber auch Gesellschaft verändert.«

http://www.systemfehler-berlin.de.vu

### 2.1.3. Kostnixladen Wien

Ganz ähnlich wie Felix vom Schenkladen definiert es Arno aus dem Kostnixladen in Wien für sich:

»Man muss halt irgendwo anfangen. Das kann nicht aus dem Nichts kommen, wie so etwas funktionieren kann. Für mich verknüpft sich das ganz praktisch: Weil ich gut damit leben kann, ist das eine Perspektive, die mir persönlich Möglichkeiten gibt und die in einem gesamtgesellschaftlichen Prozess etwas bewirkt. Ich mach das nicht aus Altruismus. Ich habe auch was davon, für mich ist das ganz wichtig.«

Auch für ihn kommt also zusammen, sich ein gutes Leben zu machen und gleichzeitig nach außen hin Veränderung bewirken zu können.

»Diesen Altruismus, den habe ich mal aus meinem Kopf gekriegt, und diesen Glauben, dieses schlechte Gewissen für alles, wo es einem gut geht. Du kannst nur ein schlechtes Gewissen die ganze Zeit haben! Umgekehrt hast du dann einen Hass auf Leute, die etwas haben, was du nicht hast. Ziemlich abstrus. Und die einzige Form von Politik ist dann, in so einer altruistischen, asketischen Weise, andere zu retten. Das ist total furchtbar in Wirklichkeit und nur problematisch und arrogant und paternalistisch und auch nicht durchhaltbar. Und auch nicht wünschenswert. Für mich gibt es Egoismus und Altruismus nicht mehr als zwei radikale Gegensätze, sondern als zwei Felder, die sich weitläufig überschneiden. Das ist für mich auch diese Form von Politik, denn wenn ich ein Haus besetze und ein offenes Projekt mache wie einen Umsonstladen, finde ich das nett, das finden eigentlich alle nett. Außer der Person, der das Haus gehört...«

Der von außen mit Bäumen bemalte Kostnixladen in der Zentagasse 26 bietet drinnen die üblichen Umsonstwaren im hellen und schmucken Holzambiente. Anders als bei den kulturell im autonomen Schick gehaltenen Läden entsprechen hier die zahlreichen NutzerInnen zum großen Teil einem Straßenpublikum. Toll sei die Idee des Ladens, so eine Frau in den Vierzigern, die Bücher, Stofftiere und Bettwäsche mit der Straßenbahn aus dem XIII. Bezirk hierher transportiert hat und zum ersten Mal da ist. »Super« und »wunderbar« findet auch die regelmäßig kommende junge Mutter diese Form des Austausches.[38]

Steffi aber sieht hier auch die Gefahr, dass der Kostnixladen zu einer Form offizieller Elendsverwaltung instrumentalisiert werden könnte – es käme schon vor, dass SozialarbeiterInnen oder der ›Arbeitsmarktservice‹, das privatisierte Arbeitsamt Österreichs, KlientInnen vorbeischickten.

»Das subversive Potential des Kostnixladens liegt für mich daher weniger in der Sache an sich, also im Gratisverteilen von Dingen, sondern eben genau im Aufbrechen von gesellschaftlichen Rollen und Verhaltensmustern, in einem Prozess jenseits von Geben/ Nehmen, BetreiberInnen/ NutzerInnen und wir/ die anderen. Damit hat sich auch so eine ›altruistische‹ Herangehensweise eher erübrigt. Ich will ja nicht für andere etwas tun, sondern mit anderen – auch wenn das in der Praxis oft schwer kommunizierbar ist, weil viele Menschen gesellschaftliche Zuschreibungen von aktiv/ passiv und produzieren/ konsumieren stark verinnerlicht haben.«

Entsprechend akzeptiert Arno auch nicht den Vorwurf einiger Linker, Umsonstläden könnten keinerlei Veränderungen bewirken, da sie das eigentlich entscheidende Feld der Produktion unberührt ließen:

»Wenn ich im Laden stehe und sortiere, dann ist das genauso eine Tätigkeit wie die, die eine Verkäuferin macht. Wenn ich einen Bus organisiere, ist das das, was ein Logistikunternehmen macht, und das ist nicht alles nur Distribution. Und eine Volxküche verkocht etwas, was schon da ist, aber das Kochen an sich, das kann ja auch niemand abstreiten, dass das ein Produktionsprozess ist.«

http://www.umsonstladen.at

## 2.1.4. Verschenkmarkt Oldenburg

Auf ganz anderer Grundlage, so heißt es, sei der Verschenkmarkt Oldenburg entstanden. Der beeindruckend große Markt, in einem ehemaligen Hallenbad untergebracht und von 30 Aktiven betrieben, wird von der Stadt Oldenburg im Rahmen der Agenda 21 für nachhaltige Entwicklung finanziell unterstützt. Da es schon Jahre her ist, dass ich mich in Oldenburg mit einer Mitarbeiterin darüber kurz unterhielt, und der ökologische Aspekt als Motivation ansonsten bei Umsonstläden nicht dermaßen stark im Mittelpunkt steht, hake ich noch einmal nach und werde an Käthe Nebel verwiesen, die ich im Krankenbett erwische. »Ja«, sagt sie, »Motivation war, die Sachen zu retten, die in der BRD in rauen Mengen im Müll landen«. Doch dann tritt noch eine ganz andere Geschichte zutage:

»Vor 35 Jahren lebte und arbeitete ich auf dem Dorf Ahlhorn, 35 Kilometer südlich von Oldenburg als Volksschullehrerin. Dabei fielen mir zwei abgerissene kleine Jungs auf, die immer gleichzeitig einen Tag lang fehlten. Das erschien mir seltsam, und so bin ich zu der Familie hingegangen. Die Mutter war gestorben und der Vater bei einer anderen Familie untergeschlupft. Da stellte sich heraus, dass die Kinder immer einen Tag im Bett bleiben mussten, weil ihre Kleidung gewaschen wurde.«

Käthe Nebel sprach dies vorsichtig in der Klasse an und fragte, ob andere Kleidungsstücke hätten, die sie nicht mehr bräuchten.

>»Die schleppten herbei – mir gingen die Augen über! Viele Mütter waren froh, Sachen abgeben zu können und fragten: ›Brauchen die noch etwas anderes?‹ Nun, die hatten nichts, die brauchten auch Tassen, einen Kochtopf – das hätte ich nicht sagen sollen! Es kam eine Riesenmenge zusammen. Mein Haus wurde voll! Es wurde viel zu viel. Ich konnte das ja schlecht ablehnen, und fragte herum, wer noch etwas gebrauchen könnte. Ganz dezent habe ich gefragt! Die Mengen, die sich bei mir angesammelt hatten, auch Möbel, das sprach sich herum, war nicht mehr aufzuhalten. Und dann habe ich verteilt.«

Dieses Nehmen und Geben verselbständigt sich. Käthe Nebel richtet bei sich im Haus einen Verschenkkeller ein. Den behält sie auch noch, als sie fast zwanzig Jahre später, 1990, nach Oldenburg zieht. Nun transportiert sie alles ihr Geschenkte mit der Bahn nach Oldenburg. Dort stellt sie sich mit ihrem Fahrrad, einem Anhänger und einem Schild ›Alles zu veschenken‹ auf Flohmärkte. »Oder ich habe mich frecherweise auf die Straße gestellt, möglichst so, dass die Polizei mich nicht sieht«.

1998 nimmt sie an einer Auftaktveranstaltung der Stadt zur Agenda 21 teil. Dort gibt es eine Pinntafel für Ideen, die den Umweltschutz befördern könnten. »Da habe ich gedacht, das ist bestimmt auch für die Umwelt gut!« Die Stadt findet das auch. Es dauert allerdings noch bis 2002, bis der Verschenkmarkt eröffnet wird. Ein Erfolgsmodell: Von Anfang an und bis heute steht fünfmal in der Woche eine lange Schlange vor dem Laden. Nicht wenige der Nutzenden fahren mit dem Auto vor und laden voll – in Ignoranz der hier geltenden Fünf-Teile-Regel. Einige Aktive möchten, dass doch etwas Geld abgeführt werden muss, um diesem Scheffeln Einhalt zu gebieten. Käthe Nebel ist dagegen.

Einige Wochen nach unserem Gespräch treffe ich sie auf dem bundesweiten Umsonstladentreffen. Ihre eigene Idee war entstanden, als es selbst den Hamburger Umsonstladen noch nicht gab. »Die Zeit ist reif dafür«, erklärt sie sich diese Gleichzeitigkeit. Sie verabredet ein Gruppentreffen mit dem Bremer Umsonstladen, weil sie die Grundsätze der anderen Läden spannend findet.

Wer in Oldenburg etwas abgeben möchte, ohne es selbst vorbeizubringen, kann dies aber jetzt schon geldloser als in Hamburg: Statt den Transporter bezahlen zu müssen, kommt Käthe Nebel, inzwischen 78 Jahre alt, mit Fahrrad und Anhänger vorbei und transportiert alles umsonst in den Verschenkmarkt.

http://www.oldenburg.de/stadtol/index.php?id=verschenkmarkt

## 2.1.5. Umsonstladen Trier

»Wir arbeiten nicht ideologisch, wollen auch unser pekuniäres System nicht abschaffen, sondern denen helfen, die Hilfe brauchen. Das funktioniert und gibt keine Sinnkrisen«, lässt Rudolf Merod vom Umsonstladen Trier gleich wissen. An der politisch orientierten Vernetzung der Umsonstläden war er dementsprechend nicht interessiert. Aus diesem Grunde ist der Laden in Trier bundesweit nicht besonders bekannt. Zu Unrecht.

Am Samstag, den 2. September 2006, wurde der Umsonstladen in Trier-Ehrang eröffnet. Danach beginnt eine Umsatz-Erfolgsstory, von dem jedes Unternehmen träumen würde. Dies belegen bereits die Informationen auf der Webseite:

Trier-Ehrang, 07. Februar 2007: Insgesamt wechselten 2.311 Teile !!! [im Januar] im Umsonstladen den Besitzer. Im einzelnen waren es 921 Kleidungsstücke, 718 Teile Hausratgegenstände, 170 Dekoteile, 67 Elektrogeräte, 175 Spielsachen und 260 Bücher beziehungsweise CDs. Möbelteile haben wir direkt von den Spendern an die neuen Besitzer ausgeliefert, die genaue Anzahl wurde leider nicht erfasst.

Eine solche Nicht-Erfassung sollte so schnell nicht wieder vorkommen. Und die Zahlen beeindrucken:

Trier-Ehrang, 06. März 2007: Mit folgenden Dingen konnten wir im Februar 2007 Menschen froh machen: Kleidung: 1098 – Hausrat: 789 – Deko: 159 – Elektro: 133 - Bücher, CD: 423 – Spielsachen: 277 – Möbel: 211 – …und soviele Teile haben den Umsonstladen insgesamt verlassen: 3090.

Im April werden für März nochmals mehr als doppelt so viele Kleidungsstücke vermeldet, und über 2.000 Teile mehr insgesamt, genau sind es 5265. Die nochmals gestiegene Zahl von Mai für April bedeutet 270 abgegebene Teile täglich. Danach bricht die genaue Zählung jedoch ab. Anfang 2009 heißt es wesentlich lapidarer: Es werden monatlich 14.000 bis 15.000 Teile abgegeben.

»Das zahlenmäßige Spendenaufkommen stieg kontinuierlich. Als wir aus dem Bedarf heraus den zweiten Standort öffneten, teilte sich nicht das Spendenaufkommen, sondern verdoppelte sich«, so der Initiator Rudolf Merod. Und: »Ja, es ist eine logistische Herausforderung, der wir jeden Tag begegnen.« Gerade jetzt im Winter sei der Bedarf enorm: »zum Beispiel Kinderkleidung – letzte Woche haben wir Hunderte von Teilen verteilt. Die Leute wissen nicht, wo sie es sonst hernehmen sollen. Und Tausende von Bürgern unterstützen uns, indem sie alles bringen, was sie entbehren können. Im letzten Jahr haben wir allein mehr als Hunderttausend Kleidungsstücke weitergeben können. Diese Dimension hätte ich mir nie erträumt!«

Wie aber kommt es zu dieser für Umsonstläden ungewöhnlichen Dimension?

>»Wir haben von Anfang an gesagt, wir wollen keine Ideologie verbreiten. Wir wollen kein Geld abschaffen. Wir wollen auch keinen Verein, wo Mitgliedschaft Bedingung ist, oder dann doch eine Gebühr erheben – das geschieht alles aus der Angst heraus, etwas falsch zu machen. Bei uns ist noch kein Mensch gekommen, der viel Geld hat, der sich gebrauchte Schuhe geholt hat. Dadurch erreichen wir sehr wohl die Zielgruppe. Auch Institutionen wie Caritas oder das Diakonische Werk, sie alle sind institutionell und ideell gebunden, so dass sich die Leute nicht wirklich frei fühlen zu sagen, was ihr eigentliches Bedürfnis ist.«

Aber unter den *Links* auf der Webseite findet sich, dass der Träger des Umsonstladens der Bund Freikirchlicher Pfingstgemeinden ist. Passt das zu ›nicht ideologisch‹? Rudolf Merod sieht keinen Widerspruch:

>»Wir haben auch Atheisten oder Moslems als Mitarbeiter. Wenn wir missionarisch aufträten, dann könnten wir nicht mehr den Bedürfnissen der Menschen gerecht werden. Egal ob Kommunisten, Katholiken oder Pfingstler versuchen, missionarisch tätig zu werden, sie können nicht mehr den Menschen gerecht werden. Ich kann den Menschen dann doch gar nicht mehr richtig begegnen. Daran scheitern die meisten Institutionen.
>
> Wenn ich die Menschen einlade, in meine Gemeinde zu kommen, kommen sie sowieso nicht, aber fühlen sich belästigt; dabei haben sie schon genug Last zu tragen. Man muss die Liebe ausgießen. Ich darf nicht erwarten, dass ich etwas zurück bekomme. Denn dann werde ich garantiert enttäuscht werden und das Projekt wird zum Ende kommen. Nein, man muss bereit sein, eine Einbahnstraße zu fahren.«

Mit dem Aufnahmezentrum für AsylbewerberInnen in Trier hat alles angefangen. Wenn von diesen jemand beispielsweise ein Kinderbettchen brauchte, begleitete Rudolf Merod sie von Institution zu Institution. Wurden sie dann verlegt, wurde alles noch viel komplizierter. Aus diesem Engagement entstand die Idee, einen Umsonstladen einzurichten.

>»Dann haben wir gemerkt, dass nicht nur Asylbewerber, sondern ganz normale Leute bedürftig sind. Rentner zum Beispiel, die nie zur Tafel gehen würden, weil sie da ihr Einkommen offenlegen müssen. Und aus Scham. Die kommen dann zu uns, und irgendwann sagen sie: ›Könnt ihr uns nicht auch mal was zum Essen besorgen?‹ Ebenso kommen Studenten und holen sich Schreibtische und Computer – also nicht nur die Stigmatisierten oder die total Armen, sondern eigentlich kann jeder kommen.«

Viele von denen, die kommen, bleiben als MitarbeiterInnen. Darunter sind auch viele ausländische, deren Sprachkenntnisse sehr hilfreich dabei sind, um zu erfahren, was die Menschen wirklich brauchen. »Der Erstkontakt stellt sich ja häufig über einfache Dinge her«, so Rudolf Merod, »die Leute kommen zum Beispiel und sagen, sie brauchen ein Bett.«
Manchmal kommen die Leute auch und sagen, sie brauchen Holzöfen.

Wie gestern – es ist kalt, gerade am Tag zuvor erfror eine Obdachlose in der Nähe von Trier in ihrem Zelt. Holzöfen aber gibt es nicht mehr in Baumärkten. Rudolf Merod schaut daraufhin, welchen Herstellernamen sein eigener Ofen trägt und ruft bei dieser Firma an. Sie stellten keine mehr her, bekommt er zur Auskunft, man habe das weiterverkauft, aber diese Adresse könne weitergegeben werden. Rudolf Merod ruft auch dort an und bekommt zwei neue Holzöfen versprochen, die am nächsten Montag aus der Nähe von Frankfurt abgeholt werden können.

Die Aktiven vom Umsonstladen stehen inzwischen auch mit dem Ministerium im Kontakt.

»Wir sind die Zulieferer für das Ministerium, wir geben denen Inputs, an die sie sonst nie herankämen. Da ist ein Bürokratisierungsprogramm initiiert worden, dass die Leute, die helfen sollen, sich selbst blockieren und nur sich selbst dienen. Denen melden wir zurück, dass man ganz woanders anfangen muss: im mitmenschlichen Bereich. Und dann noch diese von der Regierung aufgestülpten Programme in Sachen Integration! Dabei bedeutet Integration doch in die Gesellschaft reinzunehmen!«

Immerhin: Beide Gebäude, davon eines nahe am Hauptbahnhof, sind von der Stadt zur Verfügung gestellt worden. Sie sollten abgerissen werden; und einmal musste schon umgezogen werden, da an der alten Stelle nun eine Straße gebaut wird. Aber es wurde ein vergleichbarer Ersatz zur Verfügung gestellt. Kaltmiete muss nicht gezahlt werden, nur die Betriebskosten, und die werden durch das – im Verhältnis minimale – Spendenaufkommen gedeckt.

Letztes Jahr meldeten insgesamt drei Menschen dem Umsonstladen zurück, ihr Leben habe durch ihn eine Wendung erfahren. Sie schilderten dies so: Durch die gute Kleidung erhielten sie eine Wohnung. Damit, eingerichtet mit Möbeln aus dem Umsonstladen, konnten sie sich Lebensstrukturen einrichten, wie sie gesellschaftlich akzeptiert sind. Und daraufhin haben sie eine Erwerbsarbeit erhalten. »Das zu hören motiviert natürlich, den Stress auszuhalten«, so Rudolf Merod.

»Vorher war ich Unternehmer. Aber in einem normalen Unternehmen, da gibt es strukturierte Abläufe, da ist es nicht so schwer, alles geregelt ablaufen zu lassen. Aber hier? Manchmal wissen wir nicht, wohin mit den ganzen Sachen. Wenn es einen Artikel über uns gab, dann müssen wir die Sachen zeitnah abholen, sonst rufen die Leute an und sind enttäuscht, dass wir noch nicht da waren. Wir versuchen unser Bestmögliches. Ja, das ist mehr als eine Vollzeitstelle!«

Während es ihn motiviert, dass andere Erwerbsarbeit erhalten, ist er froh, seine eigene hinter sich zu haben:

»Ich habe mein Unternehmen verkauft, und mir damit meine eigene Verrentung geschaffen; ich brauche mir also keine Gedanken mehr um meinen Lebensunterhalt zu machen. Das ist wesentlich angenehmer! Es lässt sich alles viel gelassener sehen. Die meisten Menschen definieren sich nur über ihre Kaufkraft. Und viele haben daher die innere Überzeugung: ›Ich bin ausgeschlossen von dem, was andere sich leisten können. Andere können beispielsweise ins Theater gehen, ich nicht.‹ Und irgendwo muss der Frust sich ja austoben!«

**Im Stadtteil Ehrang gibt es kaum noch Vandalismus. Rudolf Merod empfindet die Leute freundlicher als früher im Stadtteil.**

»Wenn jemand einen PC braucht, dann wird sein Name aufgeschrieben und es wird ihm gesagt: ›Der nächste Computer, der reinkommt, der geht an Sie!‹. Dadurch, dass sie sich nicht mehr zurückgestoßen fühlen, brauchen sie nicht mehr so geduckt durch das Leben zu laufen. Ich nehme nicht mehr wahr: ›Ich bin ausgeschlossen‹, und habe auch keine Minderwertigkeitsgefühle mehr.

Dadurch, dass wir uns über Geldwert definieren, entsteht eine Hühnerleiter-Hackordnung. Es geht aber darum, dieses Hacksystem zu unterbinden. Und ich steige noch in der Achtung, wenn ich meinem Nachbarn den Tipp gebe, da mal hinzugehen. Und damit steigt auch die Selbstachtung. Das wirkt sich auf die Atmosphäre in der Kommune aus und wirkt der Ghettoisierung entgegen.«

**Merod entdeckt den Humor des Lebens, wenn Menschen, die bei Ebay leere Packungen versteigert haben, ihre Sozialarbeitsstunden im Umsonstladen ableisten müssen – »und hier sehen sie dann, was sie ohne Geld alles haben können«.**

»Häufig kommen Journalisten und fragen: Wo sind denn hier die Bedürftigen? Weil zwischen der Frau Rechtsanwältin und der Hartz IV-Empfängerin sieht man keinen Unterschied mehr in der Kleidung.

Wenn in einer kleinen Stadt wie Trier eine solche Initiative von Tausenden von Menschen getragen wird – das trägt zur Befriedigung von allen bei, denn auch die, die viel bringen, freuen sich und sagen: ›Ich habe immer zu viel gehabt, wollte es aber auch nicht wegschmeißen, und wenn sich jemand darüber freuen kann, freue ich mich‹. Beide Seiten sind zufrieden und profitieren davon. Für eine Kommune ist das doch das Wertvollste. Und es kostet kein Geld. Es kostet nur ein anderes Denken. Wir können nicht alles über Geld definieren.«

**Dafür, dass Rudolf Merod als erstes betont hatte, er wolle das Geld nicht abschaffen, fällt da nicht recht viel Kritik an Geld?**

»Das Geld ist doch aufgekommen, weil es besser ist als Murmeln tauschen. Sehen Sie doch die Tauschringe: Da wird beispielsweise Rasen mähen gegen Badezimmer fliesen getauscht – ich mag vielleicht keinen Rasen mähen, aber ich kann fliesen. Solche Tauschringe gibt es ja zuhauf. Doch ihr Fallstrick ist der Charakter der Menschen. Die einen sind fleißig und die anderen trauen sich nichts zu. Die einen haben dann viel, und die anderen nichts. Dann sind wir wieder da bei der Erfahrung, die die Menschen bereits mit barer Münze gemacht haben.«

Sollte das nicht eine Verteidigung des Geldes werden? WertkritikerInnen bekommen davon sicher keine Bauchschmerzen.

»Ein wirkliches ›Ich gebe‹ – aber ohne Bedingung! – das funktioniert nur in einem Umsonstladen. Das ist das einzige, was funktioniert.

Ich muss essen, weil ich existiere. Ich lebe, weil ich atme. Ich bin, weil ich da bin.«

http://www.umsonstladen-trier.de

## 2.1.2. Ich war ein Umsonstladen: Das Projekt ›Sole‹ in Freiburg

Doch, es gibt ihn noch: Den Umsonstladen in Freiburg im Breisgau. In dem autonomen Zentrum KTS gelegen, ist er als Freeshop jetzt rund um die Uhr geöffnet, ohne noch so intensiv wie früher betreut zu werden. Denn diejenigen, die ihn gründeten und über zwei Jahre betrieben, treiben heute anderes: »Die Gründungsgruppe des Umsonstladens hatte von Anfang an das Ziel, gegenseitige Hilfe in andere Bereiche auszudehnen. Darüber, wie das konkret aussehen sollte, konnte allerdings keine Einigung erzielt werden. So dominierte der Umsonstladen, neue Aktive mit karitativer Motivation stiegen ein, und auch die NutzerInnen füllten das inhaltliche Vakuum mit zunehmender Schnäppchen-Mentalität. Deshalb zog der auseinandersetzungswillige Teil der Gruppe im Januar 2006 die Notbremse und gab den Laden an Leute aus dem engeren KTS-Umfeld ab«, erklärt Thomas den Schritt der Gruppe.

»Dann überlegten wir, was wir stattdessen zusammen machen wollten. Klar war zunächst nur, dass es gegenseitige Hilfe ohne Verrechnung sein sollte.« Das Ergebnis dieser Überlegungen ist die *Projektgemeinschaft ›Solidarisch Wirtschaften – Arbeiten – Leben‹ (Sole).* Auf ihrer Webseite heißt es, die Projektgemeinschaft ›bildet den Raum, innerhalb dessen ein Austausch von Dingen und Tätigkeiten ohne aufzurechnen erfolgt‹. Und weiter: ›Wir fangen klein an … Wir sehen unser Projekt als ein Experiment des Übergangs: von einer Gesellschaft, die durch Profit und Konkurrenz geprägt ist, hin zu einer Gesellschaft, die von den Bedürfnissen der Menschen bestimmt wird. Unser Projekt kann aber zunächst nur einen kleinen Teil zur Existenzsicherung beitragen.‹

Die Projektgemeinschaft gliedert sich in mehrere Teilprojekte: das sind zurzeit der Gemüsegarten, die Computerlerngruppe und die Werkstatt. Der Gemeinschaftsgarten wird auf einem gepachteten Grundstück in einer Kleingartenanlage ökologisch bewirtschaftet. In der Computerlerngruppe werden sich gegenseitig Fähigkeiten vermittelt wie die Nutzung der Wiki-

Seite zur internen Kommunikation oder Open-Office-Programme. Die Werkstatt dient zur Holzbearbeitung und zur Fahrradreparatur sowie allgemein als Werkzeugpool, wobei gegenseitige Hilfestellung erfolgt. Was in den Teilprojekten angeboten und hergestellt wird, kann von allen anderen in der Projektgemeinschaft genutzt werden – ohne in Geld oder Tauscheinheiten aufzurechnen.

Alle vierzehn Tage findet ein Plenum statt, wo neben der Klärung offener Fragen es auch um die Reflektion der eigenen Tätigkeit sowie um die weitere Entwicklung gemeinsamer Vorstellungen, Ziele und Wege geht. So ist in der nächsten Zeit der Aufbau eines Projektzentrums in angemieteten Räumen geplant, um neue Teilprojekte zu ermöglichen. Gleichzeitig sucht die Projektgemeinschaft einmal im Monat samstags mit einem Kennenlern-Café im ›Treffpunkt Freiburg‹ neue Mitglieder.

http://www.sole-freiburg.de

## 2.2. Freeboxen und Freeshops

Während ich an diesem Buch schreibe, besuche ich meine Schwester in Bremen. Und was steht an der Straße um die Ecke? Ein gut erhaltenes Sofa, eine Korbtruhe mit einigen Kleinigkeiten gefüllt sowie ein zwei Meter hohes Regal, bis oben hin mit Büchern vollgestellt. ›Zum Verschenken‹ lädt ein Schild dazu ein, sich etwas zu nehmen. Eine ältere Frau steht mit ihrem Fahrrad davor. »Ich habe mir schon Kafka gegriffen«, sagt sie, doch ihr Korb enthält schon eine ganze Reihe mehr Bücher mehr, die ihr gefallen haben. Ich selbst wähle das, was ganz links oben steht: ›Die Transformation der Demokratie‹ von Johannes Agnoli und Peter Brückner. Da fällt mein Blick auf einen Geldgürtel. Klar, den nehme ich auch noch mit.

Auch in New York sah ich des Öfteren Kisten auf den Bürgersteigen mit Dingen stehen, die zum Verschenken waren. Als ich noch auf St. Pauli in Hamburg wohnte, war es ebenfalls üblich, die Sachen vor die Haustür zu stellen – den Sperrmüll anrufen, war sowieso vergeblich, es wäre immer alles schon vorher weg gewesen (weshalb bei Umzügen entsprechend große Hinweisschilder aufgestellt wurden, dass es nicht zum Mitnehmen gedacht sei). Und noch früher, als noch an bestimmten Tagen Sperrmüll im ganzen Stadtteil abgeholt wurde, und alle den ihren hinausstellten, da gab es wahre Straßenpartys an diesen Tagen.

In dem Sommer, in dem ich mein Elternhaus ausräumen musste, lebte ich in dem nahegelegenen Ökodorf Lebensgarten. Angeregt durch einen

70

Koffer, indem auf diese Weise Spielsachen verschenkt wurden, habe ich selbst einen ebenso antiken wie ramschigen Koffer auf die Kreuzung der Gehwege im Projekt gestellt, und legte dort alles hinein, was aus dem Haus von uns Geschwistern niemand behalten wollte. Da der Koffer im Verhältnis zum Haus ziemlich klein war, ging dies über Monate. Und danach gab es plötzlich eine Ecke im Gemeinschaftshaus, die als Freebox genutzt wurde. *Freeboxen* finden sich häufig in Hausfluren von Wohngemeinschaften oder auf Treppenaufgängen: Einfach Kisten oder Ecken, wo alle zur Verfügung stellen können, was sie nicht mehr möchten, und sich nehmen, was ihnen gefällt.

Noch etwas später beantragte jemand anderes auf der Mitgliederversammlung, einen ganzen Raum dafür zur Verfügung zu stellen. Es wurde ein kleiner Wintergarten ausgewählt: vom Dorfplatz aus gut einzusehen und stets von Licht durchflutet. Jeden Tag verbrachten eine weitere Frau oder ich etwas Zeit hier, um aufzuräumen und dafür zu sorgen, dass nichts länger als einen Monat hierblieb. Denn an wirklich schönen Dingen allerlei Art fehlte es nie: Hier habe ich meinen Seidenkaftan, meine Lederjacke und meine es-muss-mal-festlich-sein-Schuhe bekommen, die ich alle noch heute, viele Jahre danach, trage. Was ausgeräumt wurde, kam in den Altkleidercontainer oder wurde – je nachdem, was es war – anderweitig möglichst sinnvoll weitergereicht.

Wir nannten es Umsonstladen, und auch in meinem derzeitigen Projekt gibt es einen solchen Raum. Jemand hat ›Freebox‹ an die Tür gesprüht. Beides ist richtig: Es ist ein Laden, weil es ein Raum ist, aber es ist eine Freebox, weil es immer geöffnet ist, und sich jedeR soviel nehmen kann, wie ihm oder ihr gefällt, ohne dass jemand dies beäugen würde. Wir haben uns dann auf *Freeshop* geeinigt, und obwohl dieser Begriff im Englischen für Umsonstläden im allgemeinen genutzt wird, verwende ich ihn in diesem Buch in diesem Sinne: für Räume innerhalb von Projekten, aber offen für außen, die wie Umsonstläden funktionieren, nur dass sie immer geöffnet sind, was durch die besondere Lage innerhalb eines Projektes möglich ist.

## 2.3. Umsonstflohmärkte

Die Idee ist einfach: ein Flohmarkt, nur ohne Geld. In Jerusalem soll es seit vielen Jahren regelmäßig einen geben. Max hat in seinem Wohnblock auch schon einen organisiert; zusammen mit einem Erzählcafé, wo es ausdrücklich darum ging, über die Generationen hinweg miteinander ins Gespräch zu kommen. Und bei der Fiesta Umsonst in Hamburg gibt es auch einen.

Einziger Nachteil: Wohin mit dem, was übrigbleibt? Hinterher wieder etwas mit nach Hause zu nehmen, hat niemand Lust. »Wenn du ihn nicht mitnimmst, kommt er in den Müll«, erpresste mich in Hamburg der Mann hinter dem Tisch. Er war schon beim Abräumen. Der Stoffhund sah mich unter seinen strubbeligen Haaren an. Das konnte ich ihm nicht antun! Ich klemmte ihn unter den Arm. Aber mit nach Hause nehmen konnte ich ihn auch nicht; Rocco, mein Hund ›in echt‹ hätte nicht lange mit ihm gefackelt. Also blieb er – gar nicht absichtlich, aber sicher auch nicht ganz zufällig – vergessen bei Rosa, bei der ich übernachtete, und die ihn auch süß fand. Sie nahm ihn dann mit in den Hort, wo sie arbeitet – und wo wohnt er wohl heute?

Der Gedanke, dass das, was sonst weggeworfen würde, vielleicht noch dankbare AbnehmerInnen findet, bewog die Stadtreinigung Göttingen (zusammen mit der Neuen Arbeit Göttingen und der Brockensammlung), einmal jährlich einen ›Warentauschtag‹ einzuführen. Hier muss niemand am Stand stehen, sondern die mitgebrachten Güter werden entgegengenommen, gewogen, und dann zum Mitnehmen freigegeben. In einer Presseerklärung der Stadt vom 1. Juli 2008 heißt es:

> Pünktlich um 10 Uhr stürmten die ersten tauschfreudigen Besucherinnen und Besucher die Pforte des Betriebsgeländes der Stadtreinigung Göttingen. ›Im Laufe der Veranstaltung zählten wir rund 1.000 Besucherinnen und Besucher, die 3.800 Kilogramm Tauschwaren mitbrachten. Am Veranstaltungsende wogen wir etwa 350 Kilogramm als nicht getauschten Rest zurück‹ bilanziert Maja Heindorf von der Stadtreinigung Göttingen den erneuten Erfolg des 13. Göttinger Warentauschtages.

Die Gruppe *Schöner Leben Göttingen* nutzte vor ein paar Jahren diese Gelegenheit, um ein Informationsblatt zu verteilen, allerdings als ›Ihr Team Gratisökonomie Göttingen. Ein Projekt für die ganze Region‹. Unter dem Motto ›Warentauschtag – aber richtig. Tipps und Tricks!‹ fanden sich folgende Punkte:

> *Seien Sie direkt:* Auch wenn es vielleicht noch etwas ungewohnt ist: Nehmen Sie sich, was Sie gerade brauchen und was Ihnen nützlich erscheint. Stellen Sie zur Verfügung, was Sie hergeben können und was anderen weiterhelfen könnte.

> *Lassen Sie sich nicht verunsichern:* Versuchen Sie, sich von aufkommenden Gedanken wie ›Aber ich muss doch dafür auch etwas geben‹ beziehungsweise ›Eigentlich möchte ich im Gegenzug auch etwas wiederbekommen‹ nicht beeindrucken zu lassen. Damit würden Sie sich nur eine Einschränkung einhandeln, die das Zusammenleben unnötig verkompliziert.

*Setzen Sie auf Ihre Erfahrungen:* Erinnern Sie sich an Situationen, in denen Sie bereits wie selbstverständlich das getan haben, was auch in Zukunft immer wichtiger sein wird: Dinge nutzen, zur Verfügung stellen und Beziehungen gestalten – ohne Gegenleistung, ohne Tausch, ohne Geld. Denken Sie an Freunde, Nachbarn, Familie, Vereine.

*Übernehmen Sie Verantwortung:* Sorgen Sie dafür, dass jeder Tag ein ›Warentauschtag‹ wird. Suchen Sie sich Menschen, mit denen Sie auch an anderen Orten und zu anderen Zeiten zuverlässige Netzwerke einer Gratiswirtschaft aufbauen können. Es gibt keinen Grund, nur an einem Tag im Jahr – ohne ständiges Berechnen von Leistung und Gegenleistung – Dinge auszuleihen, gemeinsam zu nutzen oder zu verschenken.

*Seien Sie erfinderisch:* Prüfen Sie, welche Räumlichkeiten sich in Ihrem Umfeld eignen, um dort einen Umsonstladen aufzumachen. Überlegen Sie, was neben Büchern, Haushaltswaren und Spielsachen dort noch alles ohne Tausch zur Verfügung gestellt werden kann. Vielleicht können Sie Haare schneiden, Computer reparieren oder Fliesen verlegen? Vielleicht können Sie Gartentische, eine Partyanlage oder ein Auto verleihen? Und was würden Sie gerne gemeinsam mit anderen nutzen oder anschaffen?

*Denken Sie an Ihre Zukunft:* Ergreifen Sie die Möglichkeit, sich allmählich von Stress, Hetze und Existenzkampf zu lösen. Denn je weiter sich gratiswirtschaftliche Netzwerke entwickeln, desto geringer wird Ihr Geldbedarf. Sehen Sie die Chancen. Suchen Sie schon heute Wege, solidarisch durchs Leben zu gehen und den Konkurrenzdruck Aller gegen Alle hinter sich zu lassen.

*Fragen Sie:* Scheuen Sie sich nicht, auftauchende Fragen zu stellen und ihnen in Ruhe nachzugehen. Eine Umstellung der Geld- und Tauschwirtschaft auf Gratisökonomie kann nur Schritt für Schritt erfolgen. Gerade in der Anfangsphase wird es an verschiedenen Punkten noch zu Problemen kommen. Suchen Sie mit uns gemeinsam nach Lösungen.[39]

## Auf der Rückseite des Informationsblatts stellt sich das Projekt weiter vor:

Unser regionales Projekt kann kein Patentrezept gegen die vielen Einschränkungen im Leben zur Verfügung stellen, versucht aber einige schon jetzt umsetzbare Schritte in Richtung Gratisökonomie zu machen: Umsonstläden, ›Warentauschtage‹, NutzerInnengemeinschaften oder Freie Räume sind wichtig – sie stellen die nötigen Keime dar, aus denen umfassende Veränderungen erwachsen können: So werden die Menschen Arbeitszeitverkürzung oder Arbeitslosigkeit nicht mehr bedrohlich finden, da sie auch ohne oder mit weniger Lohn abgesichert sind und sich über die freie Zeit freuen können. Die alte Geld- und Tauschwirtschaft wird zunehmend leiden, denn die Nachfrage nach Waren und Dienstleistungen wird zurückgehen, die Menschen stellen sich außerhalb von Markt und Lohnarbeit ihre Ressourcen gratis zur Verfügung. Immer weniger werden sie zudem bereit sein, Entscheidungen, die sie betreffen, Chefs oder Regierungen zu überlassen – direkt miteinander ausgehandelte Vereinbarungen entsprechen ihren Bedürfnissen besser. Und wo die Möglichkeiten wachsen, das eigene Leben selbst zu gestalten und sich über Interessen und Bedürfnisse besser auszutauschen, werden auch alte Rollenmuster (Mann/ Frau, In-/ AusländerIn, Ver-/ KäuferIn, Experte/ Laie, ...) zunehmend abgelehnt und mehr miteinander statt übereinander geredet. Regierungen wären mit den positiven Begleiterscheinungen der Gratisökonomie nicht vereinbar und können an den Veränderungen daher nicht mitwirken – auf Dauer werden sie bedeutungslos.

Diesen offenen aber letztlich notwendigen Weg zu gehen, dazu möchte das Projekt Gratisökonomie Göttingen ermutigen und Begleitung anbieten. Bitte denken Sie daran, dass die Umgestaltung ein langsamer Prozess sein sollte, um nicht überstürzt die verbliebenen minimalen Sicherheiten der bestehenden Ordnung aufzugeben. Ganz leicht können sich im sozialen Miteinander der Umgestaltung ja auch unvorhergesehene Fallstricke und Hürden auftun. Um den Umstieg zu erleichtern, müssen schon jetzt und parallel zum Bestehenden Strukturen einer Gratisökonomie aufgebaut, ausprobiert und diskutiert werden – ein ›Warentauschtag‹ alleine reicht nicht.[40]

## 2.4. Verschenk-Webseiten

### 2.4.1. Freecycle

*Freecycle* ist der markengeschützte Name eines weltweiten Verschenknetzwerkes. Freecycle organisiert in lokalen Gruppen den Austausch kostenlos abzugebener Gegenstände. In Berlin werden gerade gesucht: Brennholz und Kohle zum Heizen, Gele zur Nagelmodelage sowie eine Overlockmaschine – »es handelt sich um eine Nähmaschine«, kommentiert die Moderatorin dieses nicht für alle gleich verständliche Gesuch, und schickt noch hinterher: »Auch von mir viele Grüße und auf ein erfolgreiches, schönes, gesundes 2009«.[41] Ach ja, und gesucht wird auch »dringend alles für einen Erstbezug«: »Mein Sohn (20 J.) sucht alles für seine erste Wohnung. Wer kann helfen? Dringend werden Herd, Küchenmöbel, Spüle, Kühlschrank, Waschmaschine, Sofa, Geschirr etc. gesucht. Bitte alles anbieten. MfG«.[42]

Geboten werden ein Knobelspiel, ein Fernsehgerät und Nietzsche in vier Bänden. ›Weg‹ sind ›Boxen, Mischpulte, Computerteile‹, ›so gut wie weg‹ ist ebenso ›Diverses für Computer-Bastler‹, während ›Kühlakkus, Kunststoffregal, Backformen‹ als ›fast abgeholt‹ vermeldet werden. Alles ist umsonst und ohne Gegenleistung. JedeR kann sich anmelden, es gibt keine Verpflichtungen, keine Gebühren, keine Kosten. Ehrenamtliche ModeratorInnen achten darauf, dass die Regeln eingehalten werden. So dürfen keine Tiere die BesitzerIn wechseln, keine Pornos oder Nazi-Devotionalien angeboten werden, und keine Dienstleistungen. Auch als ein älterer, alleinstehender Herr aus Südhessen sein Herz verschenken wollte, griffen die ModeratorInnen ein. Allerdings muss nicht alles materiell sein. So ist in Münster schon das Recht, einen Holunderbeerenbusch abzuernten, vergeben worden.

Die Geschichte des Freecycle begann 2003, als Deron Beal im US-amerikanischen Wüstenstädtchen Tucson per Email an seine Freunde nach Abnehmern für Dinge suchte, die nach seiner Hochzeit im Haushalt doppelt vorhanden waren. Da kam ihm die Idee, so etwas öffentlich zu organisieren. Dies verbreitete sich in Windeseile erst über den nordamerikanischen, dann auch über andere Kontinente. Fünf Jahre später gibt es weltweit tausende lokale *Freecycle*-Gruppen mit zusammen mehr als fünf Millionen Mitgliedern. »Mittlerweile werden täglich über 400 Tonnen durch Freecycle verschenkt«, so Deron Beal, und er rechnet weiter vor: »Im letzten Jahr wurde viermal die Höhe vom Mount Everest – wenn in Müllabfuhrwagen gestapelt – verschenkt«.[43]

Gruppen in Deutschland gibt es nicht nur in Großstädten wie Hamburg oder München, sondern auch in Ostfriesland, am linken Niederrhein, in der Vorderpfalz oder in Görlitz. Insgesamt sind es 75. Allerdings ist der Beitrag einiger dieser Gruppen an den vier verschenkten Mount Everests gering: Die 36 Mitglieder der Gruppe in Erfurt brachten es im gesamten Jahr 2007 nur auf drei Beiträge im Netz.

Hat man eine Gruppe in seiner Nähe gefunden, kann man ihr mit wenigen Klicks beitreten. Nachdem die dies von den ModeratorInnen genehmigt wurde, darf man selbst Biet- und Suchmails an die regionalen Mitglieder verschicken beziehungsweise bekommt solche von anderen NutzerInnen.

Ist es nun schade, dass dieser Name, in dem sich wunderschön die Bedeutungen frei, kostenlos, Wiederverwertung und das kreisförmige Durchlaufen finden lassen, markengeschützt ist? Oder gut, weil sein Erfinder das Projekt auf diese Weise gegen eine Kommerzialisierung absichert? Oder wird es womöglich seine eigene Alterssicherung? Nun, die Geschichte wird es zeigen.

http://www.de.freecycle.org


## 2.4.2. Alles-und-umsonst

Deron Beal ist nicht der einzige und noch nicht einmal der erste, der diese Idee hatte. Auch andere Umsonstinitiativen bestehen im Internet, im deutschsprachigen Raum ist hier insbesondere die Webseite *alles-und-umsonst.de* zu nennen. Das Motto dieser Initiative lautet: ›Verschenken macht Spaß‹. Wie Freecycle kostenlos und bundesweit, aber ohne Registrierung findet sich hier ein – allerdings nicht allzu üppiges – Angebot, welches nach Bundesländern ebenso sortiert ist wie nach den Bereichen Haus und Wohnung, Kindersachen, Kleidung, Fortbewegung, Tierwelt, Elektronik, Wissen, Dies&Das sowie Bitte-melde-Dich.

Im Gegensatz zu Freecycle muss – wer etwas sucht – immer wieder neu ins Internet und auf der Seite nachschauen. Dafür braucht sich aber auch niemand bei einer unverbindlichen Suche gleich zu überlegen, ob ihm oder ihr eine Mitgliedschaft mit Emailverkehr nicht zu viel wird. Ebenfalls im Gegensatz zu Freecycle können InserentInnen gleich das Verfallsdatum ihres Angebots mit angeben, und müssen so nicht auf jeden Fall eine zweite Email schicken, wenn sie keine weiteren Anrufe wünschen, weil sie ihre Sachen schon losgeworden sind.

Hinter Alles-und-umsonst stehen Uwe Friedrich und Stefan Zimmermann. Als Ziel nennen die beiden Berliner, »die Solidarität der Menschen untereinander zu fördern und dabei gleichzeitig einen Beitrag zum Umweltschutz zu leisten«. Schon Jahre vor Deron Beal riefen sie ihre Initiative ins Leben, doch weniger marktgängig: Zwar haben 2.322 Menschen gestern die Webseite besucht, das sind aber wesentlich mehr, als Gesuch- oder Bietangebote eingestellt wurden. Das gilt vor allem für Österreich und die Schweiz: Dort gibt es nämlich gerade rein gar nichts im Angebot.

http://www.alles-und-umsonst.de

## 2.5. Nutzungsgemeinschaften

…werden auch zärtlich ›NutziGems‹ genannt. Eine Nutzungsgemeinschaft ist ein Netzwerk aus Personen, die gemeinsam etwas nutzen oder sich gegenseitig Dinge zur Verfügung stellen (oder schenken). ›NutziGems‹ basieren auf dem Prinzip, dass nicht alle alles besitzen müssen, nur um es ab und zu gebrauchen zu können. Dies können Gegenstände sein oder auch Fertigkeiten und Wissen – kurz: Ressourcen.

Eine Nutzungsgemeinschaft setzt sich meist aus Menschen zusammen, die dicht beieinander wohnen, da nur so die gemeinsame Nutzung komplikationslos organisiert werden kann. In der Regel verbleiben die Gegenstände im Privatbesitz, es kann aber auch einen gemeinsamen Lagerraum geben. Meist gibt es zumindest ein virtuelles Verzeichnis.

Wohl schon jedeR hat mal schlechte Erfahrungen damit gemacht, etwas verliehen, und dann a) dreckig b) kaputt oder c) gar nicht wiederbekommen zu haben. Je vertrauter eine Gruppe untereinander ist, desto weniger oft wird es zu a), b) oder c) kommen. Eine mehr oder weniger starke Vertrauensbasis zwischen den Nutzenden ist daher sinnvoll. Dauer und andere Einzelheiten der Ausleihe sollten klar geregelt sein, um Missverständnisse und Unstimmigkeiten zu vermeiden. Auch der Fall, dass beispielsweise ein Werkzeug bei der Benutzung (Total)Schaden erleidet, sollte vorher bedacht sein.

Nutzungsgemeinschaften gibt es daher vorwiegend im eher privat beziehungsweise geschlossen gehaltenen Rahmen. Es gibt sie aber auch als offene Projekte, so zum Beispiel der *Kiezpool F´Hain*, der an den Berliner Schenkladen Systemfehler angeschlossen ist. Dort liegt ein Ordner aus, wo in den Rubriken ›Dinge‹ (Bohrmaschine, Sackkarre etc.), ›Fähigkeiten/ Fertigkeiten‹ (Englischkenntnisse, Massage etc.) sowie ›Infrastruktur/ Räumlichkeiten‹ (PC, Schlafplatz etc.) die eigenen Ressourcen eingetragen werden können, um sie anderen zur Verfügung zu stellen. Die Gesuche werden noch sichtbarer an einer Pinnwand veröffentlicht, die allgemein als ›Leih- und Verschenkbörse‹ des Ladens dient.

## 2.5.1. Whopools

Die Seite *www.whopools.net* bietet die Möglichkeit, sich im Internet zu Nutzungsgemeinschaften zusammenzuschließen. Auch hier geht es darum, eigene Ressourcen verfügbar zu machen und die Ressourcen anderer ohne Tausch und auf der Grundlage individueller Vereinbarungen nutzen zu können. Der Vorteil dieser internetgestützten Nutzungsgemeinschaften liegt auf der Hand: Sie ermöglichen den Zugriff auf große Datenbanken. Eine praktische Suchfunktion soll einladen, Gratisökonomie attraktiv in den Alltag zu integrieren. Die Bedienung der Seite ist mittlerweile recht übersichtlich. Wer sich eingeloggt hat, kann eigene Gegenstände, Fertigkeiten, Räume und Wissen in eine persönliche Datenbank eingeben. Mit diesen Ressourcen im Gepäck kann entweder einer bereits bestehenden Nutzigem beigetreten oder eine neue gegründet werden. Eine Suchfunktion macht möglich, die benötigten Dinge und Fertigkeiten in den Ressourcen-Pools der Nutzigems zu finden, um dann bei der jeweiligen Nutzenden per Mail oder Telefon anfragen zu können.

Bei whopools.net gibt es zahlreiche öffentliche Nutzigems, aber auch solche, wo eine Teilnahme erst angefragt werden muss. Es finden sich Nutzigems mit regionaler Begrenzung, überregionaler Vernetzung oder auch für spezielle Ressourcen. Beispiele sind dezentrale Bibliotheken und Mediatheken, die aber trotzdem räumlich beschränkt sind, so auf Osnabrück, Rhein-Main oder Trier/ Koblenz. Für Berlin-Friedrichshain ist nicht nur der Kiezpool eingetragen, sondern auch ein Pflanzentausch. Automatisch ist jedeR, der sich bei whopools.net anmeldet, Mitglied in der Gesamtnutzungsgemeinschaft. Wer möchte, findet in Münster oder Braunschweig Übernachtungsmöglichkeiten, und in Göttingen lädt Sarah dazu ein, wöchentlich *Ultimate Frisbee* mitzuspielen. Jemand bietet jede Art von Handwerk an, ein anderer die kurzfristige Pflege behinderter Menschen, ein dritter gar Sterbebegleitung. Lernen lässt sich, Eiskrem herzustellen, Bücher zu binden oder zu verstehen,»was die Ärzte eigentlich sagen wollen«. Nicht unerheblicher Wermutstropfen bei all dem: Das Ressourcen-Angebot in den verschiedenen Nutzigems ist noch nicht wirklich groß und die Meldungen scheinen nicht immer aktuell.

Jonathan aus Stuttgart, schon seit längerem bei Whopools eingetragen, hält »Nutzigems prinzipiell für eine großartige Sache«. Befragt, warum Whopools einen so eingeschlafenen Eindruck macht, sieht er eine Ursache darin, dass häufig zu wenig Gewicht darauf gelegt werde, direkte Alternativen, wie es Nutzungsgemeinschaften darstellen, selbst zu gestalten und zu leben.

> »Ein weiterer Grund, weshalb die Nutzergemeinschaft ›halb tot wirkt‹ und im Moment nicht ›aufzuerstehen scheint‹, ist meiner Meinung nach die, dass sie ›halb tot wirkt‹. Die besondere Eigenschaft eines solchen Netzwerkes ist es eben, dass es umso besser funktioniert, je mehr Leute mitmachen. Solange nicht viel los ist um Nutzergemeinschaften, so kommen vermutlich immer wieder einzelne hinzu, die das Prinzip erkennen, für gut halten – aber dann feststellen müssen, dass sich im Moment nicht viel tut. Nichtsdestotrotz halte ich es für sehr wichtig und wertvoll, dass der Code, die Webseite und das Drumherum bereits existiert. Vielleicht läuft es heute nicht so gut, wie es funktionieren könnte. Doch das bedeutet für mich nicht, dass das Prinzip, die Idee dahinter schlecht ist. Sondern lediglich, dass sich noch nicht genügend Leute darum bemüht haben, dieses Prinzip bekannt zu machen. Dieses Prinzip zu leben, zu praktizieren.«

Max, der als Mitglied der Gruppe *Schöner Leben Göttingen* zu den BegründerInnen von Whopools zählt, führt einige Hürden des Nutzigem-Projekts weiter aus. So ist für ihn selbst der Weg über den Freundeskreis in den meisten Fällen noch erfolgreich genug, um benötigte Ressourcen schnell und zuverlässig zu organisieren. Hinzu komme, dass es immer einen sozialen Kraftaufwand bedeute, Kontakt zu einer möglicherweise fremden Person aufzunehmen und Unterstützung anzufragen – ein Lernfeld. Philipp, ebenfalls aus Göttingen, fände es daher leichter, wenn es eine standardisierte Anfragemöglichkeit bei Whopools gäbe. Bisher können die NutzerInnen Gesuche nur über Mailinglisten kommunizieren. Philipp sieht es dabei als nicht verkehrt an, zunächst die eigenen, auf Freundschaft beruhenden

Netzwerke zu nutzen. Es ginge doch vielmehr darum, seine Ressourcen jenen zur Verfügung zu stellen, die keine solche Möglichkeit haben: Wenn die typische Web- und WhopoolsnutzerIn auch sozial gut vernetzt ist – die gebrechliche Nachbarin ist es wahrscheinlich nicht. So liegt eine Herausforderung für Whopools sicherlich darin, dass jene, die Krankenpflege und Sterbebegleitung benötigten, sich nicht im Webdschungel auskennen. Bräuchte es kleine soziale Netzwerke, die jeweils lokale Ausläufer einer solchen virtuellen Vernetzung darstellten? Könnte so die Generationenkluft und der *Digital divide*, also der ungleiche Zugang zum Internet, überwunden werden?

Max ist jedenfalls überzeugt: »Zunächst braucht es wohl die Kraft einer Kampagne, um die Nutzigem-Idee zu verbreiten. Erst wenn mehr Menschen mitmachen und die Ressourcen-Pools groß sind, kann whopools.net zu einer Art Alltagswerkzeug werden. Und erst dann können wir sehen, was Nutzigems wirklich zum Aufbau gratisökonomischer Strukturen beitragen können.« Er erhofft sich, dass dann über whopools.net auch Bedürfnisse bedient werden können, die eine komplexere Koordination von Ressourcen erfordern.

>»Es stellt sich ja zum Beispiel die Frage, wie mittelfristig auch solche Produktionsmittel in Ressourcen-Pools zur Verfügung gestellt werden können, die derzeit noch in der kapitalistischen Warenproduktion eingebunden sind. Das Nutzigem-Konzept bietet zumindest die theoretische Möglichkeit, kleinschrittig und für die Beteiligten kontrollierbar vorzugehen. Denkbar wäre die Nutzung von Werkstätten, Bäckereien und Großküchen zum Beispiel an Wochenenden. Dienstleistungen und Wissen sind geradezu dafür gemacht, um sie in Nutzigems gut zur Verfügung stellen zu können. Mit jedem Bedürfnis, das in gratisökonomischen Netzwerken befriedigt werden kann, steigt die Möglichkeit zu existenzieller Absicherung jenseits der Warenökonomie. Damit könnte sich ganz allmählich die Verhandlungsmacht der Lohnabhängigen vergrößern und weitere Umverteilung zugunsten von Nutzungsgemeinschaften wäre möglich.«

Max betont, ihm sei klar, dass durch wachsende gratisökonomische Strukturen letztlich Arbeitsplätze gefährdet sein können. Das sei zwar auf gesellschaftlichem Niveau gewollt, individuell stelle dies aber – zumindest zunächst – eine Bedrohung dar. Von einer anderen Seite her sei der Staat heute schon auf unbezahlte Tätigkeit (Haushaltsführung, Kindererziehung, Ehrenamt) angewiesen und werde dies weiter auszubauen versuchen.

>»Für das Nutzigem-Projekt ist es daher wichtig, nicht nur eine entlastende Lösung für den Alltag anbieten zu wollen – auch wenn im Mittelpunkt die Bedürfnisse der Menschen stehen sollen. Genauso kommt es darauf an, um die Nutzigem-Idee als Teil eines emanzipatorischen Umwälzungsprozesses zu ringen. Kampflos wird sich Gratisökonomie letztlich nicht durchsetzen lassen.«

Doch bis dahin ist noch ein unübersehbar weiter Weg. Allerdings, wer wisse schon, ergänzt Max, welche Bedeutung die krisenhafte Zuspitzung gesellschaftlicher Ausschlüsse auf der einen Seite und die Antwort sozialer Bewegungen auf der anderen Seite für das Wachsen gratisökonomischer Strukturen bekommen werde? Er ist hoffnungsvoll gespannt. Whopools jedenfalls stehe in den Startlöchern.

http://www.whopools.net/index.php

http://www.nutzigems.org

## 2.5.2. Justfortheloveofit

Bei *justfortheloveofit.org* herrscht am heutigen Tag eine lebhafte Diskussion über den Eintrag des Gründers dieser *Freeconomy Community*. Mark Boyle fühlte sich die letzten Tage etwas niedergeschlagen und reflektierte darüber:

> If the thought of a child dying from starvation or an animal being literally tortured to death is not enough to inspire us to do something about, then we have lost our way as humans. We've been privileged enough to have been given a conscience. Let's start using it. It's impossible to help everything and everyone. But just ask yourself this – are you doing all you can?

Verschiedene Mitglieder stimmen in ihren Kommentaren Mark zu und bedanken sich bei ihm nochmals für die Webseite. Doch stellt das größte Problem von *justfortheloveofit* wohl er selbst dar – oder mit anderen Worten: dass er seine Idee und seine Initiative nicht freigegeben hat, so dass andere EntwicklerInnen gleichberechtigt im Sinne einer *Do-ocracy* mitwirken können. So wie sie ist, erweist sie sich als nur bedingt handhabbar. Dabei ist die Webseite inspirierend gestaltet, insbesondere die Eigenschaften und Fähigkeiten, denen mensch sich zuordnen kann, klingen verlockend. Die drei mir geographisch nächsten Personen geben an: ›Nice Person, Environmentalist, German, English, Antroposopher, Optimist‹, ›Hitchhiker, Naturist, Computer Programmer, Internet Hosting Provider‹ beziehungsweise ›Open Source Software/ Linux Use, Brazilian Jiu-Jitsu Student, IT Teacher, Data Analyst, Portuguese, Listener, Swimmer, German, Scientist, Snooker Player, Computer Programmer, English, Biophysicist, Optimist, CV/Resume Writer. Die Person danach holt noch weiter aus:

> »Computer User, Permaculturalist, German, Anti-Poverty Activist, Feminist, Networker, Skill Sharer, Youth Worker, Face Painter, Organic Food Grower, French, Anarchist, Environmental Activist, Human Rights Activist, Reclaimer Of The Streets, Project Man-

ager, Fundraiser, Ecologist, Land Rights Activist, Spanish, Eco-Warrior, Fun Revolu-
tionary, Political Activist, HItchhiker, Events Organiser, Vegan Chef, Philosopher, Portuguese, Boycotter, Freecyclist, Non-violent Non-cooperator, Bike Lender, Couch-
Surfing Host«.

Die Person danach noch weiter, doch das braucht zu viel Platz hier. Diese
hat immerhin aber auch ein PA-System, einen Beamer und eine Videoka-
mera zu verleihen, während die ersten vier es gerade mal auf einen Hammer bringen. Und was fange ich an mit einer Tramperin, einer Schwimme-
rin und einem Snooker-Spieler? Mit letzterem vielleicht, mir erklären zu
lassen, was Snooker ist – hatte ich doch bei *leo.org* erstmal nachschauen
wollen, was das auf Deutsch heißt, nur um festzustellen, dass es keine
Übersetzung gibt. Dass die aus Großbritannien stammende Seite *justfortheloveofit* nur auf Englisch funktioniert, erleichtert also nicht die Handhab-
barkeit.

Zudem muss ich gestehen: Ich habe gemogelt. Mitglieder, die mehr als
zehn Meilen von meinem eigenen Standort wohnen, werden mir nicht
angezeigt – so dass sich normalerweise die virtuelle Vernetzung auf meine
Mitbewohnerin Sabine begrenzen würde, der ich auf diese Weise zufällig
virtuell begegnete. Doch da mir das nicht reichte, bin ich selbst einfach
virtuell in die nächste Großstadt umgezogen. Aber fahr ich bis dahin, um
mir einen Hammer zu besorgen? Und kommt der vegane Koch – sollte ich
mich überhaupt überwinden, jemanden, den ich nicht kenne, darum zu
bitten, mal zum Kochen vorbeizukommen – auch aufs Land zu mir hinaus-
gefahren? Wohl nicht. Also kann ich als Landpomeranze diese Webseite
auch einfach vergessen… Schade eigentlich.

http://www.justfortheloveofit.org

## 2.5.3. Leihnetzwerk

Ein ähnliches Projekt stellt das *Leihnetzwerk* da. 2004 wurde es von Kurt
Jannson gegründet, der sich bei Oekonux schon lange mit der Frage be-
schäftigte, wie sich freie Software auf die Gesellschaft auswirken kann.
Auch auf dieser Webseite spielt die Entfernung der einzelnen Mitglieder
eine große Rolle. Wer seinen Wohnort nur ungern im Internet veröffentlicht, kann einen Treffpunkt angeben. So kann mensch auch persönlich
sehen, wem er seine Sachen borgt. Es ist erlaubt, Dinge nicht an jedeN zu
verleihen. Darüber hinaus gibt es eine Rubrik für Bewertungen der anderen
Personen. Als weitere Sicherheiten sind die Unterschrift auf einem Aus-
leihformular möglich, und sogar die Hinterlegung des Personalausweises.

Aber für die Angebote der letzten zehn Tage – Bücher, insgesamt vier – wäre das wohl übertrieben.

http://www.leihnetzwerk.de

## 2.5.4. Cosmopool

Der Fokus von *Cosmopool* liegt darauf, dass NutzerInnen selbstdefiniert und gleichzeitig sehr strukturiert ihre Bedürfnisse eingeben und dementsprechend gezielt suchen können. Die Software befindet sich derzeit noch in Entwicklung, demnächst aber soll es so weit sein.

Beispielsweise kann dann mit ein paar Mausklicks ein Objekt mit dem Namen ›Schuh‹ definiert werden, das die Eigenschaften einer bestimmten Größe, eines bestimmten Verschlusses (so ob zum Schnüren oder zum Hineinschlüpfen) sowie eines bestimmten Typs (offen, halboffen, geschlossen) besitzt. Anschließend können Schuhe in ein entsprechend generiertes Formular eingegeben werden und erscheinen dann in einer Tabelle, die sich beispielsweise nach dem Verschluss sortieren und nach der Größe oder dem Typ durchsuchen lässt. Entsprechend können auch automatisierte Suchen definiert werden, die etwa von anderen neu eingegebene Schnürschuhe der Größe 38 täglich per Email melden.

Die Software ermöglicht ferner, für alles Eingegebene zu bestimmen, wer dies lesen oder auch verändern darf. Hierdurch lassen sich auch Gruppen von Personen definieren, die ihr Wissen unter sich lassen können. Darüber hinaus ist das System mehrsprachig angelegt, und alle Informationen haben ein eingebautes Verfallsdatum. Wenn sie nach Aufscheinen in der Erinnerungsliste nicht rechtzeitig aktualisiert werden, werden sie unsichtbar.

Doch die Software ist nicht allein auf die gemeinsame Nutzung von Ressourcen hin orientiert, sondern ebenso nützlich für lange Aufgabenlisten, was gemeinsame Kooperationen erleichtert. Ebenso kann das elektronische Inventarisieren aus den Bücherregalen eines Wohnblocks eine verteilte, nach verschiedenen Eigenschaften durchsuchbare Bibliothek machen. Ibu Radempa erklärt die Motivation dahinter: »Cosmopool will durch die Bildung von Pools langfristig die in Nutzungsgemeinschaften fortbestehende Eigentumsbindung aufheben und durch die persönliche und informationstechnische Vernetzung zur Entstehung und Koordination von umsonstökonomischer Produktion beitragen«. Entscheidend sei freilich bei alldem die persönliche Kommunikation als Basis von Vertrauensbildung, die Software könne hier nur begrenzt helfen. Es wird bei Cosmopool also trotz der virtuellen Vernetzungsmöglichkeiten viel Wert auf lokale Gemeinschaften gelegt.

http://www.cosmopool.net

## 2.6. Commonsnet

Das *Commonsnet* ging aus dem deutschen Umsonstladentreffen hervor. Zu dieser Namensänderung führte das Bedürfnis, sich über die Umsonstladen-Idee hinausgehend mit anderen Ansätzen zu verbinden, die gleiche oder ähnliche Prinzipien verfolgen.

An dieser Stelle soll die Gelegenheit genutzt werden, einige Grundsätze von Umsonstökonomie darzustellen, ohne das jeder Aspekt von jeder Person im Commonsnet geteilt würde.

*Commonism*

*Commons* ist ein in den letzten Jahren stark an Bedeutung gewinnender Begriff. Ein Grund hierfür ist die mit Commons verbundene Unterscheidung von Besitz und Eigentum: Besitz beschreibt ein konkretes Nutzungsverhältnis, während Eigentum ein abstraktes Rechtsverhältnis festlegt. Nur solange etwas genutzt wird, ist es im Besitz; Besitz ist damit ein soziales Verhältnis zwischen einer Person und einer Sache. Hört dieses Verhältnis auf, erhält selbst ein Gut, dass völliger Rivalität im Gebrauch unterliegt – wie beispielsweise ein Kleidungsstück – seine Eigenschaft als Gemeingut zurück: Es kann von anderen genutzt werden, und damit in deren Besitz übergehen. Der Umsonstladen wäre damit kein Schenkladen, sondern eine Basisstation für Gemeingüter. In diesem Sinne ist auch die Überlegung des Arbeitskreises Lokale Ökonomie Hamburg zu verstehen, Regale als ›*Free Hardware*‹ zu bauen, die als Dauerleihgaben vergeben werden.

Es wird der englische Ausdruck *Commons* verwendet, weil die deutschen, die ihm am nächsten kommen, jeweils etwas anders belegt sind. So sind Commons nicht gleichzusetzen mit öffentlichen Güter, da diese sich durch die Eigenschaften der Nichtausschließbarkeit und der Nichtrivalität definieren: Das heißt, zum einen ist es unmöglich, jemanden vom Konsum des Gutes auszuschließen, zum anderen steht der Konsum nicht in Konkurrenz zueinander. So profitieren alle von einem Deich, und der Nutzen der einzelnen hängt nicht davon ab, wie viele weitere diesen Schutz vorm Wasser genießen. Da der Konsum also nicht auf jene begrenzt werden kann, die dafür gezahlt haben (in der Finanzwissenschaft als ›Trittbrettfahrerproblematik‹ bezeichnet), werden öffentliche Güter in der Regel nicht über den Markt, sondern vom Staat angeboten und über Steuern oder Abgaben finanziert.

Am nächsten kommt dem Begriff der deutsche Ausdruck Allmende, ursprünglich auch All(ge)meinde. Dies waren im Mittelalter Ländereien im Besitz der Dorfgemeinschaft, an denen alle Gemeindeglieder das Recht zur Nutzung hatten. In Deutschland wurden diese sich in praktisch jedem Dorf befindlichen Flächen zu Beginn der Neuzeit von den Herrschern angeeignet, was ein wesentlicher Grund für den Bauernkrieg war, und was durch die damit verbundene Trennung der Menschen von ihren Lebens- und Arbeitsgrundlagen letztlich zur ›Freisetzung‹ des Industrieproletariats führte. In England entstand im Rahmen dieser *Enclosure Movement*, also der Einzäunung von Gemeindeland zur privaten Nutzung durch die Feudalherren, die Bewegung der *Diggers* (nach denen sich in den 1960er Jahren jene Gruppen nannten, die die ersten Umsonstläden schufen): Die *Diggers* begannen ›to dig‹, also mit *Guerilla-Gardening* auf den enteigneten Flächen, wurden aber bald gewaltsam aufgelöst. In Spanien hießen Allmenden *ejidos*, ein Begriff, der sich mit den Traditionen der indigenen Landbevölkerung in Lateinamerika deckte. Die *ejidos* in Mexiko wurden erst als Vorbedingung für die Einführung der Nordamerikanischen Freihandelszone (NAFTA) am 1. Januar 1994 per Gesetz abgeschafft und waren ein weiterer Grund für den Aufstand der Zapatistas in Chiapas am selben Tag. In den Schweizer Alpen aber existieren Allmenden noch heute.

Der Unterschied zwischen ›Allmende‹ und ›Commons‹ liegt im Wesentlichen darin, dass unter Allmende traditionell immobile Güter wie Weideflächen, Gewässer oder Wälder verstanden werden. Allerdings war dies im Englischen nicht viel anders, und auch im Deutschen gibt es bereits Übertragungen des Allmende-Begriffs auf andere Bereiche, so wird beispielsweise inzwischen von ›Wissensallmenden‹ gesprochen.

Allmenden sind also nicht ›natürliche‹ öffentliche Güter mit den Eigenschaften der Nicht-Ausschließbarkeit und Nicht-Rivalität, sondern sozial regulierte Allgemeingüter. Was in den Wirtschaftswissenschaften als ›Tragik der Allmende‹ (im Englischen ›tragedy of the commons‹) bezeichnet wird – dass allgemeine Nutzung rivaler Güter notwendigerweise zu deren Übernutzung führe – ist für Stephen Gudeman nicht die Tragik einer Allmende, sondern die Tragödie von Menschen, die darin versagen, die gemeinsame Nutzung sozial zu regeln, das heißt kooperativ statt auf kurzfristigen Eigennutz bedacht zu verhalten. Er sieht sogar einen sehr engen Zusammenhang zwischen *commons* und *community*: »*Without a commons, there is no community, without a community, there is no commons*«.[44] Inzwischen wird auch auf die ›Tragik der Anti-Allmende‹ oder ›anticommons‹ hingewiesen: Wenn beispielsweise durch die Patentierung von Medikamenten potentielle NutzerInnen ausgeschlossen werden.[45] Auch wird von vielen die These vertreten, dass die ursprüngliche Akkumulation, also die Enteignungsprozesse von Allgemeingütern, heute weitergehen: die zunehmende Privatisierung und Inwertsetzung von Wasser wäre ein Beispiel, die Patentierung von Biodiversität ein anderes.

Die Regale des ALÖk wären also der Versuch, Commons als solche nicht nur zu bewahren (wie jene Bewegungen zum Schutze des Wassers oder der Biodiversität), sondern auch zu produzieren, und zwar im materiellen Bereich, während die Freie Software im immateriellen bereits eine machtvolle Bewegung zur Produktion von Commons darstellt. Diese Bewegungen zur Bewahrung und zur Produktion von Commons sollten sich verbinden, appelliert Stefan Meretz: »Der Commons-Begriff hat die Potenz, zu einer langfristigen Konvergenz der sonst sehr heterogenen Bewegungen zu führen. Eine Bewegung zur Wiederaneignung der Commons stellt die Machtfrage von unten, aus den konkreten sozialen Prozessen und Kämpfen um ein gutes Leben.«[46]

Auch Nick Dyer-Witheford sieht Commons als das verbindende Element aktueller Entwicklungen und Bewegungen: Neben den ökologischen Commons und den Vernetzungs-Commons sieht er noch die sozialen wie öffentliche Wohlfahrt. Diese drei Sphären basierten aufeinander, stünden in Wechselwirkung und verstärkten einander. Hieraus entstünde ein ›*Commonism*‹: Im Commonism werden die Güter nicht mehr produziert, um als Waren verkauft, sondern um geteilt zu werden. Das setzt voraus, dass die Produzenten nicht mehr vereinzelt für sich produzieren und das Produkt anschließend ›vermarkten‹, sondern dass Gemeinschaften das Herstellen und das Teilen der Produkte organisieren.[47]

*Umsonstökonomie und Wertkritik*

Umsonstökonomie basiert auf der Grundidee, Nehmen und Geben zu entkoppeln. Damit entspricht sie dem Marx´schen Ideal ›Jeder nach seinen Fähigkeiten, jedem nach seinen Bedürfnissen!‹. Hierin spiegelt sich eine wertkritische Grundeinstellung. Während selbst in der Tauschökonomie – wie beispielsweise in den Tauschringen praktiziert – menschliche Eigenschaften und menschliches Tun als abstrakte Werte getauscht und damit letztlich auf ihren Wert reduziert werden, wird in der Umsonstökonomie diese Tauschlogik überwunden. Von Umsonstökonomie kann dabei nur gesprochen werden, wenn das Prinzip der Offenheit bewahrt wird; somit ist dieser Ansatz von Kollektiven zu unterscheiden. Der Grundsatz lautet: ›Alles für alle – und zwar umsonst!‹

Die ersten Werttheoretiker waren die Klassiker der bürgerlichen Ökonomie Adam Smith und David Ricardo. Sie zeigten, dass die Arbeit, die benötigt wird, um ein Produkt herzustellen, den Wert einer Ware bildet. Karl Marx analysierte das Eigenleben, dass dieser Wert entwickelt. Denn dieser Wert ist der Tauschwert, in Unterscheidung zum Gebrauchswert. Ein Stuhl ist also nicht nur zum Sitzen da, sondern wird zunächst nur produziert, um seinen Tauschwert zu verwirklichen. Die sich darin ausdrückende getane Arbeit wird getauscht gegen ein anderes Produkt, indem eine im Mittel gleich große Menge menschlicher Energie verdinglicht wurde – Preise können zwar um diesen Wert kreisen, sich jedoch nur in Einzelfällen völlig von ihm ablösen. Ware besitzt also einen Doppelcharakter: Sie ist einerseits ein konkretes, sinnliches Ding, und andererseits etwas rein Quantitatives, worin sich abstrakte Arbeit ausdrückt. Durch die Verdinglichung der menschlichen Fähigkeiten in den Tauschwert einer Ware zählt nur noch, welche Eigenschaften verwertbar sind. Die sich aus dem Warentausch ergebenen Logiken erkennen die Menschen nicht mehr als von ihnen bestimmte Verhältnisse zwischen Menschen, sondern sie erscheinen ihnen als etwas außer ihnen Stehendes, Quasi-Natürliches – darum zieht Marx die Parallele zum religiösen Fetischismus.

Um aus einer Ware Geld, und aus Geld wieder Ware zu machen, verwandeln sich also sinnliche Dinge in abstrakte Werte. Doch im Kapitalismus geht es darum, es nicht bei diesem von Marx als G-W-G zusammengefassten Verhältnis zu belassen, sondern zu G-W-G´ zu gelangen: aus Geld mehr Geld zu machen. Dies geschieht durch die Ausbeutung der menschlichen Arbeitskraft. Aus der Perspektive des Kapitals, des Warentausches handelt es sich bei einem Arbeitsvertrag um den Vertrag zwischen zwei Gleichen, beide durch den freien Willen bestimmt, wodurch der Arbeiter die für seine Reproduktion notwendigen Lebensmittel erhält – wie auch die Maschinen gewartet und ersetzt werden müssen. Der Unterschied liegt darin, dass die lebendige Arbeit des Arbeiters ›mehr Wert‹ produziert, als seine Reproduktion kostet. Damit ist Wert zum eigentlichen Ziel geworden, und nicht mehr der Gebrauchswert.

> [Der Wert] heckt sich selber als Selbstzweck. Die Befriedigung menschlicher Bedürfnisse sinkt zu einem bloßen Mittel herab, zu einem notwendigen Übel. Die ›Maschine‹ Kapital ist also ein selbstbezüglicher Automatismus oder wie Marx es nennt: das automatische Subjekt. Alle menschlichen Bedürfnisse und die damit verbundenen Interessen können sich nur noch verwirklichen, wenn sie innerhalb der Kapitalbewegung gewissermaßen als Kollateralschaden abfallen … weil er nur sich selbst und seine Selbstvermehrung kennt, sinken die Menschen zu bloßen Exekutoren der Bewegung des Kapitals herab. Die Menschen werden zu Funktionsträgern beziehungsweise zu Charaktermasken eines sie beherrschenden Automatismus.[48]

Werner Ruhoff sieht den Versuch, dies zu überwinden, als wesentliche Grundlage von Umsonstökonomie:

> In der Umsonstökonomie soll der Versuch gemacht werden, sich in möglichst vielen Bereichen dieses Fetischs zu entledigen. Konkret: Da, wo Menschen etwas durch gemeinsame Absprachen und Kooperationen ohne Geld zum gegenseitigen Nutzen herstellen und nutzen können, schaffen sie ›dissidente Praktiken‹ (Carola Möller), Freiräume, in denen solidarische Zusammenhänge zum gegenseitigen Nutzen (Solidarität) entstehen können. Dabei geht es auch nicht um ein Tauschprinzip ohne Geld, sondern um ein gegenseitiges Geben und Nehmen ohne Verrechnung … Dabei sollen den Menschen auch die alltäglichen Denkgewohnheiten der Inwertsetzung bewusst werden, um sie zumindest schon unter den heutigen Bedingungen ansatzweise kritisch überwinden zu können.[49]

So, wie das kapitalistische Wirtschaften zuerst in Keimformen in der mittelalterlichen Feudalgesellschaft hochgekommen sei, so bestehe heute mit Hilfe der modernen Technik sehr wahrscheinlich auch die Möglichkeit, viele Bereiche der Produktion für nützliche Dinge in die eigenen Hände zu bekommen.

Andreas Exner versucht zu definieren, wodurch sich solidarische Ökonomie charakterisieren solle.[50] Zunächst hält er drei Basismerkmale der kapitalistischen Produktionsweise fest: erstens die Vermittlung der gesellschaftlichen Produktion durch den Wert im Sinne eines Äquivalententauschs, wobei zweitens auch die menschliche Arbeitskraft so behandelt werde, als wäre sie eine Ware. Als drittes Merkmal sieht er die Existenz einer separaten, von der Ökonomie abgespaltenen Sphäre der Politik: Wir haben gelernt, die Vorgänge der Ökonomie als etwas Quasi-Natürliches zu begreifen, wo die Politik allenfalls korrigierend eingreifen kann. Das Was und das Wie der Produktion erscheint so nicht mehr als originär politisch gestaltbar.

Daraus ergäbe sich, diese drei Merkmale – Äquivalententausch, Lohnarbeit und Staat – in einer nicht auf Konkurrenz, sondern auf Solidarität basierenden Ökonomie aufzuheben: erstens beizutragen statt zu tauschen, wie Christian Siefkes dies in der (anschließend dargestellten) Peer-Ökonomie als Grundsatz bezeichnet; zweitens auf unbedingter sozialer Anerkennung zu beruhen, ohne Verwertungszwang. Sich einander bedingungslos als Menschen anzuerkennen sei aber nur möglich, wenn weder Geld noch Arbeit notwendig seien, um sich den üblichen Lebensstandard zu sichern. Und drittens ginge es um die Einheit von Ökonomie und Politik durch Formen partizipativer Planung. So betrachtet ließe sich von einer ›alternativen Ökonomie‹ gar nicht reden; die Alternative sei vielmehr, Ökonomie als abgespaltene Sphäre aufzugeben.

*Verbranntes Geld – ist aber verboten, so was! (Foto: Aziza)*

### Peer-Ökonomie

Das englische Wort ›*peer*‹ bedeutet ›gleichrangig‹, ›gleichgestellt‹, ›ebenbürtig‹. Der Ausdruck *peer-to-peer* steht für Beziehungen unter Gleichrangigen. Allerdings hat der Begriff auch noch eine edle Komponente: als veraltete Bedeutung findet sich auch ›Mitglied des Hochadels‹. Der Ausdruck ›*common-based peer production*‹ stammt von dem US-amerikanischen Juristen Yochai Benkler und beschreibt die Art und Weise, in der freie Software-Produktion betrieben wird, ohne dass es eine hierarchisch gegliederte Organisierung gäbe oder Äquivalententausch eine Rolle spielen würde. Stattdessen handeln Peer-ProduzentInnen aus Vergnügen, aus Leidenschaft oder aufgrund des Wunsches, etwas Nützliches zu tun und der Community ›etwas zurückzugeben‹, wie Untersuchungen zeigen.[51] Als Grundsätze von Peer-Produktion gelten die drei folgenden:

1. Commons (etwas kann von allen genutzt werden) und Besitz (etwas wird besessen, solange es aktiv benutzt wird) statt Eigentum (etwas kann verkauft werden) sowie das Prinzip ›share what you can‹;
2. Freie Kooperation, das heißt bei Konflikten wird nicht Zwang eingesetzt, sondern es besteht die Möglichkeit des ›forks‹, also einer Gabelung/ Aufteilung des Projekts;
3. statt Status aufgrund von Besitz und offizieller Hierarchien wird nach Reputation, also Anerkennung aufgrund des eigenen Handels gestrebt.

Während das kommerzielle Lexikon Brockhaus durch die Peer-Produktion von Wikipedia ›auskooperiert‹ werden konnte, besteht bei materieller Produktion kaum Konkurrenzfähigkeit gegen die Ausnutzung von Billigstlöhnen im globalen Süden.[52] Ist es dennoch denkbar, diese Prinzipien auf materielle Produktion zu übertragen?

Christian Siefkes ist überzeugt, dass sich diese Prinzipien immaterieller Produktion auf materielle übertragen lassen, wenn ein viertes hinzugefügt wird:[53] Beitragen statt Tauschen. Hierdurch soll der Tauschwert als beherrschendes Prinzip abgelöst werden von einer bedürfnisorientierten Produktion, denn freiwillig werden Menschen nur dort aktiv, ›wo es sie juckt‹. Dabei werden nicht zuerst die Güter privat erzeugt und dann auf einen Markt gebracht, sondern die gesellschaftliche Abstimmung erfolgt bereits im Bereich der Koordinierung des Aufwands. Die Motivation zur Arbeit ist nicht vermittelt über die Vorstellung ›irgendwas zu jobben, um Geld zu verdienen, damit ich mit dem Geld Bedürfnisse befriedigen kann‹, sondern direkt durch das individuelle Bedürfnis, etwas Sinnvolles zu tun, beizutragen zur Herstellung von Produkten, und diese zu nutzen.[54]

In seinem sehr formalisiert geschriebenen Buch stellt Christian Siefkes Möglichkeiten dar, wie durch die Anmeldung von Bedarf Bedürfnisse erkannt werden, und durch das Ableisten ›gewichteter Arbeitsstunden‹ erfüllt werden. Durch ein Aufgabenversteigerungssystem wird die Popularität einer Aufgabe gewichtet: Wenn sich mehr Freiwillige melden als nötig, wird das Arbeitsgewicht gesenkt, wenn es nicht genug Freiwillige gibt, wird es erhöht.

Wenn ich entscheiden muss, ob ich eine vorgegebene Zeitspanne mit einer Aufgabe verbringe, die mir gefällt (sagen wir Programmieren), oder aber mit einer, die ich nicht mag (zum Beispiel Müllabfuhr), wird mir die Wahl nicht schwerfallen. Aber wenn ich mich zwischen zwanzig Wochenstunden Programmieren und fünf Wochenstunden Müllabfuhr entscheiden muss, könnte meine Entscheidung anders ausfallen – die unbeliebte Tätigkeit ist plötzlich um einiges attraktiver geworden.[55]

Da das Prinzip *share what you can*, also das zu teilen, was geteilt werden kann, ohne selbst viel zu verlieren, auf gesellschaftlicher Ebene nicht ausreichen kann, schlägt Christian Siefkes weitere Möglichkeiten der Teilhabe vor.[56] Erstens das *Flatrate-Modell*: Als Beispiel dient hier ein Freundeskreis, der sich zum Spaghetti kochen trifft.

> Wenn sie ein Essen organisieren, werden sie vermutlich erwarten, dass sich alle auf die eine oder andere Weise an den nötigen Vorbereitungen und Aufräumarbeiten beteiligen, aber die verfügbaren Portionen nicht streng regulieren – stattdessen nehmen sich alle so viel oder so wenig Spaghetti wie sie möchten, solange bis alles aufgegessen ist oder niemand mehr kann. Unter Freunden werden Partys oder gemeinsame Essen häufig auf diese Weise organisiert – soziale Produktion ist eben nichts Neues, sondern ein schon heute übliches Phänomen, das uns nur meist nicht auffällt.[57]

Dies sieht Siefkes für öffentliche Dienste wie Bildung, Mobilität oder medizinische Versorgung als den einzig fairen Zugang.[58] Könnten aber alle so viele Autos haben, wie sie wollten, wären diejenigen verstimmt, die mehr arbeiten müssten, damit andere mehr Autos bekommen als sie selbst. Die Lösung sei hier die *Flache Allokation*: Um *ein* Auto zu bekommen, muss man in einem bestimmten Umfang zu dem Projekt beitragen. Aber auch die *maßgeschneiderte Produktion mit Abrechnung nach Produktionsaufwand* könne die optimale Lösung sein, und zwar dann, wenn jemand beispielsweise ein größeres und luxuriöseres Haus haben wolle als der Durchschnitt. Schließlich bleibt als viertes Modell die *Präferenzgewichtung durch eine Produktversteigerung*: wenn das Haus nicht mehr Aufwand verlange, durch den Standort mit Meerblick jedoch begehrter sei als andere. In diesem Fall würden sich die relativen Kosten dieses Hauses erhöhen, und die relativen Kosten der anderen sinken, da der Gesamtaufwand der gleiche bliebe. »Übernimmt also ein Projektmitglied zusätzliche Aufgaben, um ein aufwärtsversteigertes Produkt zu erwerben, haben die anderen Projektmitglieder entsprechend weniger zu tun«.[59]

Diese kurze Darstellung wird dem Gesamtentwurf der Peer-Ökonomie natürlich nicht gerecht. Kritische Nachfragen hierzu und die Antworten darauf von Christian Siefkes und anderen wurden von Stefan Meretz gesammelt und sind auf der Webseite peerconomy.org nachlesbar und ergänzbar.60 Darin wird deutlich, dass weder Zuschreibungen wie ›das ist wie im Kapitalismus‹ noch ›die Peer-Ökonomie löst alle Probleme‹ weiterhelfen, sondern auch diese Überlegungen vor allem als weiteres Modul für eine andere gesellschaftliche Organisierung dienen können.

Insgesamt schließe ich mich einer Anmerkung von Thomas Kalka an, welcher bezweifelt, dass es überhaupt sinnvoll ist, ein solches Modell bis zum Ende durchzudenken – denn zu glauben, die ideale Gesellschaft gefunden zu haben, bedeutet, diese von oben durchsetzen zu wollen. Hier werden gelebte Erfahrungen wichtig. Dafür kann es aber anregend sein, sich von den Grundsätzen der Freien Kooperation, der Peer-Ökonomie und der Commons leiten zu lassen. Das Prinzip *Share what you can* hier noch einmal dargelegt:

Teile, was Du tust oder tun möchtest.
Teile, was Du weißt.
Teile, was Du hast (und nicht brauchst).

Das letzte Prinzip kann dabei weiter aufgeteilt werden in vier Formen:

Parallele Nutzung (zum Beispiel eines Internetzuganges)
Serielle Nutzung, also nacheinander (damit wären die Regale des AK Lök ›Perma-Floater‹)
Gemeinschaftlich organisierte Sammlungen (zum Beispiel von Werkzeugen)
Orte der offenen Produktion (zum Beispiel offene Werkstätten).

Christian Siefkes definiert Commons-Netzwerke als »lose Netzwerke von Menschen, die auf Gemeingütern beruhen, welche frei geteilt werden und deren Produktion sich aus einem Prozess der Selbstorganisierung von Bedürfnissen und freiwilligen Beiträgen der Beteiligten koordiniert«.[61]

http://www.commonsnet.de

# 3. Dienstleistungen

Unter Dienstleistungen könnten ebenfalls die Nutzungsgemeinschaften stehen, auch Bauwochen, kollektive Betriebe oder jede Kommune – es ergeben sich hier Schwierigkeiten der Abgrenzung. Tauschringe werden darum hier als Unterkapitel geführt, auch wenn sie als einziger Punkt an dieser Stelle verbleiben.

## 3.1. Tauschringe

### 3.1.1. Die klassische Variante

Die hierzulande bekannteste Form solidarischer Ökonomie sind wohl Tauschringe, und viel ist darüber geschrieben worden.[62] 271 bestehen derzeit allein in Deutschland, davon wurden 15 im vergangenen Jahr neu gegründet.

Tauschringe beruhen darauf, dass Arbeit getauscht wird, und dies in eigens erfundenen Währungen – seien es Kreuzer, Taler oder Äppel. Ein Appel sind beispielsweise eine Viertelstunde Arbeit, egal was. Das System hat den Vorteil, dass sich die Äppel nicht akkumulieren lassen im Sinne von Mehrwertproduktion, sich also niemand die Arbeit anderer aneignen kann. Natürlich kann jemand viel arbeiten und darauf achten, keine Äppel wieder auszugeben, wobei er oder sie dann keinen Nutzen von ihnen hätte; nicht aber lassen sich aus vielen Äppel noch mehr Äppel machen, oder gar plötzlich astronomisch viele Äppel. Es hat aber den Nachteil, dass wir immer noch tauschen – meine Eigenschaften sind immer noch nur das Wert, was ich aus ihnen an Wert herausschlagen kann. Wenn ich gerne Holz hacke, aber hierin unterdurchschnittlich produktiv bin, dann werde ich nicht dafür ›eingestellt‹, weil ich nicht genügend Nutzen für den Wert der Äppel erbringe. Und nicht, weil ich Kerstin in ihrem Bemühen, ein Buch über ihre Lebensgeschichte zu verfassen unterstützen möchte, helfe ich ihr, sondern weil ich Äppel brauche, um sie in den selbstgemachten Honig von Kornelia oder die leckeren Kürbisse von Gaby zu verwandeln.

In dem Ökodorf, in dem ich früher wohnte, mied ich den Tauschring: Nach meinen Beobachtungen führte er lediglich dazu, dass nachbarschaftliche Austauschbeziehungen monetarisiert, also zu Geld gemacht wurden: der Setzling, der sonst ohne Überlegen weitergereicht worden wäre; die CD, die ausgeliehen wurde, oder zu gestatten, den Computer zu nutzen – all dies kostete nun in der lokalen Tauschwährung richtig viel Geld. Denn in ›echtes‹ Geld, damals noch D-Mark, lässt sich die Tauschwährung letztlich umrechnen: Hierfür wird sich an einem fiktiven, aber angemessenen Stundenlohn orientiert; heute sind dies 10 Euro.

Natürlich sind Tauschringe nicht zuletzt dazu da, sich Sachen leisten zu können, für die der Geldbeutel nicht ausreicht. Aber auch, als mir angeboten wurde, an dem im Dorf und von Mitgliedern des Projekts organisierten internationalen Seminar zu alternativer Ökonomie teilzunehmen, wenn ich die 350 D-Mark Teilnahmegebühr im Tauschring abarbeiten würde, habe ich verzichtet. Zwar hätte dieses allein schon wegen seiner zahlreichen Gäste aus Übersee spannend werden können, aber andererseits entstanden doch auch keine Zusatzkosten durch meine Teilnahme? In diesem Sinne grenzt sich die Nutzigem-Seite *whopools* von Tauschringen vehement ab: ›Tauschringe wollen die Knappheit der Ressourcen beibehalten. Im Prinzip funktionieren Tauschringe wie Märkte. Wer kein Geld/keine Zeit-Punkte etc. hat, bekommt auch nichts. Obwohl viele Ressourcen brachliegen.‹[63]

Als Teil meines neuen Projektes bin ich nun wieder in einem Tauschring – und finde es gut. Hier führt es nicht zu einer Monetarisierung von nachbarschaftlichen Beziehungen. Da nicht auf das Projekt selbst begrenzt (im Gegenteil, wir zählen als ein einziges Mitglied und verrechnen untereinander nicht), erweist sich der Tauschring als gute Möglichkeit, in Kontakt mit Menschen aus der Umgebung zu kommen, der sich sonst nicht ergäbe. Und dieser Kontakt wird oft einfach zum gegenseitigen Beschenken benutzt: Unzählige Matratzen, Teppiche, Waschmaschinen, Decken, Öfen, Fahrräder, Geschirr, Kleidung, Kerzen, … sind uns schon ohne jeden Tausch gegeben worden. Einige weitere Dinge fanden sich in der ›Tauschkiste‹, die in den weitgehend öffentlichen Räumen des Anglervereins steht, in dem der monatliche Stammtisch stattfindet: Eine hübsch angemalte Truhe, die nur insofern als ›Tausch‹kiste fungiert, als ein daran befestigter Zettel dazu anregt, selbst bei Gelegenheit auch etwas vorbei zu bringen – aber unabhängig davon können sich alle aus der Kiste bedienen, die an ihr vorbeikommen. Von hier stammen nicht zuletzt mein Federbett, mein Lieblingspullover und die tiefblaue Teekanne, die immer neben meinem

Arbeitsplatz steht. Von uns sind es zumeist aus der Bibliothek aussortierte Bücher, die ihren Weg in die Kiste finden.

Diese Erfahrung zeigt, dass Tauschringe nicht bei reiner Tauschlogik stehen bleiben müssen. Auch muss dies nicht immer eins zu eins sein. So erklärte sich ein mir bis dahin unbekanntes Mitglied namens Gisela bereit, meinem Freund und mir für einige Zeit täglich das Auto zu leihen, als wir dies dringend brauchten. Umgekehrt haben wir Gisela dann Teile ihrer Wohnung renoviert. Weder deutete sie an, dass wir das Auto nicht zu viel nutzen dürften, noch wären wir auf die Idee gekommen zu sagen: ›Diese Wand streichen wir aber nun nicht mehr‹. Beide Seiten gaben einander, was sie gut geben konnten und die andere brauchte. Trotz Tauschring entsprach dies also den Kriterien der Peer-Ökonomie: ›Share what you can‹.

Aber würde ich Ellen nachts um elf anrufen, ob sie mich mit dem Auto vom Bahnhof abholt, wenn sie sich nicht direkt über die Gegenleistung der Äppel freuen würde? Edith, die unseren Tauschring gegründet hat und ihn verwaltet, ist überzeugt, dass es Menschen gäbe, die sich trauen würden: vor allem jene, die andere ohne Gegenleistung ausnutzen. »Einige Mitglieder würden weiterhin so viele Dienstleistungen erbringen, wie sie wollen. Die meisten Leute aber würden keine Notwendigkeit mehr darin sehen, sich Äppel zu verdienen und deren Dienstleistungen trotzdem gern nutzen. Nicht Parasitentum sollte gefördert werden, sondern die Menschen sollten gefördert werden, aktiv zu werden.«

Hier noch ein kleiner Auszug der diesen Monat angebotenen Dienste:

+ Schaue bei Abwesenheit nach Haus oder Wohnung + Pflanz- und Gartenarbeiten von Blumentopf bis Garten mit floristischem Fachwissen + PKW-Hänger voll Pferdemist mit Anfahrt und Abladen + Fenster putzen mit Rahmenwäsche + Holz hacken + Umzugshelfer + Biete Hilfe für den Gastgeber bei Partys + PKW-Komplettreinigung + Partyspiele- oder Geschenkideen nach Deinen Stichpunkten + Spiele gern Stromdetektiv und suche die Stromfresser in Eurer Wohnung + Einkaufen + Beratung in Solarthermik, Photovoltaik und Erdwärme + ›Loslassen, was nicht glücklich macht‹ – Helfe Euch beim Entrümpeln oder beim Neuordnen – Organisationstalent und Bereitschaft zum Zuhören vorhanden + Nähe vieles nach dem Prinzip aus alt mach neu + Anfertigen von Schnitten aus Schnittmusterbogen + Bastle für Euch Blumenstecker + Strümpfe stopfen + Selbstgenähte Kosmetiktäschchen + Leimen von alten und neuen Stühlen und anderen Kleinmöbeln + Schärfe Messer, Scheren usw. + Malerarbeiten + Verlegen von Teppichboden + Goldschmuckreinigung im Goldbad + Putzen von sehr schmutzigen Dingen + Handwerkerleistungen aller Art + Bastle mit Kindern + Babysitten, alle Altersklassen + Hilfe bei der Pflege älterer Menschen + Übernehme oder begleite Behördengänge + Seit 25 Jahren Erzieherin – kann Euch Tipps geben + ›Ersatz-Oma‹ + Gehe mit Euch auf Pilz-Pirsch; danach könnt Ihr beruhigt alles essen, was Ihr in Eurem Korb habt + Lehre Euch Stenografie + Schlagzeugunterricht + Führe mein Pferd bei einem Spaziergang mit Euch und Euer Kind kann reiten + Nachhilfe in Mathematik, Deutsch, Englisch und vielem mehr, auch für Erwachsene + Bücherbinden: Ich zeig Euch wie´s geht + Kurse in Peddigrohrflechten + Kurse in Acryl- & Aquarellmalerei + Sprecherziehung und Atemschulung + Ungarisch + Russisch + Spanischübersetzungen + Urlaubsbetreuung von Tieren + Spazieren mit Hunden + Erledige Deine Einkäufe + Fahrten mit PKW + Abholen von Bahnhof oder Party – geht auch spontan + PC-Arbeiten + Überspiele Eure Schallplatten auf CD + Erstelle Euren Web-Auftritt + Computerschulung von Frau zu Frau + Schneide aus Eurem Material einen Film mit Vorspann, Abspann und musikalischer Untermalung + Schreibe Eure Lebenserinnerungen auf + Kräuterwanderungen + Fußreflexzonenmassage zur Entspannung + Zuhören, ohne Ratschläge zu erteilen + Wohlfühlmassagen Rücken + Gästezimmer im Wald und am See + Verleihe Zweierfaltboote + Koche für Eure Partys vegetarisch + Gebe Kürbis ab. Rezepte für leckere Suppen gibt es dazu + ...

Und vieles mehr. Doch leider ist unser Konto völlig überzogen...

## 3.1.2. Der Tauschring ohne Aufrechnung: Gib&Nimm in Wuppertal

Beim Tauschring *Gib&Nimm* in Wuppertal wird auf Kontoführung und Tauschlogik verzichtet: Die rund 40 Mitglieder geben und nehmen, ohne dass dies zentral festgehalten wird. Getauscht werden Bügeln und Wohnungen renovieren, Fernseher reparieren und Kuchen backen, ein Kind unter der Woche bekochen und vieles mehr. Einen Überblick hat niemand, da es ja keine Buchführung gibt.

»Dafür muss man im Kopf erstmal Grenzen öffnen«, erinnert sich Marie an ihre Anfangszeit im Tauschring. Ihre Schwester ging dorthin. Einerseits fand sie den Gedanken faszinierend: »›Wie? Das geht auch ohne Geld? Das muss ich mir angucken.‹« Andererseits war sie befremdet. »Ich bin da zweimal mit gegangen und habe gesagt: ›Bist du bescheuert? Was für Verrückte sind das! Das ist nichts für mich!‹«

»Bis ich dann in so eine Situation kam... Obwohl ich in einer großen Krise war, was Vertrauen anging, habe ich mir gedacht: ›Mal gucken, was passiert, wenn ich Vertrauen schenke.‹ Ich musste umdenken und habe festgestellt: ›Die sind genauso drauf wie du‹. Ich brauchte den Crash.«

Heute sagt sie: »Einen Tauschring mit Verrechnen – das könnte ich mir gar nicht vorstellen!« Wie ihr geht es auch den anderen Mitgliedern von Gib&Nimm in Wuppertal. Gegründet 1996, geht der Tauschring zurück auf ein gleichartiges Projekt von Heidemarie Schwermer in Dortmund, die aus dieser Erfahrung heraus ihr Leben ganz ohne Geld begann.[64] »Wir kommen damit ganz prima zurecht«, findet auch Roswitha. Marie ergänzt:

»Unser Tauschring war von Anfang an so organisiert, und bewusst so gewählt, weil bei den anderen Tauschringen immer Krisen und Streits entstehen. Da muss ja jeder aufpassen, dass er auch genug Punkte hat.

Wir wollten auch so wenig Verwaltungsaufwand wie möglich haben. Da wollte sich niemand wirklich drum kümmern. Ich finde das viel entspannter so.«

»So kommt es auch nicht zu Streitereien bei Minuspunkten im Fall des Austritts, wie man das von anderen Tauschringen immer wieder hört«, stellt Roselies fest.

»Das Besondere von Gib&Nimm ist, dass wir das ohne zentrale Buchführung machen. Wenn ich von anderen Tauschringen höre, was da für ein Aufwand betrieben wird! Was da für Kämpfe entstehen, weil irgendein Konto nicht ausgeglichen ist. Und jemand wegen der Verwaltungskosten sich wundert: ›Ich habe doch gar nichts in Anspruch genommen – warum ist mein Konto im Minus?‹ Da packe ich mir immer an den Kopf. Diese Energie, die da draufgeht! Diese Energie kann man auch wunderbar ins Tauschen stecken.«

»Normale Tauschringe spiegeln im Grunde genommen unsere Gesellschaft wieder«, wirft Marie ein. Roswitha betont, dass der andere Umgang in Gib&Nimm geübt werden müsse. Natürlich machten nicht alle diese Veränderung durch. Roselies hat dafür inzwischen einen Blick entwickelt: »Es gibt immer Leute, die am Anfang völlig begeistert sind, die ganz tolle Listen abgeben. Je länger die Liste, desto eher sind die wieder weg. Am Anfang habe ich oft überlegt: ›Warum sind die unzufrieden?‹ Und inzwischen denke ich: Das ist dann eben so.«

Während der Vorstellung ihres Tauschringes bei der Rheuma-Liga stieß Sylvia auf für sie ganz befremdliche Fragen.

»›Was ist, wenn ein Unfall passiert?‹ Da kamen gleich Fragen nach der Haftung und so weiter. Das war für mich hartes Brot. Der Gedanke ist mir in all den Jahren, die ich im Tauschring bin, nicht gekommen. Man hat Hilfe geleistet, egal ob man eine Näharbeit erledigt hat oder beim Umzug geholfen oder ob man als Begleitperson für ein behindertes Kind ausgeholfen hat – da hätte ich doch nie irgendwelche Forderungen erhoben!«

Für die Mitgliedschaft bedarf es einer Zahlung von 15 Euro für Kopien und Porto – einmal und nie wieder. Allerdings verändert sich im Gegensatz zu vielen anderen Tauschringen auch kaum etwas an den Angeboten; nur einmal im Jahr gibt es eine neue Liste, Änderungen und neue Mitglieder werden in Nachtragslisten bekannt gemacht. Einmal im Jahr wird auch eine Rückmeldeaktion gestartet – von wem keine Reaktion kommt und wer schon länger nicht mehr gesehen wurde (sonst wird nachgefragt), der oder die wird von der Liste gestrichen.

Die Tauschringmitglieder halten in der großen Gruppe Kontakt untereinander, indem sie sich jeden ersten Sonntag im Monat im Nachbarschaftsheim treffen zum gemeinsamen Brunch. Alle bringen etwas mit.

Statt Miete zu zahlen tragen sie viermal im Jahr die Stadtteilzeitung aus. Die Teilnahme hieran wird erwartet, aber nicht um jeden Preis, betont Sylvia: »Einige können das Austragen der Stadtteilzeitung körperlich nicht machen. Aber es gab noch niemanden im Tauschring, der es nicht akzeptiert hat, wenn jemand sagte: ›Ich kann nicht mehr‹. Diese Qualität finde ich richtig Klasse.«

»Ich selbst habe gerade eine Krisenzeit gehabt und viel Hilfe bekommen«, erzählt Marie, »aber ich denke, irgendwann kann ich das wieder ausgleichen, dann ist jemand anderes dran.«

»Man kann nicht erwarten, dass man mal eben anruft und der andere lässt alles stehen und liegen«, stellt Sylvia klar. »Man muss auch ein ›Nein‹ akzeptieren«, ergänzt Marie. »Ich musste lernen, dass ich ›Nein‹ sagen darf. Und selbst anrufen, das habe ich mich früher nie getraut.« Roselies hat Folgendes beobachtet: »Das Problem ist eher, dass die Leute das Neinsagen üben müssen. Es ist für viele leichter zu geben als zu nehmen.«

So ein Nein kann auch endgültig sein. »Ich habe mal einer Frau gesagt: ›Mit dir möchte ich gar nichts zu tun haben‹«, gibt Roselies unumwunden zu, und Roswitha sagt dazu: »Da muss man sich nicht Gewalt antun und sagen, das muss ich unbedingt aufrecht erhalten«. Es kämen schon bestimmte Clübchen zusammen. »Aber nicht so eng, dass du dann denkst, da kannst du nicht zwischengehen«, sagt Roswitha. Gibt es auch Leute, die rausfallen? Roselies ist offen: »Das hat es immer gegeben und das wird es immer geben. Doch ist die Toleranzschwelle bei uns im Tauschring sicher größer als sonst im Leben.«

Gibt es eine Hemmschwelle, andere um eine Hilfe zu bitten? »Diese Hemmschwelle müssen wir nicht haben«, findet Roswitha. Gleichzeitig aber gibt sie zu: »Mir ist das peinlich, dass ich den Joachim immer so nadele«. Um das auszugleichen, habe sie ihm und sich ein schönes Mittagessen gekocht. »Dann verliert man die Scheu, und denkt nicht mehr: Du musst jetzt direkt etwas dagegen bieten!«

Vor bereits einem Jahr hat Roswitha von ihrem Neffen einen Computer erhalten, doch sie kommt damit bis heute nicht zurecht. Joachim war bei ihr, um es ihr zu zeigen, aber der erkläre immer recht umständlich, und dann höre sie schon wieder weg. »Ich fühl mich dann so, als wäre ich zu blöd.« Gibt es denn nicht eine Frau, die es ihr zeigen kann – manchmal ist das ›von Frau zu Frau‹ ja einfacher? »Die haben noch ihre Arbeit und daher alle keine Zeit«, schüttelt Roswitha den Kopf.

Umgekehrt fiele es Joachim sehr schwer zu sagen, was er braucht, erzählen die anderen. Irgendwann erwähnte er dann mal Fensterputzen. Dass es ungleich verteilt sei, wer viel und wer eher gar nichts macht, verneinen alle mit energischem Kopfschütteln. »Irgendwann kommt immer irgendwas«, drückt es Roswitha aus. Das sich Mitglieder aktiv darum bemühen, auf die Suchangebote der anderen zu reagieren, darauf kann man sich aber nicht verlassen. Es gibt die Rubriken ›Gib‹, ›Gemeinsam‹ (was Unternehmungen dient wie Spielabenden, Konzertbesuchen oder zum Mittelaltermarkt zu gehen) sowie ›Nimm‹. Roselies hat schon erlebt, dass eine Frau anrief, sie suche doch jemanden zum Bügeln. Allerdings kam das nur ein einziges Mal vor. Beim Umzug von Angela wiederum, »erschreckend spontan« anberaumt, waren 15 Personen im Haus – zu viele, nachdem einige erst gesagt hatten, sie könnten es so kurzfristig nicht einrichten.

Der Tauschring stößt auch an Grenzen. Sylvia erzählt von solch einer ›Grenzerfahrung‹:

> »Eine Dame wollte Unterstützung im Haushalt. Die bekam sie auch von verschiedenen Seiten im Tauschring. Nun war sie körperlich aber in einem Zustand, dass man sagen kann, sie hatte damit Pflegestufe 1 beantragt. Und in dem Moment kippt die Kraft unserer Hilfe, da musste professionelle Hilfe heran. Das war nicht mehr abzufangen. Am Anfang kann man Lücken füllen, bis ein solcher Antrag durch ist zum Beispiel, aber du kannst nicht für eine Person rund um die Uhr diese ganzen Sachen organisieren. Das geht nicht.«

Ist der Tauschring Wuppertal nicht im Grunde eine NutzerInnengemeinschaft? Davon haben alle noch nie etwas gehört. Aber ihre Versuche, sich in die bundesweite Struktur der Tauschringe einzugliedern, haben sie aufgegeben. ›Du bist doch von diesem komischen Tauschring. Ihr verrechnet doch gar nicht!‹, habe sie auf den regionalen Treffen zu hören bekommen, erzählt Roselies. Problematisch war, dass Gib&Nimm Wuppertal keine Währung vorweisen konnte, die sich bundesweit umtauschen ließ. Wie sollte die gemeinsame Essensversorgung bei den Treffen organisiert werden?

> »Ich habe dann einfach ein großes Blech Pizza und Tee auf das Treffen in Witten mitgebracht. Warum muss das immer so kompliziert sein! Wegen der fehlenden Verrechnung durften wir nicht im Ressourcentauschring Mitglied werden.[65] Aber wenn jemand anruft und einen Schlafplatz in Wuppertal braucht, dann haben wir das noch immer hinbekommen. Einmal fragten Leute nach, wir seien ja nicht im Ressourcentauschring – ob sie trotzdem kommen dürften? Denen habe ich gesagt, ›am Samstag heirate ich zwar, aber am Sonntag können Sie trotzdem kommen!‹«

Und wenn sich jemand im Tauschring Wuppertal doch eine Verrechnung wünscht? Roselies sieht da gar keinen Widerspruch. »Ich sage dann immer: Du kannst doch für dich selbst eine Verrechnung mit Plus- und Minuspunkten durchführen und dir den Zettel an den Kühlschrank hängen!«

# 4. ›*Vivir*‹ – Wohnen und Leben

## 4.1. Besetzte Häuser

### 4.1.1. Bethanien

Der Mariannenplatz war blau, soviel Bullen waren da,
und Mensch Meier mußte heulen, das war wohl das Tränengas.
Und er fragt irgendeinen: ›Sag mal, ist hier heut 'n Fest?‹
›Sowas ähnliches‹, sacht einer, ›das Bethanien wird besetzt.‹
›Wird auch Zeit‹, sachte Mensch Meier, stand ja lange genug leer.
Ach, wie schön wär doch das Leben, gäb es keine Pollis mehr.
Doch der Einsatzleiter brüllte: ›Räumt den Mariannenplatz,
damit meine Knüppelgarde genug Platz zum Knüppeln hat!‹
Doch die Leute im besetzten Haus
riefen: ›Ihr kriegt uns hier nicht raus!
Das ist unser Haus
…

Mit dem Rauch-Haus-Song ging die erste Besetzung eines Teils vom ehemaligen Krankenhaus Bethanien am Mariannenplatz in Berlin-Kreuzberg in die Geschichte ein: Nach einer Veranstaltung im Dezember 1971 zur Erschießung des Mitglieds der ›Bewegung 2. Juni‹, Georg von Rauch, auf der die Band Ton-Steine-Scherben spielte, wurde das leerstehende Schwesternwohnheim als zweites Haus in Berlin überhaupt besetzt. Die erste Besetzung in der Bundesrepublik war ein Jahr vorher in Frankfurt am Main erfolgt. Es ging dabei nie nur um den Erhalt bezahlbaren Wohnraums, sondern vor allem darum, Wohnformen selbstbestimmt gestalten zu können – während gerade in Berlin ganze Straßenzüge abgerissen wurden und gleichzeitig Wohnsilos wie die Gropiusstadt geschaffen wurden.

Zehn Jahre später waren 165 Häuser der Stadt besetzt. 1981 verkündete der Senat die ›Berliner Linie‹, wonach innerhalb von 24 Stunden nach dem Bekanntwerden einer Besetzung zu räumen sei. Die Szene antwortete mit der Parole ›Eine Million Sachschaden pro Räumung‹. Bei einer solchen Auseinandersetzung im September desselben Jahres starb der Demonstrant Klaus-Jürgen Rattay. Trotz heftigen Widerstands löste sich die Hausbesetzungszene der achtziger Jahre in Berlin weitgehend auf; knapp die Hälfte der Häuser wurde innerhalb der nächsten Jahre legalisiert, die anderen geräumt. In anderen Städten, wie in Köln, konnten Besetzungen teilweise über Jahrzehnte hinweg gehalten werden. In Westdeutschland fanden auch noch Ende der achtziger Jahre erfolgreiche statt, wie beispielsweise die der Roten Flora in Hamburg, welche auf der Webseite heute begrüßt mit »Regierungen kommen und gehen – die Rote Flora bleibt!«

Mit dem Fall der Mauer kam es in Berlin zu einer zweiten Welle im Ostteil. Hier ist es vor allem der Kampf um die Mainzer Straße, welcher zum Symbol wurde. Doch die Berliner Linie blieb, und mit dem Anschluss des Ostens griff diese Politik auch hier.

Umso erstaunter waren alle, dass im Jahr 2005 die Besetzung des linken Bethanienflügels geduldet wurde – und am meisten staunten die BesetzerInnen. »Damit hatte keiner gerechnet. Wir wollten gar nicht bleiben. Wir waren von dem Ganzen davor total fertig. Wir haben nur gedacht: Wir müssen noch was machen.« Wie die anderen BesetzerInnen kam Maja aus der Yorck 59, einem sechs Tage zuvor geräumten Mietshaus, dessen Hausgemeinschaft zwei Jahre darum gekämpft hatte, bleiben zu dürfen. Sie hatten in dieser Zeit das Rote Rathaus besetzt und von der Siegessäule ein Transparent heruntergelassen – an spektakulären Aktionen hatte es nicht gefehlt. Auch die Räumung selbst war zu einem beiderseitigen Kraftakt geworden.

Burkhard war nur indirekt beteiligt: Er passte derweil auf sämtliche Kinder des Hauses auf. Doch zur Besetzung des Bethaniens kam er dazu.

»Die Empörung war sehr groß nach dieser harten Räumung. Die Leute hatten diese Wut! Die haben sich ein paar Tage ausgeruht, und dann war der Zeitpunkt gut gewählt: während des ›Berlin lacht‹-Gauklerfests – der Mariannenplatz war voll. Der Vordereingang des Bethanien war offen, und am Seiteneingang haben sich auch Türen geöffnet, ohne dass man großartig Gewalt anwenden musste – das war ganz nett. Dann war man ruck zuck drinnen. Als die Transpis raushingen, war ein Riesenjubel, die Bands haben gerufen: ›Super! Klasse!‹ Das war anfangs ja eine konspirative Sache, aber die ganzen linken Projekte kamen sofort alle, über Telefonketten mobilisiert. Das war eine echt laute Besetzung, und ›Wir wollen unser Haus‹ war die Botschaft. Ja, es war sehr laut! Eine Sambaband, 60, 70 Leute, durchs ganze Bethanien – tolle Akustik darin - lauter ging es nicht! Und die Politik kam auch gleich hin – klar, die Grünen waren gerade nicht an der Macht, da ist man solidarisch mit den Außerparlamentarischen. Ströbele war da, der Baustadtrat war da, alle waren da – war ganz lustig. Die wollten sich einfach gegenseitig eins auswischen.«

Aber zunächst glaubte niemand daran, dass die Berliner Linie nicht durchgeführt würde – und niemand plante, wirklich im Bethanien zu wohnen.

»Ich kann mich noch erinnern als es hieß, wir können bleiben. Da hat irgendjemand aus dem Fenster gerufen: Wir müssen gar nicht gehen, wir dürfen bleiben! Und niemand hat geantwortet, weil nämlich eigentlich niemand mehr da war. Und dann kamen alle – das war auch krass. So schwarz gekleidete autonome ›Security‹ – das ging echt militärisch ab da oben. Die mussten wir erstmal wieder rausholen«.

Maja, die in der Yorck 59 in der Frauenlesbenetage gewohnt hatte, hätte sich eine solche auch in der New Yorck, wie der Bethanienflügel bald benannt wurde, gewünscht. »Das ist aber in diesem Ganzen dann wegge-rutscht; die Frauen hatten dann auch keinen Bock.«

Burkhard setzt mit einigen anderen zusammen in dieser Zeit viel Ener-gie daran, aus einem der Stockwerke eine Veranstaltungsetage zu machen. Obwohl in Kreuzberg schon lange um ein Soziales Zentrum gerungen wurde, läuft es zunächst schwerfällig an. Dann aber begreifen immer mehr Initiativen das Bethanien als ihren Ort: die Kolumbienkampagne, die Anti-G8-Infotour im Vorlauf zu den Protesten gegen den Weltwirtschaftsgipfel, das Berliner Büro der Bundeskoordination Internationalismus oder auch das monatliche Kartoffel-Café des Karlshofs – immer selbstverständlicher wurde und wird dieser Raum gefüllt.

Inzwischen gibt es einen auf wenige Monate befristeten Mietvertrag für die New Yorck. Die BewohnerInnen ringen darum, dass die Miete danach niedriger wird, denn die derzeit geforderte Summe können sie nicht auf-bringen. Zurzeit werden die Lücken gefüllt mit Geld, das in den letzten Jahren auf ein Sperrkonto gezahlt wurde, als symbolische Miete. Obwohl Maja immer dafür war, macht sich hieran für sie fest, dass es sich nie um eine Besetzung im eigentlichen Sinne gehandelt hat.

»Nach außen wurde immer gesagt: ›Wir wollen ja Verträge, wir würden ja zahlen, nehmt doch unser Geld! – Ach, ihr wollt unser Geld nicht? Naja, schade‹. Wir haben ja auch gezahlt, wir haben Miete auf ein Sperrkonto gezahlt.

Gefühlt war das nicht besetzt. Reell besetzt, das ist ein ganz anderes Gefühl! Damals in Freiburg am Schlossbergring oder am Dreisamweg – da wurde richtig darum gekämpft, mit Hubschraubereinsatz und Trallala. Das war richtig krass.«

Burkhard hält dagegen.

»Ich muss aber sagen: Das Bethanien war auch besetzt. Da waren auch fast alle bereit zu kämpfen. Es wurden Barrikaden gebaut. Ich habe da jahrelang auf einem Level gelebt von ›Ich muss hier meine Kinder packen und abhauen‹, wenn da ein Hubschrauber drüber geflogen ist. Ich hatte meine Sachen schon gepackt. Das haben alle gehabt. Es war A-larmstimmung, und wir haben wochenlang Wache gehalten – das war nicht wie ein Mietshaus!«

Für Maja aber bleibt der Unterschied im Ideellen:

»Es ist ein anderer Grundtenor, ob ich sage: ›Ich halte das Haus besetzt, ich will das besetzt halten, und ich zahl ganz klar keine Miete!‹ oder ob ich sage: ›Ich will das Haus und will Mietverträge‹. Die Angst dahinter, da kann ich mit dir mitgehen, ist die gleiche, aber es ist für mich die Haltung darin – das hat sich einfach verändert, und darum kann ich nicht mehr von besetzt reden. Weil ich weiß, wie das ist zu sagen: ›Wir besetzen das ganz klar‹. Wir haben den Dreisamweg lange gehalten, da sind die auch fett aufgefahren – das war aber ganz anders eingebettet. Damals war das noch Thema. Da haben die Leute noch ganz anders besetzt, ganz bewusst *besetzt*!«

Aber auch Burkhard bleibt bei seiner Position. Für ihn liegt der Unterschied in den unterschiedlichen Rahmenbedingungen:

»Damals war das noch leicht möglich, und heute unmöglich, und trotzdem hat das Bethanien etwas Unmögliches gepackt. Es ging nicht mehr so einfach zu besetzen. Früher waren ganze Straßenzüge besetzt, bis die Politik neue Gesetze gebracht hat. Heute sieht ein Auto auch anders aus als vor 50 Jahren, und trotzdem ist es ein Auto.«

http://www.yorck59.net
http://www.newyorck.net
http://wba.blogsport.de

## 4.1.2. Wernsdorf

Sind dann diese Baracken in Wernsdorf am Rande Berlins besetzt, in denen Burkhard und Maja mit ihren Kindern heute wohnen? Burkhard kam von hier – hier hatte er auch auf die Kinder der Yorck 59 aufgepasst. 1992 war ein einjähriger Duldungsvertrag für das Gelände ausgehandelt worden. Seitdem lebt hier eine Gruppe von einem Dutzend Menschen – es sind andere als damals, aber seit einigen Jahren hat sich eine konstante Gruppe herausgebildet. Miete haben sie nie gezahlt. Auch sie wären bereit dazu, doch konnte sich auf keinen längerfristigen Vertrag geeinigt werden. Es lief dann einfach weiter. So laut die Besetzung des Bethaniens war, so still verläuft diese. Während Burkhard hiervon erzählt, geht Maja wieder ins Haus, um mit den Kindern weiter zu renovieren.

»Natürlich wird hier versucht, das zu halten, aber bestimmt nicht mit Barrikaden. Höchstens als Symbol. Hier sind auch sehr verschiedene Leute, das muss man im Konsens beschließen.

Wir sind hier nicht sehr politisch – und das finde ich einfach auch toll. Das ist so ein bisschen Lebensqualität: so ein Zusammenleben auszuprobieren, das nicht so viel kosten muss. Das hat dann aber auch gar nicht so viel mit Politik zu tun. Jeder hier ist so ein bisschen politisch, aber ich fühle mich jetzt auch nicht mehr so als Politfritze; das war im Bethanien so, aber das ist nicht mein Leben.«

Ob wie Burkhard mit Kunst, ob mit Akrobatik, Supervision oder antifaschistischer Bildungsarbeit – alle sind für ihre Einkünfte selbst verantwortlich. Nur das Tagungshaus auf dem Gelände wird gemeinsam betrieben. Die Einkünfte daraus reichen jedoch noch nicht einmal für die notwendigen Heizungs- und Reparaturkosten. Gleichzeitig werden bewusst die Preise sehr niedrig gehalten, um Gruppen Seminare zu ermöglichen. »Früher hatten wir auch den Jugendclub aus dem Dorf ein paar Jahre hier. Einmal die Woche konnten die das ganze Haus haben, das haben die natürlich genossen und das hat auch unser Ansehen im Dorf gestärkt.«

Entschieden wird alles gemeinsam, doch regelmäßige Plena gibt es nicht. »Das ist auch schön!«, betont Burkhard. Aber ihm fehlt auch etwas: »Wir wollen immer mal ein so nettes Wochenende machen, um über unsere politischen Grundstrukturen nachzudenken, aber das schaffen wir nie so richtig. Wenn wir uns dann mal treffen, ist es ganz schön und dann machen wir so tolle Sachen wie im Kreis tanzen und wir freuen uns und ›Echt krass, das wir mal alle zusammen sind!‹, aber wirklich mal so eine Diskussion, was das hier ist, dazu kommen wir immer nicht.«

Das Tagungshaus stellt dabei für ihn ein wesentliches Element der Gemeinschaft dar:

> »Ich komme schon aus so einer Ecke ›normales Leben mit Wohnung und Freundin‹, und bin dann langsam reingerutscht über immer größere WGs und jetzt Gemeinschaftsleben und kann es mir gar nicht mehr wegdenken. Aber ein Gemeinschaftsleben mit einer gemeinsamen Aufgabe! Das ist ganz wichtig, damit die Richtung klar ist. Zusammen leben, um zusammen zu leben, das wäre mir zu wenig. Es muss noch eine Aufgabe geben: ein Tagungshaus bestreiten oder eine Idee haben, wie man die Welt verbessert – irgendein gemeinsamer Nenner muss da sein.

http://www.tagungshaus-wernsdorf.de

## 4.2. (Land-)Kommunen

### 4.2.1. Burg Lutter

Burg Lutter ist eine richtige Burg, mit einem richtigen Turm und darin ganz oben unterm Dach gibt es ein Zimmer mit Fenstern zu allen Seiten. In diesem Dornröschenzimmer, damals eine vollgestellte Rumpelkammer und gar nicht dafür gedacht, habe ich mit 17 Jahren eine Nacht geschlafen. Und richtig: Des nachts kam ein richtiger Märchenprinz…

Ansonsten ist Burg Lutter eine richtige Kommune, die durch ihre Romantik schon so manche verzaubert hat. Diese Romantik aber hat ihren Preis: Abgeschiedenheit und extrem viel Arbeit sind mit wesentliche Gründe dafür, dass die Kommune nie so groß wurde wie sie wollte. Heute weniger denn je.

Seit 1980 ist die Burg im Besitz der Lutter-Gruppe – ursprünglich zusammengefunden als Kommune-Interessierte im Umfeld der Braunschweiger Universität – welche nach anarchistischen Gesichtspunkten zusammenlebt und dort versucht, soweit wie möglich ein herrschaftsfreies Leben zu verwirklichen. Grundlagen dafür bilden das Zusammenleben mit Konsensentscheidungen, die gemeinsame Kasse nach dem Bedürfnisprinzip sowie nicht nur Lohnarbeit abzulehnen, sondern auch jede Form von staatlicher Unterstützung für den eigenen Lebensunterhalt. Umgekehrt sind die Einnahmen der Gruppe nie so hoch, dass sie Steuern zahlen müsste. Die derzeitigen Arbeitsbereiche sind: Backstube, Tagungshaus, Kinderbetreuung, Mosterei, der Garten mit seinen Tieren, eine Tischlerei, Textildruck, die Baustellen, der Haushalt und Lebensmittelherstellung, Hof- und Infoladen sowie Organisation und Büro. Alle KommunardInnen sind in mehreren dieser Bereiche tätig.

> Hier arbeiten alle selbständig in den selbstgewählten Arbeitsbereichen, dabei spielt es erst mal keine Rolle, ob mit der Arbeit Geld verdient wird oder nicht, wir wollen Tätigkeiten nicht danach bewerten, ob sie gut, schlecht, oder gar nicht bezahlt werden.[66]

Nach siebzehn Jahren Leerstand, einer Hypothek von 270.000 D-Mark und offiziell veranschlagten acht Millionen Sanierungskosten wollte die Gemeinde Lutter die Burg von dem Vorbesitzer, einem Bauunternehmer, noch nicht einmal geschenkt haben. Ein Teil der Braunschweiger Gruppe entschloss sich jedoch zum Kauf mit Hilfe von eigenen Einlagen und Darlehen von UnterstützerInnen; nach rund zehn Jahren war die halbe Million D-Mark, welche die Burg insgesamt kostete, abbezahlt.

Die Zahl der KommunardInnen reduzierte sich jedoch schon im Laufe des ersten Winters von siebzehn auf fünf. Diese fünf beschlossen den GbR-Vertrag, welcher den gemeinsamen Besitz der Burg regelt, wonach die Burg immer jenen gehört, die dort wohnen. Beim Einstieg in die Gruppe geht der Privatbesitz als Einlage in die GbR über und bei Ausstieg oder Wegzug gibt es die Einlage innerhalb eines Jahres wieder zurück. Sollte das Projekt jemals aufgegeben und verkauft werden, bekommen alle Personen, die einmal im GbR-Vertrag waren, anteilig für die Zeitspanne einen Erlös. Durch diese Regelungen ist ein Fortbestehen des Projektes unabhängig von Ein- und Ausstiegen weitgehend gesichert und eine Privatisierung ausgeschlossen. Von den ehemaligen Gründungsmitgliedern lebt niemand mehr auf der Burg.

Einige Tätigkeiten rotieren wochenweise unter den KommunardInnen, nicht zuletzt der Kochdienst, der auch die Versorgung des Seminarhauses umfasst, wenn dieses belegt ist. Montags ist Gemeinschaftsaktionstag für all jenes, was sich einfacher in der Gruppe erledigen lässt. Insgesamt funktioniert das Zusammenleben auf Basis der freien Vereinbarung, und es wird versucht, so wenig wie möglich fest zu regeln, seien es Arbeitspläne, Zeitvorgaben oder ähnliches. Wenn etwas nicht klappt, muss versucht werden, auf dem Plenum eine Lösung zu finden. Dass dies nicht immer mit absoluter Machtfreiheit gleichzusetzen ist, darüber reflektierte das damalige Lutter-Mitglied Uwe Kurzbein im *KommuneBuch* selbstkritisch:

> Ich schaffe es fast immer, auch dann, wen ich kaum eingreife und mich bemerkbar mache, dass genau das erreicht wird, was ich mir wünsche. Wie mache ich das? Ich nenne das die ›Paddel-Methode‹. Ich halte an der genau passenden Stelle mein Paddel ins Wasser und lenke vorsichtig und behutsam in die Richtung, in die ich will. Das ist kaum zu bemerken und fast nie zu entlarven. Manchmal merke ich es selbst nicht. Es hat lange gedauert, bis ich mir selbst auf die Schliche kam.[67]

Hat sich hieran etwas seit seinem Weggang grundsätzlich geändert, oder stimmt die These von Uwe Kurzbein, in jeder Gemeinschaft gebe es eine Leitung? Martin verneint dies heute: »Nach meinem Empfinden gibt es hier keine Leitung.«

> Trotzdem sind nun mal alle Menschen unterschiedlich drauf, nehmen ihre persönlichen Bedürfnisse unterschiedlich wichtig, können die unterschiedlich gut formulieren, setzen sich unterschiedlich stark dafür ein, sind zu mehr oder weniger Initiative fähig, haben mehr oder weniger Selbstvertrauen und Durchsetzungsfähigkeit, bringen mehr oder weniger in die Gruppe ein, haben unterschiedlich viel Gestaltungsdrang usw. Das ist erst mal so und lässt sich nicht so einfach ändern. Eigenverantwortlichkeit und gleichzeitig auch auf andere zu achten, gehört zum hierarchiefreien Leben und muss gelernt werden (wir alle sind nicht dazu sozialisiert worden). Letztlich haben die anderen soviel Macht über dich, wie du zulässt. Wenn du deine eigenen Bedürfnisse nicht so wichtig nimmst und immer hinten anstellst, brauchst du dich nicht zu wundern, wenn dein Lebensumfeld sich so entwickelt, wie du es eigentlich nicht haben willst.

Nicht nur die KommunardInnen, auch die Dorfbevölkerung hat nach all den Jahren ihre Erfahrungen gemacht.

> Inzwischen ist uns ein Großteil der Dorfbevölkerung wohl gesonnen und viele so genannte Normalos unterstützen uns. Anarchismus ist in Lutter kein Schreckgespenst!

> Vom Kindergarten über Schulklassen bis zu Seniorengruppen kommen Menschen zu uns und erfahren, was wir warum machen. Solche Sachen wie Brotbacken, Apfelsaftmosten und Lebensmittelherstellung für den Eigenbedarf sind selten geworden und werden von

vielen hoch geschätzt. Abgesehen davon sind die Leute auch von unseren Sanierungsleistungen beeindruckt; wenn sie dann noch mitkriegen, dass dies alles ohne Hierarchie und mit bescheidenen Geldmitteln seit über 20 Jahren funktioniert, sind viele gezwungen, ihre etwaigen Vorurteile fallen zu lassen. Das alles hat zwar nicht die Folge, dass die Menschen nun auch so leben wollen, aber es öffnet Horizonte, dass auch was anderes möglich ist.

»Welche Frage hätte ihr noch gestellt, wenn ihr an unserer Stelle wärt?«, endet das Interview. »Und was wäre eure Antwort darauf?«

Frage: Würdest du dein Leben noch mal so leben wollen?
Antwort: Ja!

http://www.burg-lutter.de

### 4.2.2. Kommune Niederkaufungen

Über zwanzig Jahre besteht sie, und sie ist vermutlich Deutschlands bekannteste: die *Kommune Niederkaufungen*. Da direkt bei Kassel und somit zentral in Deutschland und von allen Seiten gut erreichbar gelegen, ist sie nicht zuletzt durch ihr Tagungshaus bekannt. Dieses begrenzt zu einer Seite den Hof, der das Zentrum des von Fachwerkelementen und bäuerlich geprägten Gebäudekomplexes bildet. Darin finden über 70 Menschen Platz, zurzeit 56 Erwachsene und 18 Kinder und Jugendliche.

Wer anlässlich eines Seminarhausbesuchs alle paar Jahre wieder an der angebotenen Führung teilnimmt, entwickelt eine Neugier vor allem auf das, was sich verändert hat, und welche Diskussionen gerade geführt werden. Einmal ging es darum, ob Handys erlaubt sein sollen, ein andermal, ob es Satellitenschüsseln geben darf – denn hier wird alles gemeinsam entschieden. Jedenfalls unter den Erwachsenen: Jugendliche dürfen mitreden, haben bei den (im Konsens getroffenen) Entscheidungen aber kein Vetorecht. Und die Kinder schlafen schon.

Auch die Ökonomie ist eine gemeinsame. Neben dem Seminarhausbetrieb gibt es einen Kindergarten, eine Tagespflege für demente Menschen, einen Bioladen, Landwirtschaft auf einem zwei Kilometer entfernten Resthof, eine Schreinerei, eine Schlosserei, eine Baufirma und einen Bio-Catering-Service. Nur wenige, zurzeit gerade mal vier, gehen einer Erwerbsarbeit außerhalb der Kommune nach. Insgesamt rund 50.000 Euro müssen im Monat zusammenkommen, damit es reicht.

Selbstverständlich gibt es auch Arbeitsplätze innerhalb der Kommune, die in einer Kleinfamilie als Versorgungsarbeit gelten würde, wie in der Großküche. Nur spülen und putzen müssen alle. Renate sieht »durch die gemeinsame Ökonomie die gesellschaftliche Ungleichbewertung von Arbeit weitestgehend aufgehoben«.[68] Mo, die zu den Mitbegründerinnen der Kommune gehört, erinnert sich:

> Die Küchengruppe gibt es seit Anfang an, und heute noch arbeitet Nobse in der Küche, der uns schon vor zwanzig Jahren bekocht hat. Die Arbeitsbereiche entstanden, wenn es Leute gab, die sich vorstellen konnten, genau diesen Bereich aufzubauen und darin zu arbeiten. Ein Schreiner begann mit der Schreinerei, Uli, ein Landwirt startete die Landwirtschaft und den Gemüsebau, Guni und Armin als Pädagogen begründeten die Kindertagesstätte, drei Leute wollten Bildungsarbeit in einem Tagungshaus verwirklichen, und immer gab es Verwaltungstätigkeiten, die zu eigenständigen Arbeitsbereichen wurden. In den folgenden Jahren weiteten sich die einzelnen Bereiche teilweise aus, neue kamen hinzu.

Sie selbst zog damals mit ihrem Freund und ihrer zweijährigen Tochter ein. Die Tochter ist inzwischen ausgezogen, mit ihrem Freund ist sie weiterhin zusammen.

> Die ›Auflösung kleinfamiliärer Strukturen‹ hat uns dreien ganz gut getan. Ich als Frau war nicht alleine zuständig für die Kindererziehung, für die wir Eltern gleichermaßen Zeit investieren konnten. Ich musste somit auch die Hausarbeiten, die Wäsche und das Putzen nicht alleine machen und das Kochen war sowieso geregelt. Unsere Tochter ging in die Kindertagesstätte, war eingebunden in unsere Wohngemeinschaft und mit den vielen Kindern in der Kommune verbunden. Wir waren alle etwas weniger voneinander abhängig, als wir es in der klassischen kleinfamiliären Struktur gewesen wären.

Jan, dessen Tochter noch wesentlich jünger ist, erlebt auch die Vaterrolle als sehr positiv:

> Einer unserer Grundsätze ist, dass ich als Vater genauso viel Zeit mit und für meine Tochter habe wie eine Mutter. Darüber hinaus kann ich sie, wenn sie Lust hat, beim Ernten, Saftpressen, oder Obstsorten bestimmen etc. in meine Arbeitsprozesse mit einbinden. Wir haben zum Beispiel auf einer Obstwiese ein großes Baumhaus gebaut. So hat sie eine eigene persönliche Beziehung zu einem meiner Arbeitsorte und kommt gerne dort mit hin. Gerade diese Möglichkeit, dass unsere Kinder die verschiedenen Arbeitswelten und Inhalte direkt miterleben und erfahren können, schätze ich sehr.

Neben den biologischen Vätern und Müttern erleben es auch andere Erwachsene als Bereicherung, mit Kindern befreundet und für diese da sein zu können, ohne sich selbst für eine Elternschaft entschieden haben zu müssen. So ergeht es beispielsweise Monika mit Jakob:

> Er ist sechs Jahre alt, und ich lebe mit ihm zusammen in einer WG, seitdem es ihn gibt. Ich habe selbst keine eigenen Kinder und schätze es sehr, dass ich hier trotzdem ganz intensiv mit Kindern zusammen leben kann. Bei mir sieht das zum Beispiel so aus: Für Jakob ist Montag Monitag. Das heißt, ich hole ihn von unserer KiTa ab, und wir verbringen den Nachmittag zusammen. Abends bringe ich dann Jakob zusammen mit seiner Schwester Charlotte ins Bett. Das Highlight im Jahr ist aber der Kinderurlaub. Für 10-14

Tage machen KommunardInnen, die selbst keine eigenen Kinder haben, mit allen Kindern, die dazu Lust haben, gemeinsame Ferien. Wenn es irgendwie geht, bin ich da dabei.

Allerdings scheint es solche Sozialelternbeziehungen nur begrenzt zu geben: Eine Untersuchung ergab, dass von den Erwartungen beim Einstieg in das Projekt, der Wunsch nach gemeinsamer Verantwortung in der Kindererziehung derjenige ist, der als am Schlechtesten erfüllt beurteilt wird.[69] Wie sieht es aus Sicht der (ehemaligen) Kinder selbst aus? Lotta, inzwischen Anfang zwanzig und längst ausgezogen, hat ihre Kindheit in der Kommune positiv erlebt:

Ich glaube, wenn man in einer Großkommune aufwächst, dann lernt man die vielen Vorzüge dort zu schätzen und sucht sich auch weiterhin immer wieder Möglichkeiten, um ein sozialeres Zusammensein mit Rücksichtnahme und Verständnis zu leben.

Felix, noch keine zwanzig alt, sieht dies kritischer:

Während ich in der Kommune gelebt habe, gab es vieles, das mich gestört hat, und vieles, mit dem ich unzufrieden war; zum Beispiel das Essen, wo es wohl mehr um Ökologie als um Geschmack ging; mich hat es gestört, dass immer so viele Menschen um mich waren, mit denen ich eigentlich nichts zu tun haben wollte und von denen ich mir nicht aussuchen konnte, ob ich mit ihnen zu tun haben wollte oder nicht. Oft hat es mich genervt, dass ich schon mit fünf Jahren so politisch korrekt und ›ökobiszumgehtnichtmehr‹ sein sollte. Die Diskussionen um Handys und Satellitenschüssel finde ich bis heute absurd, zumal inzwischen mindestens 10% der Kommunarden, inoffiziell, ein Handy besitzen.

Mit Abstand zur Kommune merkt Felix aber immer mehr, wie ihn das ›andere‹ Aufwachsen in der Kommune auch positiv geprägt hat: Auf diese Weise habe er gelernt, »mit schwierigen Persönlichkeiten aller Art umzugehen und zusammenzuleben« und »darauf zu achten, was ich selbst für richtig beziehungsweise nicht für richtig halte«.

Beides sind sicherlich Eigenschaften, die durch das enge Zusammenwohnen, das gemeinsame Essen und den Anspruch, alles gemeinsam zu diskutieren in Niederkaufungen auch gebraucht werden: Soziale Probleme in der Gruppe werden als häufigster Ausstiegsgrund genannt.[70] Dies wird durch die gemeinsame Ökonomie nochmals gesteigert. Das Geld geht in eine gemeinsame Kasse, aus der auch für den persönlichen Bedarf einfach genommen wird. Ab einer Höhe von 150 Euro für eine einzelne Ausgabe muss diese bekannt gemacht werden, was aber in der Regel keine weiteren Diskussionen nach sich zieht. Mo beschreibt:

Wir wirtschaften seit zwanzig Jahren in einen Topf. Das heißt, mit dem ganzen Geld, das wir in den unterschiedlichsten Bereichen einnehmen, bestreiten wir alle Ausgaben, die anstehen von der Miete über die Lebensmittel und die Rente bis hin zu dem privaten Kinobesuch, meinen neuen Schuhen oder einem Urlaub. Dadurch, dass wir alles aufschreiben und somit eine große Transparenz schaffen, hat es bisher mit unserem Ein- und Ausgabenverhalten immer ganz gut geklappt.

Besteht doch mal Diskussionsbedarf bei einer Ausgabe, geht es oft nicht nur um die Höhe alleine, sondern auch um andere Aspekte, zum Beispiel ökologische. So gab es in all den Jahren bislang nur rund zwanzig Flüge, die als sinnvoll angesehen und KommunardInnen gestattet wurden.

Ökologisches Leben bildet einen wesentlichen Aspekt in Niederkaufungen. Als beispielhaft für eine gemeinschaftliche Lebens- und Wirtschaftsweise erstellte das Wissenschaftliche Zentrum für Umweltsystemforschung der Universität Kassel zusammen mit der Kommune Niederkaufungen im Jahr 2004 eine Studie zur Umweltwirkung. Das Ergebnis war, dass die Emissionen der BewohnerInnen der Kommune zwar immer noch deutlich über dem Nachhaltigkeitslimit liegen, aber unter der Hälfte des Bundesdurchschnitts (wenn alle Menschen auf dieser Erde den Lebensstil und damit die durchschnittliche Umweltanspruchnahme einer BundesbürgerIn realisieren wollten, bräuchte es sechs Planeten Erde), und auch unter den Emissionen von ökologisch lebenden Kleinfamilien.

Für Niederkaufungen gilt sicher – wie für alle der in diesem Buch vorgestellten Projekte – dass sich nur wohlfühlen kann, wer von seinen oder ihren Überzeugungen hier hineinpasst. Viele, die sich zunächst interessieren, empfinden den Einfluss der Gruppe auf ihr Leben zu groß, und entscheiden sich gegen einen Einstieg. Umgekehrt schauen die NiederkaufungerInnen sehr genau hin, wer sich bei ihnen bewirbt. Wer die erste Hürde nimmt, muss noch eine Probezeit von drei Monaten durchlaufen, und darf sich selbst sechs Monate Zeit für die Entscheidung lassen. Denn zum einen lässt sich durch den hohen Anspruch an die Gemeinsamkeit schlecht aus dem Weg gehen, zum anderen kann es sich die Kommune nicht leisten, Menschen aufzunehmen, die nicht zur ökonomischen Absicherung beitragen. Bei der Befragung von Aussteigerinnen aus der Kommune werden Probleme im Bereich Arbeit und das Fehlen einer beruflichen Perspektive als zweithäufigster Grund für das Verlassen des Projekts genannt.[71] Thomas, der sich 1993 am Ende der Probezeit gegen einen Einstieg entschieden hatte und heute in Freiburg die Projektgemeinschaft der gegenseitigen Hilfe *Sole* mit aufbaut, begründet seine Umorientierung nicht zuletzt mit den Erfahrungen in Niederkaufungen:

>»Die Kommunen mit gemeinsamer Ökonomie vertrauen nicht ihrer internen Praxis, die darin besteht, den Äquivalententausch abzuschaffen. Sie sehen das nicht als Möglichkeit auch innerhalb der Gesellschaft. Stattdessen bleiben sie gesellschaftlich bei regionalen Märkten. Sie holen sich dadurch die ganzen Widersprüche auch ins Innere ihrer Gemein-

schaften. Ich habe es damals in Niederkaufungen selbst erlebt: den ganzen Stress der Marktproduktion, das ›Arbeitsethos‹ 40-Std.-Woche, das heimliche Aufnahmekriterium ›Leistungsfähigkeit‹, das ständige Infragestellen ›unproduktiver‹ Arbeitsbereiche, das Unvermögen, es sich gegenseitig gut gehen zu lassen …«.

Nichtsdestotrotz schätzt er die Kommune Niederkaufungen und deren interne Praxis einer gemeinsamen Ökonomie ohne Aufrechnung untereinander. So weitgehend seien kaum Projektansätze in der alternativen Ökonomie. Was er bedauert, ist die Selbstbeschränkung der Kommune in ihren gesellschaftlichen Einflussmöglichkeiten. Um diese Erfahrungen eines nicht-warenförmigen Austauschs machen zu können, müssten Interessierte mit wenig Übergangszeit in die Kommune einsteigen. Ein solcher Bruch sei nur wenigen Menschen möglich. Darüber hinaus seien die Beziehungen der Kommune nach außen ganz überwiegend Warenbeziehungen. Stattdessen wünscht er sich, dass die KommunardInnen offensiv ihre eigene Praxis nach außen anwendeten. Dies könne durch vorsichtige Versuche geschehen, die die Kommune ökonomisch nicht überforderten.

Dass Veränderung langsam geht, ist eine Erkenntnis, die Thomas mit den Menschen in Niederkaufungen teilt. Mo, die zum Zeitpunkt der Gründung der Kommune 32 Jahre alt war, fasst ihre Erfahrung wie folgt zusammen:

Das Sein bestimmt das Bewusstsein??? Ach, ganz so einfach ist es wohl nicht. Vor 25 Jahren habe ich auch daran geglaubt, dass wir nur unseren Alltag, unsere Strukturen verändern müssten, um ein gerechteres, sinnerfüllteres, hierarchiefreies Leben, eben ein ›besseres‹ Leben, hinzukriegen. Ich dachte, wenn wir nur unsere täglichen Erfahrungen zum Beispiel an unserem Arbeitsplatz verändern – das ›Sein‹ ohne Chefin oder Chef, entscheiden und arbeiten im Kollektiv – würde sich ganz automatisch und wie von selbst unser Verantwortungsgefühl für das Gesamte, unser Einsatz für die Gruppe, unsere Zufriedenheit dank unserer Selbstbestimmtheit, erhöhen. Denkste! Ganz so einfach war und ist das nicht.

Claus kann auf siebzehn Jahre Kommuneleben zurückblicken. Ihm sei damals nicht klar gewesen, »wieviel Arbeit es mit sich bringt, immer selbstbestimmter zu leben«. Angetreten »mit nichts Minderem, als einen Teil des Himmels im Hier und Jetzt haben zu wollen«, ist für ihn das Leben in der Kommune eine Möglichkeit »to walk my talk«, also Worte mit Taten zu verbinden. Es besteht für ihn aus beidem: dem Anstrengenden wie dem Angenehmen. »Stöhn – und Klick, da ist auch schon die andere Seite. Da hat wer für mich gekocht, ist zur Post gegangen, hat meine Wäsche in die Gemeinschaftsmaschine eingeworfen – oder hat mich in den Arm genommen und mir den Tipp gegeben, mal eine Pause zu machen«.

Für Bianca, 1973 geboren, waren Kommunen immer nur etwas gewesen, was in den Siebzigern versucht wurde und reihenweise schiefging.

Und so hat mich dann auch fast der Schlag getroffen, als ich irgendwann im Jahr 2003 abends im Internet rumstöberte und eher aus Langeweile mal das Wort ›Kommune‹ in Suchmaschinen eingegeben habe – und seitenweise Treffer erschienen sind von Kommunen.

Über ein Kennenlernwochenende und in einem Prozess, der über zwei Jahre ging, kam sie nach Niederkaufungen. Ihren Arbeitsplatz gefunden hat sie in der Küche,

wo wir zu sechst für die Kommune selbst, die Kindertagesstätte, das Tagungshaus und die Altentagespflege der Kommune sowie für Außenaufträge kochen. Im Gegensatz zu herkömmlichen Küchen gibt es bei uns keinen Chefkoch und keine Putzfrau, sondern alle übernehmen gleichermaßen alle Tätigkeiten. Entscheidungen diskutieren und treffen wir im Konsens in unserer Arbeitsbesprechung, die einmal in der Woche stattfindet. Unsere Bedürfnisse und Arbeitsstile im Kollektiv sind recht unterschiedlich. Wir schaffen es, dass im Kollektiv Raum für all die Unterschiedlichkeiten ist und wir gleichzeitig den Laden gemeinsam gewuppt kriegen.

Mo sieht das nach all den Jahren etwas kritischer:

Es ist nicht einfach ohne Chef. Wir müssen immer wieder mit unseren unterschiedlichen Vorstellungen, Erfahrungen und auch Eigenheiten unter einen Hut kommen. Es gibt keinen, der sagt: ›Da entlang!‹ Wir verbrauchen oft viel Zeit für diese Einigungs- und Klärungsprozesse. Es ist nicht leicht, in einem Arbeitsbereich, in dem die einzelnen MitarbeiterInnen sich sowohl selbstbestimmt als auch kollektiv verhalten wollen, zu wirtschaftlichem Erfolg zu gelangen. Bisher haben wir uns diesen ›Luxus‹ geleistet, bei dem wir persönlich viel lernen können, aber auch einiges/ etliches an Zeit und Geld investieren und somit nicht effektiv und wirtschaftlich sind. Einige KommunardInnen haben uns sicherlich auch verlassen, weil man im Kollektiv gar nicht so selbstbestimmt sein kann und wir uns oft gegenseitig behindern, indem wir zu oft beim andern mitreden wollen.

Ein anderer Aspekt von Selbstbestimmung liegt sicherlich in der Wahl dessen, womit jemand seinen Tag verbringt. Auf Arbeitsteilung und damit Spezialisierungen kann die Kommune nicht verzichten, um konkurrenzfähig zu bleiben, betont Uli. Und es fällt auf, dass in den Bereichen häufig diejenigen tätig sind, die bereits vorher in ihrem Berufsleben dort ihre Erfahrungen gesammelt haben. Doch Mel beschreibt, wie für sie ihr Job außerhalb und innerhalb der Kommune nicht vergleichbar ist:

Eigentlich wollte ich nicht mehr im Büro arbeiten, nachdem ich vor sieben Jahren meinen Verwaltungsjob gekündigt habe. Hier in der Kommune ist es *etwas anderes*. Weil ich selbstbestimmt arbeite, mich mit meinen KollegInnen immer wieder abspreche, um zum Beispiel den Tagesablauf zu planen, ist es für mich *etwas Eigenes*. Wir können alles so verändern, dass es jeder einzelnen Person gut geht.

Zudem bedeutet diese Arbeitsteilung nicht, für immer auf einen Bereich festgelegt zu bleiben. Jan ist dafür ein Beispiel:

15 Jahre habe ich nun in unserer Baufirma gearbeitet und sie wesentlich und zu meiner Zufriedenheit mitgestaltet. Vor zehn Jahren habe ich parallel angefangen, mich mehr und mehr für Obst zu interessieren. Das Leben hier in der Kommune hat es mir ermöglicht, langsam von einem Bereich in den anderen zu wechseln, ohne mich aus finanziellem Druck sofort entscheiden zu müssen. Hier habe ich es geschafft, meine Arbeit und mein Leben miteinander zu verbinden, so dass die Übergänge fließend werden. Ich zähle schon lange keine Stunden mehr oder warte auf das Wochenende. Gerade mit meiner Arbeit rund um das Obst kann ich den Arbeitsbegriff für mich immer mehr neu definieren.

Darüber hinaus ergibt sich weniger Eintönigkeit, weil immer wieder in anderen Bereichen ausgeholfen werden kann, was Monika als bereichernd erlebt:

Durch die Vielfalt der Arbeitsbereiche, die wir hier haben, gibt es immer wieder die Möglichkeit, mich jenseits meiner Büro- und Seminartätigkeit sinnvoll mit Kopf, Herz und Hand einzubringen: mein Beet immer wieder zum Blühen zu bringen, mit in den Wald gehen zum Holz machen, mich als Erntehelferin oder Heumacherin zu betätigen, auf der Baustelle zu engagieren, Zäune bauen, Bäume pflanzen und das alles gemeinsam mit möglichst vielen Menschen…

Auch Otto findet seine größte Befriedigung in einer ›Nebentätigkeit‹: der wöchentlich wechselnden Verantwortung für den Holzofen:

Ist etwas anderes denkbar, als dass dieser rußige Kraftort mich über Zeit und Raum hinweg einmal zu sich ziehen sollte? – Wollten doch meine Maschinenschlosser-Hausfrau-Nachkriegs-Wiederaufbau-Eltern schon immer, dass ich es einmal besser haben sollte als sie … Welcher Ort wäre angemessener für einen, der fast 50 Jahre im Schatten der Zechen, Hochöfen und Schornsteine des Ruhrgebiets verbracht hat: Der Ofen nicht mehr Produktionsmittel der Schlotbarone, sondern Wärmespender für eine Gemeinschaft … Mein Weg zur Arbeit führte mich in Essen täglich an einem Hausgiebel vorbei, den die großen Frakturbuchstaben einer Inschrift zieren: ›Der Zweck der Arbeit soll das Gemeinwohl sein … – Alfred Krupp‹. Ich träumte damals oft davon das ›Ge‹ mit der Hintergrundfarbe zu übermalen, damit sich der alte Krupp nicht weiter Tag für Tag so ungeniert auf diesem Giebel verstellen müsste. Mein Weg von Essen nach Kaufungen führte mich an einen Ort, an dem ein anderer Traum lebendig ist: den Widerspruch zwischen ›mein Wohl‹ und ›Gemeinwohl‹ gut aufzuheben.

Sich ganz anders ausdrückend, doch in eine ähnliche Richtung geht Jörg, wenn er über seine Motivation spricht: »Mein ureigenster Antrieb, in der Kommune zu leben, muss mein Egoismus sein und bleiben. Ich kann nur glücklich sein beziehungsweise werden, wenn ich mir darüber im Klaren bin, was ich von dieser Art zu leben habe.« Für Raymond aber ist das Zusammenbringen von ›Meinwohl‹ und ›Gemeinwohl‹ zumindest nicht etwas, was ganz einfach zusammenkommt:

Vielleicht ist es wie Kunst – das Leben in einer großen politischen Lebensgemeinschaft – als Lebenskunst. Wie ein Künstler, den es immer wieder dazu treibt, die Nächte durchzuarbeiten und materiellen Mangel zu ertragen, um ein Bild zu malen oder eine Geschichte zu schreiben. So nehme ich die Einschränkung an Freiheit und Privatheit an, um an einer neuen Lebenskultur mitzuarbeiten, weil meine Seele im normalen Leben ihren Frieden nicht finden würde.

Raymond, der als Zivildienstleistender nach Neustadt an der Weinstraße ging, »um das Projekt A dort mitzuerleben und scheitern zu sehen« – jenem Projekt des Anarchisten Horst Stowasser, von dem sich dieser die Ausbreitung auf die gesamte Gesellschaft erhoffte – sieht sich in Niederkaufungen

ganz praktisch und real eine Lebensweise mit[gestalten], in der viele meiner politischen Ideale eine Chance auf Verwirklichung haben. Und auch hier zeigt die Praxis, dass die Schwierigkeiten an ganz anderen Stellen auftreten, als vorher vermutet, und da wird es spannend und interessant. Ich bin überrascht, wie fest wir doch an die Kultur, Tradition und Psychen unserer Eltern und Vorfahren gebunden sind, und dass eine willentliche Entscheidung, völlig anders zu leben, eine sehr hohe Anstrengung ist. Das wird in Kommunen oft unterschätzt und die Schritte werden zu groß gewählt. ... Inzwischen bin ich nicht mehr für Revolution, glaube aber an eine kulturelle Entwicklung über Generationen hinweg, in der das gestaltende Verwirklichen der eigenen Herzensangelegenheiten zu gesellschaftlichen Umbrüchen führt. Die Kommune Niederkaufungen ist für mich aktuell dafür der richtige Ort.

Auch Ulis und Patricias Einstieg in die Kommune war jeweils eine explizit politische. Für Uli ist der Kapitalismus eine Gewaltstruktur, die Gesellschaften im Innern spaltet, internationale Ausbeutungsverhältnisse schafft und die natürlichen Lebensbedingungen zerstört. »Diese Struktur muss überwunden werden. Um eine andere Welt zu schaffen, genügt es aber nicht, sich mit den gewaltbesetzten großen äußeren Strukturen zu beschäftigen, die Gewaltstrukturen und –mechanismen in uns müssen für nachhaltige Erfolge ebenfalls angegangen werden.«

Patricia war nicht zuletzt aus der Frauenbewegung heraus motiviert:

Mein Weg in die Kommune: Ich wollte mehr Vereinbarkeit von Politik und Alltag leben ... Ich kann mit meinem Alltag, mit meinem Projekt nach außen gehen als eine gelebte Alternative nach dem alten wichtigen Motto aus der Frauenbewegung: Das Private ist politisch. [Aber d]as reicht mir nicht, das ist nicht alles: Wir sind ein Teil von Gesellschaft und ich will mich weiter einmischen für eine andere Welt. Da sind wir mit unserem Experiment auf einem guten Weg und doch fällt es mir manchmal schwer, mir neben all den Kommunethemen die Zeit und Muße für andere Politikformen zu nehmen.

Welcher es zu viel wird, die kann auch Urlaub von der Kommune nehmen – und muss noch nicht einmal vorher angeben, ob dieser Urlaub je zu Ende gehen wird. Sabine will davon Gebrauch machen:

Die Möglichkeit, die wir uns hier geben, eine Auszeit zu machen – ich denke an 1,5 Jahre – will ich nutzen, um Abstand zu bekommen und vielleicht mit neuen Ideen zurückzukommen. Vielleicht will ich aber auch einen anderen Lebensentwurf leben, mit anderen individuellen Freiräumen. Was freue ich mich auf eine eigene Küche, selber kochen und Vorratshaltung betreiben. Ob ich zurückkommen werde, weiß ich noch nicht. So genial die Idee der Kommune ist, so wunderbar es ist, so viele Dinge zur Verfügung zu haben, so sehr sehne ich mich nach meinem eigenen Platz.

Petra stört sich nicht daran, ihre Küche und all das andere zu teilen; für sie zählt: »mehr nutzen als besitzen«.

Hier gibt es das pure Leben, hier kann ich lebendig sein, Lebendigkeit spüren, weil ich hier – ganz anders als in meinem früheren ›bürgerlichen‹ Leben, mit Erwerbsarbeit in Lohnabhängigkeit, Leistungs- und Konkurrenzdruck – selbstbestimmt fühlen, denken, arbeiten und mich bewegen kann. Ich bin dankbar dafür, wie reich wir hier sind und wie reich ich mich fühle. Und wie wenig es braucht, um mich so reich und zufrieden fühlen zu können.

Ich wünsche mir, dass immer mehr Menschen innerhalb und außerhalb der Kommune diesen ›Luxus des einfachen Lebens‹ genießen können und zu schätzen wissen. Ein Beispiel: im Sommer gehe ich morgens in unseren Garten und pflücke mir frisch vom Strauch Himbeeren, rote und schwarze Johannisbeeren, Stachelbeeren und saftige Kirschen vom Baum und bereichere damit mein Müsli. Ohne Verpackung, ohne Chemie, ohne Geld, ohne Supermarkt. Das ist für mich ein Stück Lebensqualität.

Ein Lieblingsmotto von mir ist: gut leben statt viel haben – und auch: weniger ist mehr. Gut zu leben ohne viel zu konsumieren empfinde ich als Erleichterung und innere Zufriedenheit. Gut zu leben bedeutet für mich, einfach zu leben. Einfach leben – damit auch alle anderen auf der Welt einfach leben können. Mit Verantwortung füreinander, mit Gerechtigkeitsfähigkeit, mit Friedensfähigkeit, mit Zukunftsfähigkeit und mit Liebe gegen die Hässlichkeit des Kapitalismus. Darum bin ich hier. Dafür setze ich mich ein. Mit diesen Perspektiven, Wünschen und Idealen möchte ich hier alt werden.

http://www.kommune-niederkaufungen.de

## 4.2.3. Ökolea

Wenn er sich theoretisch so sehr mit Kommunen beschäftige und in seinem Unterricht sogar dafür werbe, warum er dann nicht selbst in einer lebe? So fragten die Studierenden ihren Professor Fritz Vilmar an der FU Berlin, und dieser sah es ein: Zusammen mit seiner Frau gab er 1990 eine Anzeige in der *taz* auf; es meldeten sich vierzig Leute, die begannen zu überlegen, was für eine Kommune es werden sollte, und nach zwei Jahren war ein Hof in Klosterdorf bei Berlin gefunden.

Allerdings war von den überwiegend aus Feldstein errichteten Gebäuden nicht ein einziger Teil bewohnbar. Die Renovierungsarbeiten an den Wochenenden zogen sich über Jahre, und erst nach und nach konnten Menschen einziehen. Ein großer Teil zog nie ein.

Aktuell sind es fünfzehn Erwachsene, davon sind rund zehn noch Gründungsmitglieder – Professor Vilmar ist allerdings nicht mehr dabei. Dazu kamen einige andere, wovon gerade heute eine den Hof verließ: Eine der Bäckerinnen hat sich als Gesellin für zwei Jahre auf Wanderschaft begeben. Michaela war mit Mitte zwanzig das jüngste Mitglied; das älteste ist Mitte siebzig. Neben den Erwachsenen leben hier acht Kinder, zwischen zwei und achtzehn Jahren; einige, die hier praktisch ihre gesamte Kindheit verbracht haben, sind schon ausgezogen.

Wer wie Michaela als Mitglied die Kommune verlässt, verlässt automatisch den Wohnverein und verliert damit alle Eigentumsansprüche auf den Hof. Wer kommt, zahlt nach einer Probezeit den sogenannten Entwicklungsbeitrag von drei Monatseinkommen, und ist damit Mitglied und MitbesitzerIn.

»Wir sind für eine Kommune ein eher lockerer Verbund, wobei es ja schon eine gemeinsame Ökonomie gibt«, beschreibt Ulf die Gemeinschaft. »Ein Mitbewohner sagt immer, wir sind eine 50 Prozent-Kommune.« Oder eine 55 Prozent-Kommune? Bei diesem Anteil des frei verfügbaren monatlichen Einkommens liegt die monatliche Zahlung auf das Gemeinschaftskonto für die laufenden Kosten, das heißt überwiegend fürs Wohnen und für den gemeinschaftlichen Lebensmitteleinkauf. Urlaube und andere Freizeitaktivitäten werden vom verbleibenden privaten Geld bezahlt. Ulf sieht dies zwiespältig.

»Das hat Vor- und Nachteile, dass man nur einen Teil gemeinsames Eigentum hat. Es hat den Vorteil, dass man freier, individueller ist und nicht Rechenschaft ablegen muss, was man in der Freizeit macht. Andererseits macht es aber auch so ein Gefühl, dass man sich nicht hundertprozentig identifiziert mit dem Projekt. Zum Beispiel in der Werkstatt, da verschwinden immer wieder Werkzeuge oder gehen kaputt und werden nicht repariert, was dann dazu führt, dass jeder noch mal privates Werkzeug hat. Ich habe immer so die Idee, wenn man die Alternative nicht hätte, wenn ich kein Geld hätte, um Werkzeug zu kaufen, dann würde ich mich natürlich mehr drum kümmern, dass es in Ordnung bleibt. So gibt es doch immer wieder die Möglichkeit, sich ins Private zurückzuziehen.«

Wie der Name – *ÖKO*logisch *LE*ben und *A*rbeiten – schon sagt, war der Plan, dass Leute hier nicht nur wohnen, sondern auch arbeiten wollten. Gelungen ist dies nur teilweise. Nach dem Weggang von Michaela betreiben noch zwei Kommunardinnen die Holzofenbäckerei Drachenbrot sowie am Wochenende ein kleines Café, wobei sie eine Angestellte von außerhalb beschäftigen. Ein Buchbinder gibt Zeichenkurse. Einer der beiden Gärtner sorgt für den Obst- und Gemüseanbau und rechnet gegenüber der Kommune ab. Zusätzlich betreut er viermal die Woche Jugendliche mit Behinderungen, die ihm auch im Garten helfen, und ist für die Gäste-Etage zuständig. Im Rahmen eines Bildungswerks werden hier auch Seminare angeboten. Die anderen KommunardInnen arbeiten außerhalb: im Bioladen, als Architekt oder wie Ulf, der bislang sein freiberufliches Büro als Biologe auf dem Hof hatte und gerade zum Erzieher umsattelt, im Jugendhilfeverein. Einige sind nicht erwerbstätig, sondern beziehen Rente oder Hartz IV.

Diejenige, die im Bioladen in Berlin arbeitet, kann wie auch einige andere während der Woche gar nicht in Ökolea sein. Die meisten anderen treffen sich montags bis freitags zum gemeinsamen Mittagessen; alle drei Wochen ist jeder dran mit Kochen. Diejenigen in Bauwägen nutzen immer die Gemeinschaftsküche, andere leben eher in WGs oder auch als Familien. Sonntagabends gibt es für genau zwei Stunden ein Sachplenum ohne Anwesenheitspflicht (einer zieht es sogar grundsätzlich vor, das Protokoll zu lesen und notfalls sein Veto einzulegen) und einmal im Monat Sonntag tagsüber können Konflikte angegangen werden. Entschieden wird immer alles im Konsens, was manchmal auch Kompromiss bedeutet. Ulf zum Beispiel sähe es lieber, wenn der ökologische Anspruch etwas höher hinge und unter anderem auf die täglichen Avocados aus Übersee verzichtet würde.

»Das ist ein manchmal schwieriger Prozess, und ich habe meine Bedenken gehabt, ob das Leben mit Konsens überhaupt gehen kann, ob mir das nicht zu anstrengend ist, aber mittlerweile finde ich das gut. Manche Dinge dauern sehr lange, bis etwas entschieden ist. Das muss man lernen, diese Geduld zu entwickeln. Irgendwie merkt man dann aber, das ist okay, das darf lange dauern. Wenn es wirklich etwas Dringendes ist, dann finden wir uns auch zusammen. Aber viele Dinge sind gar nicht so dringend, wie man erstmal denkt. Es ist ein anderes Denken, als wenn man gewöhnt ist, Dinge für sich selbst zu entscheiden und keine Rücksicht zu nehmen.«

http://www.oekolea.de

## 4.3. Stadtkommune Alla Hopp

›Ins Leben gerufen wurde Alla Hopp 1992, irgendwo im Süddeutschen‹, heißt es unter ›Geschichtliches‹ in einem Selbstdarstellungsfaltblatt der Bremer Stadtkommune *Alla Hopp*. Auch Bernhard hörte zu jener Zeit von dieser Kommunegruppe, die halb in Heidelberg und halb in Bremen wohnte. Er hatte gerade Horst Stowasser von ›Projekt A‹ in Neustadt an der Weinstraße kennengelernt. »Dessen Ansatz: ›Wir wollen nicht nur etwas anderes, wir machen es einfach‹ fand ich gut«. Doch zunächst verlor Bernhard dies wieder aus den Augen und studierte Physik, was oft 60 Stunden in der Woche in Anspruch nahm. Bis ihm eine Freundin sagte: »Du brauchst eine andere Perspektive, sonst gehst du unter«. Hierauf schloss er sich einer anderen Bremer Kommunegruppe an, die selbst noch in der Planungsphase war.

»Dann gab es von Alla Hopp eine Einladung: ›Wir suchen noch Leute, die dazu kommen, weil wir größer werden wollen.‹ Wir sind damals als ganze Gruppe da hingegangen und haben uns vorgestellt auf einem Infoabend. Bei Alla Hopp war alles sehr konkret: ›Das und das wollen wir und wir wollen jetzt ein Gebäude suchen und anfangen – das war 1995. Inhaltlich war das gar nicht so ein Unterschied zu dem, was wir wollten, nur es war halt *sehr* konkret – und da fiel dann allen anderen aus meiner Gruppe plötzlich ein, dass sie noch ganz andere Interessen haben! Diese Gruppe fiel sozusagen mir nichts dir nichts auseinander. Ich habe dann aber trotzdem gesagt: Ich würde bei Alla Hopp gerne einsteigen‹.«

Ganz ähnlich erging es vorher schon Caro, und zehn Jahre später Judith: Caro blieb mit noch einem Mann, Judith blieb ganz alleine aus ihrer Kommunegruppe übrig, als es darum ging, sich Alla Hopp anzuschließen. Beide teilen auch mit Bernhard, schon sehr früh das Leben in der Kommune faszinierend gefunden zu haben. Caro war 19, als sie zu dem A-Camp auf die Burg Lutter fuhr. »und dann war es eigentlich klar, dass ich in einer Kommune leben will. Von der ganzen Stimmung her! Da hatte ich aber noch nicht den Überbau, sondern einfach nur das Gefühl: Ich bin angekommen. Ich fühlte mich halt gleich sofort so wohl – hier kann ich bleiben. Woanders hatte ich nie so das Gefühl, dass da so was aufgeht. Ich weiß diesen Moment, wie ich da saß: Da saßen die so beim Frühstück – einfach so offen über irgendwas zu erzählen – ja, wow, das ist es! Das einzige, mit dem ich Schwierigkeiten hatte, war Bücher zu teilen – ich dachte: ›Oje, das kann ich nicht!‹«. Seit sie Anfang Zwanzig war, ist sie Teil von Alla Hopp; inzwischen ist sie Ende Dreißig.

1998 wird eine ehemalige Bonbonfabrik in der Bremer Neustadt gekauft. Da die KommunardInnen Privateigentum an Immobilien ablehnen, gehört das Haus der von ihnen selbst gegründeten Genossenschaft WiSe (Wohnen in Selbstverwaltung). Nach einer fast vierjährigen Hauptbauzeit stehen den zurzeit 14 Erwachsenen zwischen Ende 20 und Anfang 50 sowie zwei Kindern 22 Zimmer, mehrere Küchen und Bäder sowie ein großer Gemeinschaftsraum mitsamt Großküche zur Verfügung, wo einmal am Tag vegetarisch/vegan für alle gekocht wird. Das Haus gliedert sich in FrauenLesben- und gemischte Wohnbereiche. Im Garten finden sich drei Bauwägen.[72] Ein Teil ist zwischenzeitlich an eine befreundete Wohngemeinschaft vermietet, sie selbst wollen als Gruppe aber möglichst bald schon wieder einige wenige mehr werden.

Bernhard musste 1995 dann noch zwei Jahre warten, bis er einsteigen durfte – es gab einen Quotierungsbeschluss und es herrschte Männerüberhang. Der Beschluss wurde bis heute nicht aufgehoben, doch besteht schon lange eine Frauenmehrheit, so dass sich die Frage nicht wieder stellte. »Damals wurde das rigoros auf den armen Bernhard angewandt«, erzählt Caro. »Wir hatten immer die Vorstellung, wenn wir einmal mehr Männer als Frauen sind, wenn durch das Geschlecht dominiert sich die Räume schon so gestalten, dann wird es schwieriger für uns, auch Frauen zu ergattern, auf die wir richtig Lust haben.« Doch auch Bernhard verteidigt die Quotierung: »In dieser kritischer Phase, wo es darum ging, mit dem Projekt anzufangen, da war diese Quotierung da und das war schon ganz gut. Das ist so eine Phase, wo das auch kritisch sein könnte und wo sich sehr viel von der Gruppe gefunden hat, wie miteinander umgegangen wird. Da gab es auch sehr viel Auseinandersetzung über dieses Thema.« Heute schätzt Caro jedoch auch »eine bestimmte Gelassenheit, weil man sich kennt. Und das genieße ich. Was nicht heißt, dass man nicht auch mal sagen kann: ›Du meine Güte, was machst denn du jetzt!‹ Beides hat ja Qualität. Auch mal zu entspannen, nicht immer gleich alles sagen zu müssen, sondern zu denken: ›Okay, so ist die Person auch einfach, das gehört zu ihrem Sein dazu.‹«

Auch Judith, die erst seit kurzem dabei ist, findet, sie bekommen das gut hin. Früher war sie schon einmal in einer Frauen-Kommunegruppe gewesen, die aber zuletzt daran scheiterte, dass sie vergaßen, sich darüber zu verständigen, ob sie gemischt oder nur mit Frauen leben wollten. »Wir hatten schon alles diskutiert, ob auf dem Land oder in der Stadt – und dann stellte sich heraus, zwei wollten gerne gemischt und der Rest in einem reinen Frauenlesbenprojekt leben! Die feministische Perspektive war klar gewesen, aber dadurch, dass es eine queerfeministische Gruppe war, hatten wir nie so klar darüber gesprochen, ob mit Männern oder nicht.«

Die gemeinsame Ökonomie innerhalb von Alla Hopp führt dazu, dass Geld in Partnerschaften und anderen Beziehungen mit Menschen außerhalb von Alla Hopp getrennter gehalten werden muss, als das ohne Kommune der Fall wäre. Auch Judith muss nun lernen, ein bisschen mehr in ihrer Partnerschaft darauf zu achten; auch mit ihrer Schwester hatte sie bislang immer Geld hin und her geschoben. Bei ihrem Vermögen hat sie bei Einzug sich ausbedungen, dass es etwas länger dauern darf, bis sie alles in die Gemeinschaftskasse gegeben hat. Denn bei Alla Hopp werden nicht nur die laufenden Ein- und Ausgaben, sondern alles kollektiviert, auch Erbschaften. Wer neu dazu kommt, hat eine Frist, in der das Gesamtvermögen

Schritt für Schritt einfließt. Hiervon wird beispielsweise eine Art Renten-kasse aufgebaut und Geld für die Ausbildung der Kinder zurückgelegt. Anders als in der Kommune Burg Lutter wird dieses Geld nicht automa-tisch wieder ausgezahlt bei Austritt. »Das heißt nicht, das man kein Geld mit rausnehmen darf, aber wir wollen nicht, dass die Ungleichheiten, die in der Gesellschaft vorher bestehen, sich hinterher durch die Kommune wie-der fortsetzen: dass diejenigen, die mit Geld reingekommen sind, dann wieder mit Geld rausgehen, und diejenigen, die mit Schulden reingekom-men sind, wieder mit Schulden rausgehen. Es soll eine Art Angleichung geben«, fasst Bernhard die Diskussionen hierzu zusammen.

Gemeinsame Ökonomie heißt also – Stichwort Kommunistisches Manifest: *JedeR nach ihren beziehungsweise seinen Möglichkeiten, jeder/m nach ihren beziehungsweise seinen Bedürfnissen!* In der gemeinsamen Ökonomie wird niemand gezwungen, einer bestimm-ten Arbeit nachzugehen, vor allem wird niemand gezwungen, wider Willen die eigene Arbeitskraft zu Markte oder zum Arbeitsamt zu tragen – als Voraussetzung dafür, in den Genuss der fürs (Über-)Leben erforderlichen Geldmittel zu gelangen. Stattdessen wird im Rahmen gemeinsamer Ökonomie *solidarisch* versucht, jeder beziehungsweise jedem individuell gerecht zu werden, nach Möglichkeit soll jede Person das tun, was ihr behagt. Worauf es ankommt, ist einzig, dass unterm Strich sämtliche von der Gruppe als wün-schenswert beziehungsweise notwendig erachteten Arbeiten tatsächlich gemacht sind.[73]

Judith ist wissenschaftliche Mitarbeiterin an der Universität, Caro hat sich eine kleine Shiatsu-Praxis aufgebaut und arbeitet zudem 20 Stunden die Woche in einer Methadonvergabestelle. Für sie ist das ein guter Kompro-miss. Bernhard gehört zu jenen, die mit ihrer Situation nicht so glücklich sind, weil er gerne etwas anderes machen würde: Als Physiker, offiziell auf einer Halbtagsstelle, jedoch in verantwortlicher Position, muss er inoffiziell oft deutlich mehr arbeiten. Er wünscht sich einen Job, bei dem er nicht so stark kopfmäßig eingebunden wäre, und auch nicht übermäßig körperlich, um mehr Raum für das zu haben, was ihm wirklich wichtig ist. Es gab mal Überlegungen, ein Gästehaus zu betreiben – aber woher das Haus nehmen, woher das Geld nehmen? »Vielleicht stolpere ich da auch über mich, dass ich nicht sage, ich höre mit meinem Kram einfach auf und in ein paar Jahren müssen wir dann sehen, wo das Geld herkommt«. Denn nach eini-gen Jahren sei sein Wissen als Physiker in der Windradgrundlagenfor-schung veraltet. Für Bernhard ist dies besonders bitter, da es wesentlich zu seiner Ursprungsmotivation gehörte, keine Lust zu haben, 30 Jahre lang auf einen Job festgelegt zu sein.

Ursprünglich sollte nach dem Kauf des Hauses auch sofort mit dem Aufbau von Erwerbsarbeitsbereichen begonnen werden. Caro hatte mit drei weiteren sich darauf vorbereitet, gemeinsam ein alternatives Bestattungsinstitut zu gründen, ähnlich dem Trostwerk in Hamburg. Doch nach einem mehrjährigen Planungsprozess voller Diskussionen haben sie sich dann bewusst dagegen entschieden – schweren Herzens. Zum einen wurde ihnen klar, dass sie alle 60 Stunden in der Woche arbeiten müssten. Zum anderen hätten sie, um rund um die Uhr Bereitschaftsdienst gewährleisten zu können und um andererseits überhaupt mal zwischendurch Zeit zu haben, Hilfskräfte gebraucht, was dann eine Hierarchie nach sich gezogen hätte.

Nicht mehr als 20 Stunden pro Woche sollen die einzelnen möglichst erwerbsarbeiten müssen, und darüber hinaus ist es das Ziel, dass nicht alle KommunardInnen ständig erwerbstätig sein müssen. »Um dies überhaupt realisieren zu können, sind wir auf Stundenlöhne angewiesen, die gemeinhin nur mit qualifizierter Arbeit erzielt werden können«, heißt es im Rundbrief zu gemeinsamer Ökonomie. Gegenüber den ursprünglich anvisierten eigens aufgebauten Arbeitsbereichen, die oft gar nichts mit der Ausbildung der einzelnen zu tun gehabt hätten, stünde heute Professionalität bei vielen ungleich höher im Kurs.

Dennoch wünscht sich über die Hälfte der KommunardInnen, langfristig in kommuneeigenen Arbeitsbereichen unterzukommen. So auch Caro: »Wenn es hier einen Arbeitsbereich gäbe, wo klar wäre, man müsste sich nicht totschuften – das ist jetzt sehr idealistisch, aber das fände ich total nett«. Auch Bernhard will »die Hoffnung nicht aufgeben, dass wir an diesen Punkt kommen. Vielleicht ergibt sich, dass wir auch Arbeitsbereiche aufmachen, wo wir flexibler rotieren können und nicht so spezialisiert sind wie im Augenblick«.

Die meisten arbeiten außerhalb der Kommune, aber es gibt auch welche, die sich beispielsweise im Büro der Kommune betätigen. Andere suchen sich ab und an irgendwelche Jobs. Wer aber nicht will, muss das nicht. »Es besteht ja kein Arbeitszwang hier, nur der Zwang für die Gruppe, genug Geld zu haben«, stellt Bernhard klar. Doch setzt sich das nicht in Druck auf den einzelnen um? »Aber nicht in dem Sinne, das es heißt: ›Du musst jetzt erwerbsarbeiten!‹. Sondern es wird geguckt, was können wir zusammen und was können die einzelnen dafür tun, dass das Geld besser reicht? Ich finde es ja auch sehr produktiv, wenn Leute nicht erwerbsarbeiten müssen und Zeit für anderes haben.« Doch einige belastet es trotzdem, wenn das Geld knapp ist, und sie sorgen sich um die Altersvorsorge. »Über diesen Druck wirkt das schon in die Gruppe rein – auch auf mich. Wir sind nicht frei vom Kapitalismus.«

Was die zentral deponierte Barkasse betrifft, so wird jede Entnahme in einem Ausgabenbuch dokumentiert, wobei es den Einzelnen frei gestellt ist, eine Anmerkung zu machen.

Die an dieser Stelle praktizierte Intransparenz ist genau so gewollt wie die ansonsten ins Gesamtsystem eingebaute Transparenz. Dahinter steckt die Überzeugung, dass sich über Bedürfnisse auf einer bestimmten Ebene nur schlecht diskutieren lässt: Die einen rauchen, die anderen finden Rauchen bescheuert. Einige holen sich ihre Bücher stets aus der Bibliothek, andere wiederum wollen beim Lesen Anmerkungen direkt ins Buch schreiben und kaufen sich deshalb ihre Bücher lieber selbst. Für manche gehört der Kaffee am Bahnhof zu jeder guten Reise, andere empfinden genau das als überflüssigen Luxus. Wieder andere kleiden sich gerne ausschließlich mit Second Hand-Klamotten, während es für Dritte einfach zum Lebensgefühl gehört, ab und zu eine neue Jeans zu tragen usw. usf.[74]

Und doch sei nicht alles gleich gut. Geld regelmäßig in einer Spielhölle zu verbraten würde auf jeden Fall eine deftige Auseinandersetzung nach sich ziehen. Dass es nur einmal eine vergleichbare Diskussion gegeben hat, führen die KommunardInnen auf ihr gegenseitiges Vertrauen als auch darauf zurück, aus lebensweltlich sehr ähnlichen Milieus zu stammen.

Auch bei der Frage nach Essensgewohnheiten und anderen Aspekten davon, was zu einem guten Leben gehört, spielt wesentlich mit hinein, aus welchem Hintergrund die einzelnen kommen. »Wir sind sehr studiert, aber von den Elternhäuser gemischter«, sagt Bernhard. Die selbstkritische Auseinandersetzung mit unterschiedlicher Klassenherkunft haben sich die KommunardInnen ins Programm geschrieben. Es spielt in viele Bereiche hinein. »Herrschaftsverhältnisse hinterlassen überall Spuren, auch in uns und zwischen uns. Beidem versuchen wir gerecht zu werden«, schreiben die Alla Hopps in ihrem Faltblatt. »Ob Heterosexismus, Kapitalismus, Antisemitismus, Rassismus, Sexismus, Normalismus… alles das passt uns nicht und widerspricht unserer Utopie!« Politik in diesem Sinne sei darum eine der elementaren Alla-Hopp-Tätigkeiten. Und darüber hinaus gelte: »Ein politisch aktiver Großgruppenzusammenhang hält die Widerstandsgeister wach. Vor allem in anti-utopischen Zeiten, wie wir sie derzeit erleben müssen, erscheint uns dies äußerst praktisch!«

Bernhard bezeichnet die Gruppe als ›relativ therapiefreudig‹, und zwar aus Überzeugung: »Therapie zu machen, bedeutet natürlich auch, sich real zu verändern, das heißt, die eigenen Möglichkeitsräume zu verschieben beziehungsweise zu vergrößern«.

»Heute würde ich sagen, ein Projekt ist nicht nur ›wir wohnen zusammen‹, ›wir machen eine gemeinsame Ökonomie‹, sondern auch: ›Wie kommunizieren wir miteinander? Welche Möglichkeiten haben wir, Konflikte aufzufangen? Wie gehen wir miteinander um?‹ Wir kümmern uns umeinander. Das Modell heißt ja ›Bedürfnismodell‹. Ökonomische und emotionale Bedürfnisse bedingen einander ja auch: Wenn das Geld knapp ist, und jemand will gerade mal teuer das und das haben oder will da und da hinfahren, dann wird schon gefragt: ›Hey, was ist denn eigentlich gerade los und was hängt für dich da dran?‹.«

Auch für Judith ist es wichtig, »emotional diesen Raum zu haben«, und dass auch bei einem inhaltlichen Punkt nicht nur diskutiert wird, was rational das Beste wäre, sondern wie es den einzelnen damit geht. Trotz des Anti-Flug-Beschlusses ist sie schon kurz nach ihrem Einzug zu ihrer damaligen Freundin in die USA geflogen. »Das ist mir damals wirklich schwer gefallen, meinen Wunsch auf dem Plenum einzubringen. Das war nicht leicht«, sagt sie. »Aber mir war klar, mir wäre es total schlecht gegangen, wenn ich nicht hätte dahin fahren können.« Alla Hopp funktioniere nicht nur über Strukturen und es gebe selten einen Beschluss, der rigoros durchgesetzt wird, betont Caro. Es gehe immer darum, aufgrund der geführten Diskussionen im Einzelfall neu zu entscheiden.

In ihrem Rundbrief zu Ökologie grenzen sich die KommunardInnen von ›Tugendterror‹ ab: »Auch wenn ökologische Fragestellung für unser alltägliches Selbstverständnis eine wichtige Rolle spielen, möchten wir auf keinen Fall den Eindruck einer ökologischen Musterkommune erwecken«. Natürlich falle es auch ihnen nicht leicht, den Bremer Billigflughafen links liegen lassen, denn Bahnfahrten seien mit Ausnahme einiger kontingentierter und sehr frühzeitig zu buchender Spezialtickets 500 bis 800 Prozent teurer als Billigflüge, und wer den Euroline-Bus wähle, frage sich spätestens hinter Madrid, nach bereits über 35 Stunden Fahrt, ob es wirklich klug war, eine solche Ochsentour anzutreten. Doch andererseits wüssten doch alle, um was es ginge: Unter Klimagesichtspunkten sind lediglich zwei Tonnen Kohlendioxid-Ausstoß pro Person im Jahr vertretbar – eine Menge, die von einem Hin- und Rückflug nach Teneriffa nahezu verbraucht wird.

»Womit wir bereits den aus unserer Sicht entscheidenden Punkt erreicht hätten: Alle wissen, dass Vielfliegerei absurd ist (insbesondere vor dem Hintergrund, dass die Konsequenzen im globalen Süden jetzt schon desaströse Ausmaße erreicht haben), dennoch scheint es enorm schwer zu sein, den finanziell ausgepolsterten Verlockungen der Reiseindustrie zu widerstehen.« Alle wüssten darum und täten es trotzdem. Selbst unter ihren engsten FreundInnen hätten sie in dieser Frage praktisch keine BündnisgenossInnen. Diese Kluft verweise »auf die ebenso simple wie fundamentale Tatsache, dass es Gruppen ungleich leichter als Individuen fällt, an prinzipiellen Überzeugungen festzuhalten«.[75]

Diese Erfahrung hat auch Judith gemacht. Während sie ihren Flug in die

USA nicht bereut, weiß sie um mindestens eine andere Gelegenheit, wo sie schnell mal für eine Woche hingeflogen wäre – »wenn ich hier nicht einen sozialen Rahmen hätte, den ich auch gut finde. Ich hätte es auch Scheiße gefunden, aber hätte mir bestimmt irgendwelche Ausreden konstruiert. Der Anti-Flug-Beschluss hat also kleine Piekser, aber eigentlich finde ich ihn total gut.«

»Nö«, lacht Bernhard, tatsächlich ein Flug verboten wurde letztlich noch nie jemandem. Aber manchmal habe sich auch herausgestellt, dass die Person aus Stress heraus sich nicht für den langen Landweg entscheiden wollte, so dass die Lösung darin bestand, sie zu unterstützen, damit sie mit Zeit und Ruhe ohne zu fliegen zu ihrem Ziel gelangte.

Caro ist froh, dass die Stadtkommune Alla Hopp nun schon so lange funktioniert. »Dieses: ›Na-mal-gucken-wie-lange…‹, ›Das-klappt-doch-sowieso-nicht‹, ›Wartet-erstmal-bis-ihr…‹ – diese ganzen Negativbotschaften, das zieht nicht mehr, und das gibt auch eine andere Stärke«.

Und wie steht es mit den Positivbotschaften? Das Projekt A, welches Bernhard am Anfang fasziniert hatte, beruhte auf dem Grundgedanken, auf diese Weise als Vorbild immer mehr Teile der Gesellschaft überzeugen zu können, ähnlich zu leben.

»Bei mir war das ganz am Anfang mal eine Vorstellung. Dann aber zu merken: ›Das ist alles nicht so leicht!‹, das kam schon relativ schnell. Heute ist da schon etwas von: ›Wir wollen das auch weitergeben, wir finden das eine gute Form zu leben und finden das auch richtig, das weiter zu entwickeln, dass andere das auch machen können, mit ihren Formen und Vorstellungen. Es geht schon auch darum zu inspirieren und zu sagen: ›Es gibt Alternativen, die lebbar sind‹. Ökonomisch bedeutet das natürlich auch ganz viel: Wenn mehr Leute in der Richtung etwas machen, gibt es auch mehr Möglichkeiten, noch mal weitere Alternativen aufzutun, um raus aus der normalen Geldwirtschaft zu kommen.«

Welche Formen und Vorstellungen jede Gruppe für sich findet, wird unterschiedlich sein. »Wir haben uns ja auch erst so gefunden«, sagt Caro. Und wenn es Alla Hopp nicht gäbe? Es käme ihr absurd vor, nicht alles Geld zu teilen, dennoch ist sie sich nicht sicher, ob sie in eine andere Kommune zöge. »Wenn Kommune, dann Alla Hopp! Was Alla Hopp bietet – in verschiedenste Richtungen: *wie* wir uns auseinandersetzen, *wie* Politik gemacht wird und *wie* wir uns organisieren – das finde ich gut«.

Bestätigt das nicht wieder mal, dass die Menschen aus all den unterschiedlichen Projekten nicht austauschbar wären, dass alle sich speziell ihr Projekt suchen müssen, zu dem sie passen? Judith würde das anders formulieren: »Jede Person trägt das Projekt mit und wie sich Projekte entwickeln, da ist jede Person Teil von. Das sind ja gewachsene Strukturen«.

## 4.4. Beginenhöfe

Jedes letzte Augustwochenende treffen sie sich: die heutigen Beginen. Aus der Frauen- und ›Hexen-‹Bewegung der achtziger Jahre an vielen Orten entstanden, kamen Mitte der Neunziger all jene zum ersten Mal zusammen, welche sich mit den mittelalterlichen Beginen beschäftigten, die spirituell Interessierten ebenso wie die eher politischen. Viele fingen Feuer, wie es Mechthild Ziegenhagen, die Mitbegründerin des ersten neuen Hofes 1999 erzählt, und seitdem existieren nicht nur schon wieder in mehreren Städten wie Bremen, Schwerte oder Tübingen Beginenhöfe, es sind zudem an vielen weiteren Orten die Planungs- und Finanzierungsphasen angelaufen.

Beginenhöfe seien keine Seltenheit gewesen: Zwischen drei und zehn Prozent der Frauen Mitteleuropas hätten darin gelebt, erzählt Mechthild. Dank ihrer wuscheligen roten Haare, den klaren blauen Augen und ihrer teilweise in Grün gehaltenen Kleidung fällt es noch leichter, ihren lebhaften Erzählungen aus jener Zeit zu folgen. Um 1200 – eine Zeit, die von vielen Gegenbewegungen geprägt war, in denen es um ein besseres Leben ging – werden die ersten Beginen in Köln erwähnt. Später sind es allein in dieser Stadt vierzig Höfe. Im Gegensatz zu vielen heutigen Interpretationen, Beginenhöfe oder auch Konvente seien eine Art Frauenklöster gewesen, stellten diese eine Alternative zu der sonstigen Wahl zwischen Heirat und Klosterleben dar. Hier konnten Frauen ein- und ausziehen wie sie wollten, sie konnten ihre Kinder mitbringen, und sie konnten auch außerhalb der Höfe einer Erwerbsarbeit nachgehen. Denn im Gegensatz zu dem heutigen Glauben, Frauen wären im Mittelalter völlig rechtlos gewesen, war es gemäß des damaligen Verständnisses, der Mann sei nicht wesentlich anders, sondern nur besser als die Frau, Frauen ohne Mann durchaus erlaubt, wirtschaftlich selbständig zu sein oder beispielsweise ein Erbe anzutreten.[76]

Mit solchen Vermögen wurden die Beginenhöfe gestiftet, entweder von Beginen selbst oder von Adligen, und auch die notwendigen Produktionsmittel gekauft. In Thüringen – allein in Erfurt gab es neun Konvente – waren dies überwiegend Webstühle. Tuchherstellung galt als Spezialität der Beginen, besonders hier, wo der Färberwaid verbreitet war: Eine Pflanze, welche die damals einzige Möglichkeit darstellte, blau zu färben.

Da die jungen Frauen Unterricht erhielten in Lesen und Schreiben, Rechnen und Buchführung sowie Sticken und Nähen waren ihre Erwerbsmöglichkeiten jedoch recht vielfältig. Darüber hinaus wurden sie in Naturheilkunde unterwiesen. Die Höfe auf dem Land besaßen eigene Wälder sowie Weiden und Tiere. Die Beginen backten Brot, dörrten Obst, und manche besaßen sogar das Recht, Bier zu brauen sowie das Recht auf eigene Mühlen.

Egal ob einem Gewerbe innerhalb oder außerhalb des Beginenhofes nachgekommen wurde, die Einkommen kamen den Frauen einzeln zu, die davon wieder ihre wöchentlichen Beiträge an die Gemeinschaft bezahlten. Diese waren in manchen Konventen für alle Frauen gleich, und in manchen von der Höhe der Einkommen abhängig. Die Regelungen waren zwar unterschiedlich, doch heutigen Vorstellungen von Kommunen kamen sie selten nahe, und Wohlstandsgefälle innerhalb eines Hofes waren üblich. Erspartes konnte eine Frau mitnehmen, wenn sie den Konvent wieder verließ; in einigen Fällen sogar das mitgebrachte Vermögen, ganz oder teilweise.

Von diesen Erwerbsmöglichkeiten abgesehen, waren die Beginen außerhalb ihrer Höfe im weitesten Sinne als Sozialarbeiterinnen tätig: Sie wurden bei Krankheiten und Unfällen, bei Geburten und bei Sterbefällen ebenso gerufen wie bei Familienstreitigkeiten. In solchen Fällen arbeiteten sie nicht gegen Geld, erhielten aber in der Regel Spenden, häufig in Naturalien.

Oft wählten die Frauen eine Meisterin als Verwalterin, die wieder abgewählt werden konnte, jedoch häufig ihr Leben lang in dieser Funktion verblieb. Ihre Aufgabe war es, über Einhaltung der von allen beschlossenen – jedoch dann über Generationen hinweg weitergegeben – Regeln zu wachen. Dazu gehörte, dass innerhalb der Höfe keine Männer zugelassen waren; doch gab es häufig einen Bereich, wo diese als Gäste empfangen werden konnten. Zudem durften die Beginen selbst bis zu sechs Wochen abwesend sein, und Männerkontakte waren durchaus erlaubt.

Der Eintritt in den Konvent erfolgte nach einer Probe-, der ›Novizinnen‹zeit, und wurde mit einem Fest begangen, bei dem die Dazugekommene das ›Beginenversprechen‹ ablegte, was im Wesentlichen darin bestand, der Gemeinschaft keinen Schaden zuzufügen. Die Frauen konnten ihre Möbel und ihren Hausstand mitbringen, und die Zimmer waren keine solchen Gewölbe wie im Kloster. Einige Frauen hatten ihre eigene Küche, es gab aber auch große Gemeinschaftsräume.

Die zunehmende Frauenfeindlichkeit ging auch an den Beginen nicht vorbei. Frauen allgemein wurden mehr und mehr die Rechte entzogen, wobei im wirtschaftlichen Bereich die als Männerbünde organisierten Zünfte ihren Anteil hatten. Zum einen wurde beispielsweise den Beginen in

Thüringen die Herstellung des teuren Spitzenstoffes verboten; sie durften nur noch ein etwas einfacheres Tuch herstellen, dann ein noch einfacheres, dann nicht mehr mit zehn Webstühlen produzieren, sondern nur noch mit zweien – bis ihnen ihre Lebensgrundlage entzogen war.

Zum anderen entstand eine neue, patriarchale Moral, deren Opfer sie wurden. So wurden im Jahr 1420 rund vierhundert Beginen an einem einzigen Tag der Stadtmauern verwiesen und für vogelfrei erklärt. Die einsetzende Hexenverfolgung tat das Übrige am Niedergang der Beginenhöfe.

## 4.4.1. Beginenhof Thüringen

Über 500 Jahre später gründet Mechthild Ziegenhagen den ersten neuen Beginenhof überhaupt mit – in der Nähe von Erfurt auf einem kleinen Berg gelegen. Inzwischen aber ist er auch der einzige bereits wieder gescheiterte Hof.

Bis zu fünfzehn Frauen fanden sich hier zusammen, die jeweils im August für ein Jahr das Beginenversprechen ablegten.

> »Wir haben jeweils für ein Jahr uns der Beginengemeinschaft zugehörig gefühlt. Das fand ich einen gut überschaubaren Zeitraum. Zu sagen: Okay, ich will ein Jahr dieser Gemeinschaft angehören, ein Jahr lang ist meine Lebenssituation eh so, wie ich sie jetzt gerade haben will. Und danach kann ich entscheiden, ob ich noch ein Jahr verlängere, und noch eins und noch eins – oder halt nicht.«

Viele Beginen seien verwitwet, geschieden oder lesbisch oder erklärten aus sonst irgendeinem Grund Männer nicht zu ihrem Thema in dieser Lebensphase. Es habe aber auch Männerbeziehungen gegeben, nur eben nicht auf dem Hof. »Wir waren ja nicht gefangen da, jede konnte kommen und gehen, wie sie will. Eine junge Frau, die bei uns als Begine war, hatte in der Nachbarstadt ihren Freund.«

Söhne durften bis zum 18. Lebensjahr bleiben, oder »bis sie unangenehm wurden« – das war aber nur in der Theorie so, in Wirklichkeit gab es keine Probleme mit den Kleinen. Aber auch eine schreckliche Tochter hätte zu Diskussionen geführt – letztlich entschied die Gemeinschaft, wer bleiben durfte und wer nicht. Im Normalfall wurde nach einer Probezeit von vier Wochen, die auch verteilt werden konnte, über den Einzug entschieden.

Jede Begine war für ihr Einkommen selbst verantwortlich – ob dies aus Vermögen stammte oder aus Hartz IV spielte keine Rolle. Die Miete für die eigenen Räume war eigentlich festgelegt, letztlich gab es jedoch Spielräume, und einigen Frauen in Notsituationen wurde sie ganz erlassen, im

Sinne der Gewährung eines Schutzraumes. Das zusammenkommende Geld floss in einen gemeinsamen Topf, aus dem der Hof abbezahlt und mit dem Renovierungsarbeiten durchgeführt wurden. Darüber hinaus führten die Thüringer Beginen Kurse und Tagungen auf ihrem Hof durch, um auch diese Einnahmen für den Erhalt und Ausbau der Gebäude verwenden zu können. Deren Instandsetzung erfolgte gemeinschaftlich.

Einige Frauen hatten ihre eigene Küche, doch meistens wurde sich einmal am Tag zum Essen getroffen. Hierfür, wie für andere gemeinsame Ausgaben, gab es einen weiteren Topf, oder jede brachte etwas mit.

»Man kann alles regeln, wichtig ist, dass man es bunt und interessant hält, und dass man sich darauf verlässt, dass wir uns einigen können, dass wir miteinander ins Gespräch kommen, und dann gibt es eine Lösung, die für alle in Ordnung ist, und mit der sich jede gut fühlt. Und das zumindest ist uns ziemlich gut gelungen.«

»Beziehungstechnisch« seien die Gründe für das Auseinandergehen des Beginenhofes gewesen, so Mechthild. Zur allgemeinen Verstimmung trug bei, dass das Anwesen von einer Frau alleine vorfinanziert worden war, und die anderen dies abzahlen mussten, und darüber hinaus jahrelang ihre Arbeit hinein investierten – doch dieses ist nun Privatbesitz.

In der Nähe des alten Standortes haben zwei der Beginen einen wesentlich kleineren Hof gekauft, und möchten neu beginnen. Mechthild aber ist nach Österreich gegangen und wirbt dort für die Gründung eines Hofes.

http://www.beginenhof-thüringen.de
http://www.beginenhof.at

### 4.4.2. Beginenwerk Berlin

»Na ja, bei uns tobt noch die Auseinandersetzung, ob wir überhaupt Beginen heißen wollen. Ich kann mit den alten Beginen (bei uns bezieht man sich im Wesentlichen auf die starken Frauen in Flandern) immer weniger anfangen. Die würden heute anders leben können. So wie wir vielleicht.«

Gisela Notz und 52 weitere Frauen zogen im Herbst 2007 in ein riesiges neu gebautes Stadthaus am Erkelenzdamm mitten in Kreuzberg – in 53 Wohnungen. Nicht alleine sein und trotzdem den Freiraum bewahren zu können, war ein Gedanke dieses Projekts ›Frauen wohnen im 21. Jahrhundert‹. Gegründet wurde es vom Verein *Beginenwerk Berlin*.

Auch die Frauen hier unterscheiden sich nach Alter, Beruf, sexueller Selbstbestimmung, und ob sie an (und wenn ja, welchen) Gott glauben. Der größte Unterschied zu dem Thüringer und dem geplanten österreichischen Hof aber liegt sicher darin, dass Männer erlaubt sind, und zwar nicht nur als Besuch, sondern ebenso als Mitbewohner. Allerdings sind die Eigentümerinnen der Wohnungen ausschließlich Frauen, die sich dann aussuchen, mit wem zusammen sie wohnen möchten: Eine lebt hier mit ihrem erwachsenen Sohn, zwei weitere mit ihren Ehemännern und »es ist schon ein Mann gesichtet worden«, so Gisela, der monatelang alleine in einer Wohnung verbrachte, derweil sich deren Eigentümerin in den USA aufhielt. Viele Männer sind es aber also nicht, obwohl es keinen offiziellen Ausschluss gibt. »Das hat sich so ergeben. Viele Frauen haben ein großes Bedürfnis nach einer Frauengemeinschaft.«

Unweit vom Landwehrkanal gelegen, wirkt das Haus wie eine ruhige und grüne Oase mitten im Kreuzberger Trubel. Gärten, Dachterrassen und der große Gemeinschaftsraum mit Küche ermöglichen es, zusammen zu kochen, zu singen, zu malen oder sich gemeinsam an politischen Projekten zu beteiligen. Andere freuen sich darüber, Kunst, Musik oder den Kinoabend zusammen erleben zu können. »Man kann hier gemeinsame Sachen machen«, sagt Gisela Notz, »doch es gibt keine Rituale«. Den Begineneid ablegen muss hier keine.

Die meisten Beginenhöfe in Deutschland ähneln wohl eher dem Berliner Modell als dem Thüringer, oder stellen Mischformen dar. In der Regel wohnen die Frauen ebenfalls in abgeschlossenen Wohnungen oder kleinen Wohngemeinschaften, jedoch grundsätzlich ohne Männer, wenn diese auch zu Besuch kommen dürfen. So unterschiedlich die einzelnen Höfe sind, sie gehören einem Dachverband an, dem Beginen e.V. – oder doch nicht? Auf der Webseite ist das ›Stadthaus für Frauen in Berlin‹ mit verzeichnet, doch die meisten der dort wohnenden Frauen wissen gar nicht, ob sie Mitglied sind; ein enger Kontakt besteht jedenfalls nicht. Die anfängliche Klarheit, dass das ›Stadthaus für Frauen‹ sich Beginenhof nennen soll, kommt ins Wanken am Erkelenzdamm. Gisela Notz gehört, ›als Freidenkerin‹, wie sie betont, zu den Skeptikerinnen. Doch letztlich, sagt sie, sei sie leidenschaftslos: »Dann heißen wir eben so. Ich selbst muss ja keine Begine sein.«

Allerdings gibt es eine Regel, an die sich alle Frauen, die dort wohnen, halten. Die hat mit Fürsorge und Verantwortung zu tun, und die ist in unserer immer kälter werdenden Ellbogengesellschaft ganz wichtig: Je vier Frauen, die auf einem Stockwerk wohnen, achten aufeinander. In meinem Stockwerk klappt das vorzüglich. Wir tauschen Küchengeräte, Zeitungen und Zeitschriften aus und lassen die Kommunikation untereinander nicht abreißen, helfen uns gegenseitig und – wenn es notwendig wird – holen wir füreinander Hilfe. Niemand muss in diesem Projekt ohne nachbarschaftliche Hilfe bleiben, auch wenn sie sonst zurückgezogen lebt.[77]

Manchmal wünscht Gisela sich aber auch mehr als nur nachbarschaftliche

Hilfe: »Gerne hätte ich wieder den großen Tisch in meiner früheren WG und den Kochplan an der Pinnwand im Flur, anstelle von 54 Küchen in einem einzigen großen Haus«, schrieb sie in einem Artikel vor einem Jahr. Dafür hat sie in der Zwischenzeit gearbeitet: Es gibt nun eine ›Kochgruppe‹ und eine Schiefertafel mit dem wöchentlichen Kochplan in Giselas Badezimmerfenster. Sechs Frauen bekochen sich abwechselnd in ihren Wohnungen und unternehmen auch darüber hinaus mal was gemeinsam; nicht zuletzt organisieren sie politische Veranstaltungen im ›Salon‹ im Erdgeschoss des Hauses.

Obwohl Gisela sich in den letzten dreißig Jahren – wie sie sagt – verändert hat, empfindet sie diese Annäherung an frühere Zeiten als ein Plus an Lebensqualität. Denn:

durch unsere Experimente in den 1970er und folgenden Jahren sind die meisten von uns andere geworden, die kein ›angepasstes Familienleben‹ mehr führen oder auf den wenigen engen für Frauen bis dahin vorgesehenen Lebenswegen spazieren könnten oder wollten. Auch wenn wir vorsichtiger geworden sind, experimentieren wir weiter.[78]

## 4.5. Generationenübergreifendes Wohnen

Im Berliner Stadthaus des Beginenwerks ist die Hälfte der Frauen bereits in Rente oder bezieht eine Pension. Auch wenn die Jüngste Anfang Dreißig ist, so heißt es insgesamt: »Wir wären gerne jünger!« Einige Beginenhöfe sind noch bewusster als Mehrgenerationenhäuser gestaltet, mit einem Teil speziell ausgerichtet für Frauen mit Betreuungsbedarf.

Bei der Arbeitsgruppe ›Generationenübergreifendes Wohnen‹ auf einem Kongress zu Solidarischer Ökonomie in Wien im Februar 2008 springt die ansonsten eher unauffällige Präsenz weiß- und grauhaariger Männer ins Auge. »Menschen, die im 68er-Umfeld geprägt wurden, die zwar heute angepasst leben, aber doch eine Resterinnerung, ein Restbedürfnis nach Selbstbestimmung haben, solche Menschen kommen nun in das Alter«, sagt der Referent Dieter Schrage. Ein Restbedürfnis nach Selbstbestimmung sei in »Altensilos« wie Wien-Lainz mit zeitweise bis zu 4.000 Betten – »nicht von Personen wird gesprochen, von Frauen, von Männern, sondern von Betten!« – nicht möglich. Er wohnt in dem Wiener Wohnprojekt ›Sargfabrik‹, und ist dort mit Mitte Siebzig mit Abstand der Älteste, seine Frau mit Mitte Sechzig die Zweitälteste. »Wenn ich alleine leben würde, dann wäre es nicht einfach. Da wäre es schon gut, wenn ich da ein junges

Ehepaar hätte, und mit denen einen Deal machen und sagen könnte, ich pass auf Eure Kinder auf.« Doch solche Deals finden in der Sargfabrik nicht statt.

Zu Recht? Ariane Dettloff, selbst inzwischen grauhaarig, hat vor einiger Zeit für die Zeitung Contraste den Schwerpunkt zu ›Altersheim? Nicht mit uns! – Alte in Gemeinschaft‹ recherchiert, und insbesondere zu generationenübergreifendem Wohnen. Für sie persönlich hat sie daraus eine Konsequenz gezogen: Sie sucht eine WG mit Menschen nur in ihrem Alter. Was sie aus Mehrgenerationenhäusern gehört habe sei eher, die Alten schätzten die Gesellkeit mit ihrer Peergroup, die Kinder gingen ihnen doch oft auf den Geist, und die Jungen hätten keine Lust auf die Alten.

Doch wie sieht es in der Sargfabrik für Dieter Schrage und seine Frau aus, wenn sie ihn nicht mehr betreuen kann? »Wir haben eine so große Wohnung, da könnte eine slowakische Pflegeperson wohnen«, hat dieser schon überlegt. Und wie sieht es in zwanzig Jahren in der Sargfabrik aus, wenn die anderen, fast alle etwas über fünfzig zurzeit, dann so alt sind wie er jetzt? Hätten die Wohnungen gleich mit Dienstmädchenkammer gebaut werden sollen?

Alle Workshop-Teilnehmenden sollen auf Karten schreiben, wo und wie sie mit 70 Jahren leben wollen, und wo und wie bei Pflegebedürftigkeit, und wo und wie auf gar keinen Fall? Die einen wollen in die Stadt, die anderen aufs Land, aber niemand will in ein Heim, niemand nur mit anderen Pflegebedürftigen leben, und alle wollen ein soziales Netz.

Es gibt noch viel zu tun.


## 4.6. Hartroda

»Minimalst«, sei das Zusammenleben in dem alten Pfarrhaus in Hartroda bei Leipzig heute, ist der Eindruck von Matthias Vernaldi. Er hat früher hier gewohnt, hatte die Kommune wesentlich gegründet, und ausnahmsweise geht es in diesem Abschnitt einmal um die Vergangenheit – und damit um die Frage, warum in der Gegenwart so gut wie keine Menschen mit Behinderungen in solidarischen Wohnformen, wie sie in diesem Buch vorgestellt werden, anzutreffen sind. Menschen, die erkrankten oder einen Unfall hatten und nun innerhalb der Gemeinschaft, wie beispielsweise in der Kommune Niederkaufungen, betreut werden, ja. Aber nicht Menschen, die bereits mit Behinderungen leben und sich dann für Kommuneleben entscheiden. Auf der Suche nach einer Antwort werde ich an Matthias Vernaldi verwiesen.

Gelesen hatte ich bereits von ihm. Unter dem Titel ›Laufen wollt ich, doch man gab mir Flügel‹ – einem Spruch, den er auf einem Poster bei Matthias Vernaldi sieht – berichtet Kai Schlieter in der *tageszeitung* vom 16. August 2008 über ihn: »Die Kommune und dieser bärtige Mann im Rollstuhl lassen sich nicht getrennt erzählen. Ohne ihn hätte es Hartroda nie gegeben. Und ohne die Kommune, davon ist er überzeugt, wäre er schon unter der Erde. Stattdessen wohnt er heute selbstbestimmt im Berliner Stadtteil Neukölln«.

»Das ist sicher nicht das perfekte alternative Projekt gewesen, aber es hat selbstbestimmtes Leben ermöglicht, was sonst in der DDR nicht möglich gewesen wäre. Und das nur, weil ein paar Chaoten beschlossen hatten, eine Landkommune zu gründen. Das finde ich schon phänomenal! Es gab nicht das große Gesetzeswerk, wie wir als Gruppe leben wollten, aber es hat mich fast zwanzig Jahre lang ein Bürger sein lassen, der nicht im Abseits siechte, wie es sonst in der DDR der Fall gewesen wäre.«

Dieses Abseits ist ein gut beobachtetes: Willfährige Spitzel und Hauptamtliche des Ministeriums für Staatssicherheit (MfS) füllen in elf Jahren rund 2.000 Seiten, abgeheftet in T-Gleit-Ordnern der VEB Organisationstechnik Eisenberg. Sie nennen ihre Akten ›Parasit‹ und ›Kommune‹. Ihre Feinde sind Spastiker, Querschnittgelähmte, Muskelkranke. Damals existieren fast ausschließlich Gründe, die Hartroda zum Scheitern verurteilen. Aber als Matthias Vernaldi mit neunzehn Jahren hier ankommt, kennt er die Alternative. Er musste sie sieben Jahre erdulden. In der Landkommune entwickelt er die nötige Energie, sich so etwas für immer zu ersparen.[79]

»Die Idee dahinter war einfach«, sagt Matthias heute: »Wir wollten nicht ins Heim! Und wir hatten von den Kommunen im Westen gehört. Dann haben wir durchgerechnet, dass das mit dem Geld hinkommt, und uns ein Haus gesucht.« Das erste Haus wurde ihnen verweigert: Die Gemeinde erteilte die notwendige Zuzugsgenehmigung nicht. Nur die Kirche durfte ohne eine solche Genehmigung vermieten. Sie fanden das alte Pfarrhaus in Hartroda – eine Ruine. Das Dach war teilweise eingefallen, es gab kein Wasser, keine Dielen. »Heute würde man das als Projekt nicht mehr machen, und auch damals sagten alle: ›Nee, das geht nicht. Ihr seid ja verrückt!‹« Für ihn und seine Freunde aber war es »die absolute Erfüllung, nicht nur weil das Freiheit bedeutete, sondern auch weil das alles leer war. Wir konnten das mit unseren Träumen füllen.«[80]

Es sind Menschen mit und ohne Behinderungen, die hier zusammenziehen. »Damals war das Agreement, dass Leute wie Punks oder Künstler –

also Menschen jenseits der Norm, welche in der DDR als asozial und kriminell eingestuft wurden – durch die Pflege eine Rechtfertigung und ein Alibi hatten.« So umgehen sie den Paragraphen 249, der ›asoziale Lebensweise‹ bei Arbeitsfähigen mit drei Jahre Gefängnis bestraft. Die 180 Ostmark Rente und die Pflegegelder derjenigen mit Behinderungen werden zusammengelegt, davon lebt die Gruppe. Dazu einige Hühner, einige Schafe, der Garten.

Derweil heißt es in den Akten der Staatssicherheit über den Operativen Vorgang ›Parasit‹:

> Seit ihrem Bestehen entwickelt sich die Gruppe in Hartroda zu einem Anlaufpunkt für negativ-klerikale Kräfte, Homosexuelle, Asoziale, Haftentlassene und sogenannte Aussteiger … [Sie hat sich] zu einem Verbreiter pazifistischen Gedankengutes und aktivem Befürworter und Unterstützer einer nichtstaatlichen Friedensbewegung entwickelt … Der Kopf, Initiator und Inspirator dieser Gruppe ist der Schwerstgeschädigte Matthias Vernaldi, der ständig an den Rollstuhl gebunden ist, jedoch über sehr gute und ausgeprägte geistige Fähigkeiten verfügt.[81]

Matthias ist mehr als nur auf den Rollstuhl angewiesen; er kann zu dieser Zeit nur noch leicht seine Hände bewegen.

> »Wenn ich etwas machen wollte, musste ich fragen: ›Wer hätte auch etwas davon?‹ Da war nicht: ›Ich möchte das jetzt machen!‹, sondern: Ich möchte das jetzt machen und muss gucken, dass ich noch jemanden finde. Dass dir jemand anderes seine Zeit zur Verfügung stellt, das braucht einen relativ hohen Aufwand.«

Bald nach der Wende bricht die Kommune auseinander. Nicht nur die Menschen ohne Behinderungen gehen, weil sie nicht mehr auf das Alibi als Pfleger angewiesen sind, sondern auch die Menschen mit Behinderungen. Für Matthias, der mit dem Rentnerausweis, den Menschen wie er in der DDR erhielten, schon immer in den Westen durfte und es dort »interessant fand, aber nichts, was ich wollte«, ist es nun wie eine Befreiung.

> »Zwischen zwanzig und dreißig fand ich das eine tolle Sache, aber irgendwann hat sich das auch umgekehrt und da war ich froh, weggehen zu können. Gruppenleben ist auch nicht einfach. Irgendjemand hatte immer eine Krise, und das wirkt sich natürlich auf die ganze Gruppe aus. Vor allem aber ist nun meine Verfügung über mein Leben viel größer, weil ich Menschen bezahlen kann. Die Leute, die bei mir arbeiten, die machen, was ich sage, helfen mir, *mich* zu verwirklichen – das sind nicht ihre Impulse. Das ist viel einfacher für mich.«

Nach wie vor aber denkt Matthias Vernaldi an die Kommune und die Zeit in Hartroda als etwas Besonderes. »Diese Gruppe, dass es die überhaupt gab, war ein totales Phänomen. Und diese Gruppe hat getragen. Unter diesen Bedingungen!«

»Unter den Bedingungen des kapitalistischen ›Westens‹ ist das Leben in selbstorganisierten Kommuneprojekten nicht unbedingt einladend«, meint Michael Zander, der seit einigen Jahren behindertenpolitisch mit Matthias Vernaldi zusammenarbeitet. Während der neunziger Jahre besuchte er im Rahmen des Projekttutoriums der FU Berlin ›Wir können auch anders!‹ mehrere Kommunen. Zwar erwog er, selbst in einem solchen Projekt zu leben, stellte aber fest, dass die Verhältnisse vor Ort oft noch wenig dafür geeignet gewesen wären. Dies betraf zunächst einmal den Umstand, dass die Infrastrukturen für ihn als Rollstuhlfahrer nicht barrierefrei eingerichtet waren. Für Umbauten, abgesehen vom persönlichen Wohnbereich, hätten auch keine öffentlichen Gelder zur Verfügung gestanden. Darüber hinaus strebten manche Kommunen aus ökologischen Gründen eine eher genügsame Lebensweise an, indem sie zum Beispiel möglichst alle verbrauchte Energie selbst erzeugen wollten, was mit den Bedürfnissen behinderter Menschen nicht immer in Einklang gebracht werden kann. »Man denke nur ans Aufladen eines E-Rollstuhls oder die Notwendigkeit von warmem Wasser für Spastiker«, so Michael. Stand körperliche, beispielsweise landwirtschaftliche Arbeit im Mittelpunkt, warf dies für ihn die Frage auf, was sein Beitrag zur gemeinsamen Produktion hätte sein können.

Das Zusammenleben mit KommunardInnen würde Michael nicht mit der Abdeckung seines Hilfebedarfs vermengen wollen. Für ihn besteht die Notwendigkeit, über professionelle Assistenz zu verfügen. Und gerade weil er auf fremde Hilfe angewiesen ist, sind für ihn persönliche Rückzugsräume besonders wichtig.

## 4.7. Öko-Dörfer

### 4.7.1. Lebensgarten

Das Zentrum des *Global Ecovillage Networks* befand sich viele Jahre im niedersächsischen *Lebensgarten Steyerberg*. Diese vom eigentlichen Dorf abgelegene und architektonisch sehr geschlossene Siedlung hat eine düstere Geschichte: Sie diente im Dritten Reich als Zwangsarbeiterinnensiedlung. Das angrenzende große Waldgebiet barg im Zweiten Weltkrieg unterirdisch eine von Deutschlands größten Munitionsfabriken. In der noch heute existenten Chemiefabrik ließ die NATO noch bis Mitte der neunziger Jahre Munition produzieren. Auch die unterirdischen Gewölbe wurden weiterhin genutzt: Im Heißen Herbst 1983 – ich wohnte selbst nur zehn Kilometer von dort entfernt – blockierten wir mit der lokalen Friedensbewegung die inzwischen zu Atomwaffenbunkern umfunktionierten Hallen. Bis heute wird dieses Gelände zur Lagerung von Atommüll verwendet – mit dem entsprechenden dazugehörigen Skandal, dass wesentlich höher radioaktives Material als offiziell gestattet dort angeliefert wurde. Zudem handelt es sich bis heute um ein Bundeswehrübungsgebiet. Aber wer das alles nicht weiß, bekommt es auch nicht mit.[82] Der Lebensgarten ist ein sehr romantisches Ökodorf, und selbst im Wald lässt sich noch stundenlang wunderbar spazieren; die Absperrungen fallen kaum auf.

Mitte der achtziger Jahre wurde das Gelände des Lebensgartens von zwei Brüdern gekauft, die mit einer überwiegend Berliner Gruppe das Projekt begannen. Die schlechten Energien aufgrund der Vergangenheit wurden versucht zu vertreiben. Ohne, dass dies eine Art Einzugsbedingung wäre, sind die dort Lebenden überwiegend esoterisch ausgerichtet: Die kleine Kapelle birgt ebenso Bilder von Jesus wie vom indischen Guru Sri Sathya Sai Baba. Hier kann in aller Frühe meditiert werden, etwas später gibt es die Möglichkeit zum gemeinsamen Singen von Taizé-Liedern. Um halb neun kommen dann auf dem Dorfplatz jeden Morgen jene zusammen, die mit Kreistänzen den Tag begrüßen möchten.

Wer im Lebensgarten lebt – das sind insgesamt ungefähr 150 Menschen – muss nicht automatisch Mitglied im Verein sein. So war es bei mir, die ich dort hingezogen war, um mit meiner Freundin und den jugendlichen Töchtern zu wohnen. Ohne am Rest der Versammlung teilnehmen zu dürfen, wurde ich einmal geladen, um mich vorzustellen, und um darzulegen, warum ich nicht Teil der Gemeinschaft werden wollte. Meine Gründe wurden widerspruchslos akzeptiert, und die Bemerkung der Vorstandsfrau, die sich erkundigte, ob ich denn beabsichtigte, die Gemeinschaftsräume nie zu betreten – da ich als Nicht-Mitglied nicht zahlte – wurde von mehreren als unschicklich empfunden und zurückgenommen.

Das Gemeinschaftshaus neben dem Dorfplatz ist ein Gebäudekomplex, dessen einer Flügel die allein schon riesige Festhalle in der NS-Bauweise birgt. In anderen Teilen befinden sich private kleine Läden sowie die Food-Coop, die wie ein normaler Bioladen funktioniert, nur dass alle NutzerInnen am Anfang eine kleine Einlage geben und dann von den billigeren Preisen profitieren. Büroräume, ein schöner heller Tanz- und Meditationsraum mit Blick auf den Himmel, die Kapelle, ein Kindergarten, früher der Freeshop im angebauten Wintergarten – all dies findet sich dort ebenso wie die Großküche für die Teilnehmenden an den Workshops im Seminarhaus und für all jene LebensgärtnerInnen, die lieber gemeinschaftlich essen. Dort regelmäßig unsere Mahlzeiten einzunehmen wäre für uns jedoch entschieden zu teuer geworden, und war aber auch für andere unüblich. Im Lebensgarten lebt man in Kleinfamilien.

Teuer sind inzwischen auch die Häuser geworden, je ökologischer sie umgebaut wurden, umso mehr. Die nach dem Zweiten Weltkrieg als Behausungen der Ärmsten geltenden kleinen Ziegelreihenhäuschen kosten heute teilweise mehr als die schönsten Einfamilienhäuser in der Umgebung. Die Möglichkeit zu mieten ist selten geworden, seit die Brüder sich zerstritten haben.

Ich fragte mich oft, was das Ökologische im Dorf ausmacht. Die vereinzelten Solarpanel auf den Dächern? Das Elektroauto im Carpool? Dieses wurde abgeschafft, nachdem es zu oft schon auf dem Weg ins nächste Dorf stehengeblieben war; und im Carpool selbst teilt sich auch nur eine kleine Gruppe die Autos. Wahrscheinlich ist es also doch in erster Linie das Flair und die ökologische Grundeinstellung, was den Lebensgarten zum Ökodorf kürt.

Die meisten LebensgärtnerInnen arbeiten außerhalb, doch einige sind auch im Verein angestellt, nicht zuletzt aufgrund des Seminarbetriebes. Nachdem im Zuge der Expo 2000 in Hannover eine Million D-Mark für die Renovierung der Festhalle zur Verfügung gestellt wurde, bewirkte diese Investition allerdings auch in die Zigtausende gehende monatliche Betriebshaltungskosten. Dies kann finanziell bewältigt werden, da die angebotenen Seminare nicht unbedingt billig zu nennen sind. Gab es Zen-Seminare, standen oft schwarze Luxusautos auf dem Parkplatz vorm Lebensgarten, dessen Besitzer in ihren Meditationspausen beim Gestalten des japanischen Gartens schwitzten, während ihr Leiter bei uns gerne vorbeischaute, um mit meiner Freundin zu flirten. Natürlich blieb diese Zielgruppe nicht ganz ohne Folgen. So versuchte die Workshop-Leiterin für gewaltfreie Kommunikation darauf zu drängen, dass die Älteste der Frauen in der Küche diese Arbeit nicht mehr machen dürfte, da sie den Erwartungen der Gäste nicht entspräche. An diese Episode musste ich denken, als ich im *KommuneBuch* in einem Artikel von Elisabeth Voß den Satz las: »Ich erinnere mich an Erlebnisse im Lebensgarten Steyerberg, wo mir das ›freundliche‹ Lächeln der positiv Denkenden eher einem zurückgehaltenen Zähnefletschen zu ähneln schien als einer Zuneigungsbekundung«.[83]

Bin ich zu negativ? Während ich dies schreibe, ist mir bewusst, dass ich damit etwas tue, was ansonsten in diesem Buch nur am Rande vorkommt:

Dass eine zu Wort kommt, die bei dem Projekt nicht mehr dabei ist. Natürlich gibt es immer Menschen, die ein Projekt verlassen haben und es kritisch sehen. Und an was denke ich als erstes, wenn ich mich an meine drei Jahre Lebensgarten erinnere? Daran, wie ich morgens barfuß durch das weitgehend autofreie Dorf lief, um mit meinem Korb die notwendigen Zutaten für das Mittagsmahl aus der Food-Coop zu holen, und mit dem lieben Evert dort bei der Gelegenheit ein paar Worte wechselte. Auch unsere Mädchen haben dort eine sehr glückliche und sie prägende Zeit verbracht, sei es mit ihrer Jugendgang oder sei es beim sonntagmorgendlichen Fußballspiel für all jene, die wollten. Und wer weiß: Wäre meine Freundin nicht gegangen, würde vielleicht auch ich immer noch barfuß und glücklich morgens über den Dorfplatz des Lebensgartens laufen...

http://www.lebensgarten.de

## 4.8.2. Sieben Linden

Durch die Filme von Michael Würfel, der inzwischen selbst in *Sieben Linden* wohnt (›Leben unter Palmen‹, 2001/02), sowie dem auch in vielen Kinos gezeigten von Andreas Stiglmayr (›Menschen, Träume, Taten‹, 2007), ist das in Sachsen-Anhalt gelegene *Sieben Linden* sicherlich zum bekanntesten Ökodorf Deutschlands geworden. Im Gegensatz zum *Lebensgarten* bestand die Siedlung vorher lediglich aus einem Hof, so dass die Wohnhäuser und Gemeinschaftsgebäude aber auch die Wege und jegliche andere Infrastruktur wie beispielsweise die Energieversorgung erst aufgebaut werden mussten. Dies ermöglichte jedoch, von Anfang an und von Grund auf ökologischen Kriterien nachkommen zu können: Die im Jahr 2000 gebauten ersten Wohnhäuser entsprechen den Niedrigenergiestandards. Spätere Häuser, wie das bisher größte mit dem Namen ›Strohpolis‹, dreigeschossig und mit rund 500 Quadratmeter Wohnfläche, sind in der Strohballenbauweise errichtet worden, ein zweigeschossiges sogar in reiner Handarbeit ohne jeglichen Maschineneinsatz. Wer sich noch kein Haus bauen konnte (wobei die von der Siedlungsgenossenschaft *Ökodorf eG* vorgegebenen ökologischen Standards auf jeden Fall einzuhalten sind) lebt im Bauwagen.

Geheizt wird zumeist mit Holz aus dem dazugehörigen Wald, so wie das Wasser überwiegend mit Solarwärme erhitzt wird, beides auf jeden Fall aber mit erneuerbaren Energien. Trinkwasser wird aus zwei Brunnen gewonnen. Auf dem ganzen Gelände gibt es nur Komposttoiletten, diese auch innerhalb der Häuser, hier dann Trocken-Trenn-Toiletten genannt. Für das Grauwasser existiert eine Pflanzenkläranlage. Im gemeinschaftlichen Regiohaus wird vegan mit vegetarischen Zusatzmöglichkeiten gegessen. An privaten Orten ist auch der Fisch- und Fleischverzehr erlaubt, doch dürfen in Sieben Linden gehaltene Tiere nicht getötet werden.

Insgesamt soll das Dorf einmal auf 300 Personen anwachsen, derzeit leben hier bereits über 100, davon gut 30 Kinder. Letztere werden im eigenen Waldkindergarten betreut oder in die dazugehörige, jedoch 30 Autominuten entfernte Freie Schule in Depekolk gefahren – als mit dem Bau der Schule angefangen wurde, stand noch nicht fest, wo das Ökodorf entstehen könnte. Noch ältere gehen entweder in die weiterführende Freie Schule in Salzwedel oder auch in die staatlichen Schulen der Umgebung. Nachmittags können sie durch das nahezu autofreie Dorf toben. Jede erwachsene Person ist Mitglied der Genossenschaft und zahlt nach Selbsteinschätzung rund 85 Euro im Monat für Wasser, Strom, Brennholz und die Nutzung des Geländes und der Gemeinschaftsräume. Für HausbewohnerInnen kommt noch eine Wohnmiete hinzu, deren Höhe abhängig ist von den dafür aufgenommenen Krediten.

Schlafräume für Gäste, Gemeinschaftsräume, die Bibliothek und die Gemeinschaftsküche befinden sich im Regionalzentrum. In den alten Hofgebäuden (»Nordriegel«) befinden sich noch Büros, das Seminar- und Gästehaus als auch eine Food-Coop, eine Kneipe, und verschiedene Kunstläden. Desweiteren gibt es eine Holz-Selbsthilfewerkstatt sowie ein Amphitheater. Neben den geldlichen Belastungen sind alle BewohnerInnen angehalten, sich an den anfallenden Putz- und Gemeinschaftsarbeiten zu beteiligen. Für einen Teil der Feuerholzbereitstellung gibt es bezahlte Arbeitsplätze.

»Wir suchen Menschen, die in der Gemeinschaft ihre Individualität entfalten wollen, das heißt sich einen eigenen Verantwortungsbereich suchen, innerhalb dessen sie selbst entscheiden, gestalten, sich weiterentwickeln und verwirklichen können«, so lautete eine Kernaussage des Ursprungskonzeptes. Anders ausgedrückt: Es besteht keinerlei ökonomische Gemeinschaft, sondern alle müssen sich individuell um ihr Auskommen sorgen. Der Bezug von Arbeitslosengeld ist akzeptiert, doch der Einzug von Hartz IV-EmpfängerInnen ist praktisch unmöglich: Schon der für Interessierte obligatorische Gemeinschaftskurs von zusammengerechnet 1.089 Euro (beziehungsweise für Jugendliche und im Zelt 909 Euro) wird kaum aufzubringen sein, geschweige denn die bei Einzug ins Dorf erforderliche Einlage von 18.000 Euro. »Wir dachten anfangs, es könnte eine Lösung für Arbeitslose sein, sich die Anteile durch Mitarbeit zu verdienen, aber das lässt sich leider nicht realisieren, das würde ja angerechnet werden«, bedauert Dieter Federlein, genannt Sancho. »Selbst wenn es direkt in Genossenschaftsanteile umgewandelt werden würde, sind es geldwerte Leistungen. Auch interne Bezahlungen sind so geregelt, dass sie auch für Arbeitslose nicht über den zulässigen Freibetrag hinausgehen. Wir müssen uns an die geltenden Gesetze halten.«

Der typische Sieben-Linden-Bewohner arbeitet als Freiberufler, entweder außerhalb oder zumeist innerhalb des Dorfes, beispielsweise als Handwerker, als Künstler oder Seminarleiter. Einige sind Angestellte des Vereins ›Freundeskreis Ökodorf e.V.`. Baut die Gärtnerin Gemüse an, so wird ihr dies abgekauft, wie auch jeder andere Austausch über Geld vermittelt wird. Selbst in Sieben Linden als Gast an Bauwochen teilzunehmen, kostet – für Fortgeschrittene werden diese aber erlassen, betont Eva Stützel. Das Kriterium scheint hier also gestiegene Arbeitsproduktivität zu sein.

Eva Stützel erläutert das Prinzip des internen Umgangs mit Geld:

»In der Organisation der internen Ökonomie wird daran gearbeitet, eine Struktur aufzubauen, die lokal und solidarisch ist: Selbstversorgungsarbeit wird mit einem projektüblichen Stundenlohn bezahlt, auch wenn die Produkte günstiger vom Bio-Großhandel gekauft werden könnten. Diejenigen, die eine gesicherte finanzielle Situation durch Außenarbeit oder Rente haben, arbeiten selbstverständlich oft ehrenamtlich, während versucht wird, Menschen ohne Einkommensmöglichkeit interne bezahlte Arbeitsplätze zu schaffen. Daneben gibt es viel informellen Ausgleich zwischen den Gemeinschaftsmitgliedern, durch zinslose Kredite, selbstverständliche Unterstützung bis hin zu Schenkungen.«

Sancho findet dieses Genossenschaftsprinzip von gemeinsamem Eigentum und einer gemeinsamen Haushaltskasse in der Kombination mit persönlicher Verantwortlichkeit für das eigene Einkommen einen guten Kompromiss. Doch nicht die gemeinsame Geldökonomie solle das oberste Ziel des Ökodorfes sein, sondern ein Geist, der den Blick auf das Ganze richtet und ein Dorfmodell entwickelt, das »avantgardistisch übertragbar wäre auch auf staatliche Gemeinwesen« – zum Beispiel Deutschland – und zwar »mit einer Struktur, die die kapitalistische Megamaschine umwandeln würde zu einem wirklich demokratischen System, in dem dann realpolitisch ein Optimum an Freiheit, Gleichheit, Liebe, Frieden, Menschenwürde, Schönheit, kreative Kultur und nachhaltiges ökologisches Wirtschaften für alle möglich und auch unvermeidlich ist.«

Den unterschiedlichen Vorstellungen davon, was ein ›gutes‹ und ›richtiges‹ Leben ist, Rechnung tragend, organisiert sich das Dorf in Nachbarschaften. Auf diese Weise können sich Gruppen mit ähnlicher Lebensweise finden, und die einzelnen müssen sich auf weniger Kompromisse mit allen einigen und können dennoch die Vorteile einer größeren Vernetzung genießen. Doch einer Nachbarschaft mit ganz eigenen Regeln entspricht im Grunde nur der Club 99. Hinter einigen Kiefern etwas abseits gelegen, findet sich nicht nur eine weitgehend strom- und maschinenfreie Zone, sondern auch eine Gemeinschaft, die ohne Rauchen, ohne Tierprodukte, ohne hitzebehandelte Nahrung, ohne individuelles Privatkapital und nicht zuletzt ohne Monogamie lebt. Ihr erstes Gemeinschaftshaus ist es auch, welches nur in Handarbeit entstand. Die Idee war ein Haus, das ohne Strom und ohne große Geldinvestitionen aus lokal vorhandenen oder recycelten Materialen gebaut werden konnte, und darüber hinaus, ohne von Expertenwissen abhängig zu sein – ja, nicht einmal von starken Männern. Kein Wunder, dass in dieser Zeit mitarbeitende Gäste außerhalb der Baustelle Anzeichen von vernachlässigten Tätigkeiten entdecken konnten.[84] Nach dieser Erfahrung wurde beim nächsten, inzwischen fast fertigen Gemeinschaftshaus dann auch nicht mehr ganz so konsequent auf Strom verzichtet.

Doch gab es zumindest eine Arbeit, die währenddessen an den kältesten Wintertagen weiterverfolgt wurde: das Buch *Eurotopia* für die Neuauflage zu überarbeiten. Denn nicht zuletzt die Menschen vom Club 99 sind diejenigen, welche dieses Standardwerk über *Gemeinschaften und Ökodörfer in Europa*, wie es im Untertitel heißt, herausgeben. Dafür werden für jede Auflage alle ihnen bekannten Projekte angeschrieben und um Aktualisierungen ihrer von ihnen selbst gestalteten Vorstellungen gebeten. Immerhin 364 Gemeinschaften aus 25 Ländern hatten auf diese Weise in der Ausgabe von 2007 die Gelegenheit für eine Selbstdarstellung, und so manche Gemeinschaftssuchende hat sich da schon Blatt für Blatt vorgearbeitet. Als hilfreich erweist sich dabei, übersichtlich mit Symbolen gestaltet, die Grundinformationen auf einen Blick zu erhalten: Wie definiert sich das Projekt? Wie viel Personen welchen Geschlechts leben dort? Wie werden Entscheidungen getroffen? Und so weiter. Im allgemeinen Teil fehlt auch nicht eine Liste der von Gästen am häufigsten aufgesuchten Fettnäpfchen.

Hübsch ist ebenso die kleine Erzählung von dem Eurotopia-Verkäufer, der von seiner jahrelangen Suche nach der perfekten Gemeinschaft erzählt. Als er sie – endlich, endlich! – findet, wird doch nichts draus: Sie wollen ihn nicht. Sie wollen den perfekten Menschen.
Ob das der Club 99 war?

## 4.9. Offene Plätze

Die *Anarchopedia* definiert ›offenen Raum‹ als Tätigkeitsfeld »in dem es keine Beschränkungen der Nutzung gibt. Der Begriff kann sich auf Büros, Seminarhäuser, Wohngemeinschaften, Werkstätten, Proberäume, Versammlungen und Konferenzen beziehen.«[85] Auf einer dazugehörigen Seite zur Vernetzung bestehender Ansätze folgen Punkte zur weitergehenden Definition:

Orte, an denen Eigentumslogik und Dominanz abgebaut werden.
Orte, an denen möglichst alle alles gleichberechtigt nutzen können.
Orte, die jedeR mitgestalten kann.
Orte, wo erstmal jedeR willkommen ist.
Orte, an denen mensch kein Plenum und keine Chefs ›um Erlaubnis‹ fragen muss, bevor mensch etwas machen ›darf‹.
Orte, an denen deshalb Transparenz wichtig ist. Das bedeutet, dass jedeR Zugang zu allen den Ort betreffenden Informationen hat und ihm zur Verfügung stehende Informationen weitergibt (zum Beispiel den Plan, irgendetwas zu bauen oder zu verändern, damit andere Menschen mitgestalten, Kritik üben und Einwände äußern können).
Orte, die es Menschen ermöglichen, gemeinsam etwas auf die Beine zu stellen.[86]

### Do-ocracy

Offene Räume funktionieren in erster Linie über eine *Do-ocracy*. Eine Do-ocracy, so beschreibt jemand auf www.communitywiki.org das Prinzip, sei durch eine Art Zen-Logik geprägt und von daher für manche schwer zu verstehen: »Warum ist es Lion, von dem so viele der Ideen auf CommunityWiki stammen?« »Weil es Lion ist, von dem so viele Ideen auf CommunityWiki stammen«. Eine Verantwortung zu übernehmen bedeute bereits die Rechtfertigung für diese Verantwortung. Es folgt ein weiteres Beispiel einer Camp-Vorbereitung. Mary fragt auf der Email-Liste: »Wie wäre es, wenn wir einen Essenspool organisieren, so dass wir alle zusammen kochen und essen können?« Andere antworten: »Klar, bin ich dabei« oder »Ich kann Freitag Kuchen backen« oder, oftmals: Niemand antwortet. Mary ruft dann die anderen Teilnehmenden an, damit sie Töpfe, Pfannen und andere Kochutensilien mitbringen, fragt herum, wer vegan oder vegetarisch isst, sammelt Geld und organisiert den Einkauf. Auf dem Camp hängt sie Koch- und Abwaschpläne auf und ist diejenige, an die sich alle mit ihren Fragen wenden. Wenn dann jemand sich beschwert: »Du meine Güte, warum kann Mary hier entscheiden, was gegessen wird und wann wie gearbeitet?«, antworten die anderen: »Dies ist eine Do-ocracy. Wenn du meinst, du kannst Marys Arbeit übernehmen, und du willst sie übernehmen, dann geh hin und tu´s. Sie wird wahrscheinlich erleichtert sein. Wenn nicht, nerv nicht rum, sonst hört sie noch auf zu arbeiten, und wir haben nichts zu essen!«[87]

## 4.9.1. Soma-Haus

*Personal Description:* I am a house. Self Organised Meta Arc. I'm trying to find out how I want to be organised. Looks like anarchy at the moment.

Occupation: my occupation is being renovated by these strange hippiepunks squatting me

*Interests:* Well, I'm a house, so I'm interested in hosting people, eating lots of oil and wood in the winter. Most of my time I'm just standing around in the garden ...[88]

So präsentiert sich das *Soma*-Haus in München auf der Webseite von *couchsurfing*.

yeah ... I'm S.O.M.A. in Munich, the ›self organised meta arc‹, full of crazy idealistic freaks I'm a nice colourful place with a garden ... very open, chilled atmosphere ... at least when its not only messy and dirty;-)
I think you will love me cause I'm the best place in this fuckin town!!!
I'm like a colourful lighten warm island in a dark, bad and stressful world.
I'm another world, I'm an own world.
I'm also an own living-creature who lives dynamical with the people who use me or live in.
I'm offering myself as a sleeping place. You can use my kitchen, I also have a work-station with many tools, you can make fire in my garden, you can use me as meeting place for workshops, meetings, seminars etc.. You can develop me further, paint me, make music here, meet chilled people, you can use my office as internet pool and for projects, you can enjoy the different worlds and areas
just relax
I am very interested in creating new forms and ways of living, working, loving in me. So you can see alternative ways and develop it with the people here further if you want. In me there are many different people who are also moving and changing all the time, they are all crazy and open for everyone and everything.

Es ist ein Haus, dessen Besitzerin es als ›offen‹ verstand und dies so lebte: Es konnte kommen, wer wollte und mitleben, wie lange er oder sie es wollte. »Planned to stay a week, finally I stuck half a year«, schreibt Anna. ›Aufesser14‹ schwelgt: »we were soma... we are soma still ... in our hearts and minds«. Das Nordaron aus Wuppertal: »Colourful, very colourful – as life should be«. Maya aus Zagreb: »with its great energy and people that Soma keeps under the roof it gave me greatest moments in my life«. »The most interesting place to sleep in Europe possibly«, vermutet Jesus aus Großbritannien. Dominika aus Bratislava: »Veery relaxed ...you don't even want to leave the house to get back to the ›normal world‹. I think they inspired us to build a small soma house here around. And the dumpster diving was definitely an amazing experience, we've never had so much cheese and fruit at home!«. Und schließlich sei noch Allison aus den USA zitiert: »the most interesting experience I had in germany«.

Inzwischen aber heißt es über dem restlichen Text der Webseite: »sometimes things have to change ... structures have to change ... people and ideas have to move+develop ...« Felix wird in einem Eintrag deutlicher:

> This specific couchsurfing site *SOMAHAUS* is only online due to nostalgic reasons, as the creator of this site does not want it to be changed, BUT the house is in this moment not more as it seems to be when you see this couchsurfing site ... For gods sake times change! Now there is a family living in the house who give hospitality, but not to every damn freak who come around, as this did not work out so good as people try to make it look like. Got me? Stealing messing vagabonds go get kicked out by me personally. No more tolerance on bloodsuckers!

Anja ist voll von Erinnerungen und Erfahrungen. Das Folgende sind nur daraus herausgegriffene Fundstücke:

> »Hier durften wir einfach nur sein, Menschen sein, leben, verrückt sein wie die Welt selbst – alles war potenziell erlaubt und möglich ... für jeden dort.
> ›Lass es uns S.O.M.A. nennen‹, hatte Felix gesagt – schneller als wir gucken konnten, verwendeten wir den Begriff wie selbstverständlich und seither geistert er in unseren Köpfen umher und wir kommen nicht mehr los davon.
> Soma, was ein Name! Vieldeutig, komplex, ironisch, paradox und schön dabei ...
> SOMA, griechisch für Körper, Zellkörper einer Nervenzelle, deren Axone, nach überallhin vernetzt, Impulse nach draußen schicken.
> Wie schaffen wir es – aus dem SOMA unserer Zelle heraus – unsere Nachricht von einer Möglichkeit der Weltrettung in die neuronalen Netze der Zeit zu entsenden?
> Soma, in Huxleys Roman ›Brave New World‹ die Droge, die die Gesellschaft am Laufen hält, ohne die alle durchdrehen würden – ohne die die Gesellschaft zusammenbrechen würde.
> Wenn eine Wand einmal komplett vollgemalt ist, dann ist die Inspiration dahin ... Dann kann mensch sie nur entweder überschmieren und bei null anfangen oder wenn mensch das nicht will, weil das Kunstwerk vielleicht schön ist, wie es ist, das Ganze unberührt wie ein Museumsstück einfach stehen lassen ...
> Was es aber schwer macht, in der Energie des Altgeschaffenen nicht steckenzubleiben und sich festzufahren, wenn man weiter zwischen diesen Wänden leben muss.
> Die Zeit der Tage als die Wand noch unbemalt war, was waren sie schön!
> Unser Somahaus ist tot. Keiner weiß, wann es gestorben ist und ob nicht alles doch von Anfang an nur Illusion war...
> Wenn eine Wand vollgemalt ist, dann ist sie voll.
> Aber tun wir nicht so, als gäbe es nicht genug graue Wände auf diesem Planeten!
> Lasst sie uns anmalen und darauf schreiben: Es hat funktioniert – und das wird es wieder!«

http://www.couchsurfing.com/people/somahaus

## 4.9.2. Kiefernhain

Der Platz wurde erst besetzt, dann ersteigert. Abbezahlt ist er längst, von wem auch immer, aber wer in die Kaffeekasse zahlt, ist ja auch nie ganz klar. Das Gelände gehört nun offiziell dem Verein, und der Verein sind alle, die auf dem Kiefernhain sind, vor allem aber ist es ein Unding, dass die Erde jemandem gehören sollte. ›Man verkauft nicht die Erde, auf der die Menschen wandeln.‹ Dieser Spruch von Tashunka Witko alias Crazy Horse wurde im Kiefernhain verwirklicht. »Wir wollten bewusst nicht, dass man sich Rechte durch Mietzahlungen erwirbt«, erzählt Katrin, die von Anfang an dabei war. »Von der ideellen Seite haben wir das so gut wie möglich umgesetzt, dass es kein Eigentum am Land gibt.«

50 Hektar, zum großen Teil Wald, mehrere Häuser, auch Wägen, alles in allem 60 Leute, doch nie sind alle da oder haben Lust, sich sehen zu lassen – gefühlt ist es darum nur die Hälfte. Menschen aus einem Dutzend Nationen befinden sich alleine derzeit auf dem Platz – angesichts des geballten Deutschseins in anderen Projekten eine Besonderheit. Deutsch ist zwar mit Abstand die wichtigste Sprache auf dem Platz, aber bei weitem nicht die einzige aktiv genutzte. So ähnlich verhält es sich mit allem: Die meisten sind Heter@s, aber es gibt auch LesBiSchwuleTrans-Menschen. Fast alle sind weiß, aber nur fast. Fast alle sind im mittleren Alter, doch es gibt auch die gerade mal 20- und die über 60-Jährigen. Gemischt sind auch die Ausbildungen: Maurer, Schmied, Schauspielerin, Physiker, KrankenpflegerIn, Heilpraktikerin, Elektriker, Tischler, Ökonomin, Köchin, Umweltplanerin – und was es sonst noch sein mag. Wen interessiert das hier? Die meisten leben seit Jahren zusammen, ohne es voneinander zu wissen. Wozu auch? Der Maurer will nie wieder mauern, die Köchin mag nicht kochen. »Seit ich hier wohne stößt es mir sehr auf, dass man woanders meist gleich nach der Begrüßung gefragt wird: ›Und was machst du?‹ Und dann ist natürlich gemeint: ›Wie verwertest du dich?‹«, sagt Henrike.

Es gibt Windräder auf dem Platz, die den Großteil des benötigten Stromes liefern, geheizt wird mit Holz, es gibt eigene Brunnen und eine selbstgebaute Pflanzenkläranlage, offene Holz-, Metall- und Fahrradwerkstätten, einen Freeshop, eine Nähstube, eine Bibliothek, ein Musikstudio, ein Büro mit Telefon und Internet, eine Naturheilapotheke, eine Sauna, Gemeinschaftsduschen und Waschmaschinen. Dafür gibt es keine Mitgliedsbeiträge, keine Zwangsabgaben, keine Arbeitspläne und Plena nur bei Bedarf. Manche essen überwiegend in ihren Zimmern und kochen auf ihren Öfen, andere essen grundsätzlich in der Gemeinschaftsküche – die übrigens nur

in den härtesten Wintern ins Haus zieht und sonst draußen einem Lager-
platz gleicht. Hier wird fast täglich gekocht; auch dies ohne Plan – aber
auch nicht optimal, so Katrin:

> »Wo ich manchmal ein bisschen grantig werde ist, sich andauernd auf ein Essen einladen
> zu lassen und es über Jahre nicht zu schaffen, auch mal andere auf ein Essen einzuladen
> oder auch mal Geschirr zu waschen. Die meisten hier haben es immer eilig, sie planen
> das nicht mit ein und: ›Ich habe ja was Besseres zu tun, ich habe was Wichtigeres zu tun‹.
> Auch wenn dann Zeit mit Kaffeetrinken oder Labern verbracht wird, aber eigentlich hat
> hier niemand Zeit, und darum muss jemand anders für einen Kochen und Abwaschen –
> und nicht: ›Ich esse hier mit, also sollte ich bei 30 Leuten auch einmal im Monat ein Es-
> sen bewerkstelligen‹. So rein rechnerisch, so ohne: ›macht mir Spaß/macht mir nicht
> Spaß‹.«

Die Zutaten für das Essen setzen sich zum großen Teil aus dem zusammen,
was anderswo zum Rest erklärt wurde: Die Bäckerin im Nachbardorf gibt
samstags ihre Überbleibsel ab, der Obsthändler vor der Shopping-Mall
zeigt sich in der Regel großzügig, bei BiobäuerInnen können Kartoffeln
gestoppelt werden – und so weiter. Es wird aber durchaus auch klassisch
containert in den Mülltonnen hinter den Supermärkten. Ab und zu werden
Volxküchen gegen Spenden veranstaltet, dann immer für einen ›guten

Zweck‹. Doch die Reste bleiben als Basislebensmittel für den Kiefernhain: Haferflocken, Bohnen, Reis, auch Rosinen, Kakao oder Sonnenblumenkerne. Dies kommt ausschließlich vom Biogroßhandel, von wo, was fehlt, dann auch gekauft wird; ebenso wie die Seife, die Zahnbürsten, die Windeln, die Binden oder die Rasiercreme. Die naturbelassene Milch stammt von Biokühen, der steuerfreie, da ungeröstete Kaffee – dies geschieht dann über den offenen Feuern – kommt aus den zapatistischen Gemeinden in Chiapas. Für all dies bestehen Kassen, in die von allen gezahlt werden kann – wiederum aber nicht muss.

»Woanders ist klar, du hast kein Geld und kannst gar nicht erst rein ins Projekt. Hier bekommst du vielleicht nach drei Jahren Stress«, drückt es Valeria aus. Andererseits empfindet sie schon, dass immer wieder Kampagnen gegen Schnorrer und Faulenzer laufen. Damit verbunden sieht sie unterschiedliche Privilegien auf dem Platz: »Es gibt Leute, die kein Recht haben und immer wieder beleidigt werden«. Sie habe sich lange Zeit abhängig gefühlt, da sie es als jemand ohne festen Wohnsitz schwer hatte, einen Job zu finden. Dass ihr dann von Hartz-IV-EmpfängerInnen vorgehalten wurde, statt der monatlichen zehn Euro für Strom – die einzige Kasse, wo alle zumindest offiziell angehalten sind, einzuzahlen – nur fünf zu zahlen, wurmt sie noch heute. Eine ökonomische Alternative stellt der Kiefernhain für sie nicht da: »Hier geht man entweder arbeiten oder bastelt Möbel und verkauft die oder bezieht Hartz IV – auf jeden Fall machst du bei dem Wirtschaftssystem mit«.

Auch Cord empfand dies nach einigen Jahren auf dem Platz als Problem; er begann eine Ausbildung als Körpertherapeut:

> »Für mich war das ein Punkt, dass ich für mich hier keine Perspektive gesehen habe, mein Leben zu organisieren, was für mich dazu geführt hat, gar nicht richtig angekommen zu sein, sondern noch mal los zu müssen, was mich auch in der ganzen letzten Zeit hat viel unterwegs sein lassen und in nächster Zeit sein lässt, aber was ich als etwas sehe, was ich in den Kiefernhain einbringen möchte.«

Mehrere leben tatsächlich praktisch ohne jedes eigene Geld auf dem Platz; einige aus Bequemlichkeit, andere, weil sie sich für eine solche Lebensweise entschieden haben. Katrin findet es wichtig,

> »Basisgeschichten hier zu haben, auch in Massen, dass man hier jeden Tag ein Essen für 30, 40 Leute hinbekommt, das liegt mir am Herzen, das hier niemand hungert. Eine andere Geschichte ist für mich, wenn jemand der Meinung ist, für einen speziellen Luxus viel Elektrizität verbrauchen zu müssen und dann von mir verlangt, dass ich für ihn zahle, die ich diesen Luxus ablehne. Dann ist das eine Grenze für mich: ›Ich will diesen Luxus nicht, will ihn bewusst nicht, warum soll ich für deinen Luxus bezahlen? Wenn du kein

Geld hast, kannst du dir diesen Luxus eben nicht leisten.‹ Das sind für mich verschiedene Formen von Durchfüttern.«

Für Hascher ist der Kiefernhain »ein Traum. Ein Traum, der Wahrheit ist«:

»Ich war ein paar Jahre unterwegs gewesen, und immer wenn du eingeladen bist zu Leuten, reinkommen darfst, übernachten, teilnehmen kannst, dann ist das ein Grund, das weiterzugeben. Ein Platz, wo man bleiben kann, sich verwirklichen kann, ein Platz zum Spielen, für jung und klein und für alt und klein – Sachen machen kannst, die sich woanders vielleicht nicht umsetzen lassen.«

Hascher, der des Öfteren halb ironisch und halb ernst zu hören ist mit dem Satz ›Wir leben hier im Paradies‹, bedauert, dass viele nur für einen sehr engen Bereich Verantwortung übernehmen: »für seine Zahnbürste oder so. Wenn man sich für mehr verantwortlich fühlt, dann erkennt man mehr Sachen und macht auch mehr«. Dies sei ein noch notwendiger Lernprozess. »Wir sind alle irgendwie sehr für uns. Zwar essen wir zusammen und holen zusammen Holz, aber wenn du zusammen lebst, musst du ja irgendwie zusammen klarkommen, und am besten ist, wenn man gut zusammen klar kommt. Und je du mehr bist, desto einfacher geht alles.«

Henrike findet es gerade gut, dass ein so fließender Übergang möglich ist zwischen jenen, die sich völlig in die Gemeinschaft hineinbegeben bis zu Marcio aus Rio, der alles tut, um möglichst nie jemandem auf dem Platz zu begegnen. »Und dass das bei vielen von Tag zu Tag auch wechseln kann.« Während sie die Kritik teilt, der Kiefernhain werde von vielen mit ›Hotel Mama‹ verwechselt, und bei sich selbst ebenfalls beobachtet, »ständig vor mir herzutragen, gerade keine Zeit für Gemeinschaftsaufgaben zu haben«, findet sie insgesamt das Arrangement ganz gut.

»Mir fällt fast niemand ein, bei dem ich gar nicht weiß, wofür er oder sie sich zuständig fühlt. Ob dass der Kompost ist oder die Naturheilapotheke, die Nähstube oder die Metallwerkstatt. Brauche ich Hilfe beim Rad reparieren, gehe ich zu Patrick, ist mein Computer defekt, zu Norbert; fühle ich mich krank, zu Minna oder Angie. Manchmal sind es auch Kleinigkeiten, wie sich zuständig zu fühlen für das Auffüllen der ›Trostpflaster‹, unserer Schokoladenbox. All dies ergibt sich, weil es Leuten eher liegt; es ist auch fließend, kann sich verändern. Und wenn ich mich um das Kompostklo kümmere, dann tue ich es viel lieber als früher irgendwelche Badezimmerdienste in WGs, wo ich meinen Arbeitsplan ableisten musste. Hier weiß ich, dass die anderen nicht denken: ›Endlich kommt sie ihrer Pflicht nach‹, sondern: ›Wow, jemand hat das Klo gemacht!‹. Und glaube ich auch mal wieder, keine Zeit dafür zu haben, dann weiß ich, es macht Lieven, und Lieven macht sonst eigentlich nichts für den Platz. Was sollte ich mich auf der einen Seite über ihn ärgern und auf der anderen ein schlechtes Gewissen haben? Es kommt halt so zusammen«.

Katrin sieht dies etwas anders: »Die paar, die gerne Holz machen oder kochen, können hier nicht alle versorgen, sonst würden sie zu gar nichts mehr kommen. Und erst wenn niemand mehr abwäscht, dann wäscht man auch mal selber ab, und dann ist man drin und alle anderen gucken zu, weil man ist ja dann der Abwascher«. Sie fühlte sich phasenweise schon ›verheizt‹.

»Aber es geht so, weil ich eigentlich immer genau das mache, wozu ich Bock habe. Wenn ich jedoch den großen Teil meiner Zeit mit Aufräumen zubringe und zum x-ten mal den Sperrmüll wegbringe – so Sachen, die mich auch nicht weiterbringen, dann denke ich schon: ›Da könnten sich jetzt andere auch mal drum kümmern!‹. Und wenn hier der Aufbau so elendig langsam weitergeht, dann denke ich: ›Ach, ich hätte gerne mal wieder Zeit für andere Sachen‹. Aber eigentlich nehme ich mir die dann auch, von daher…«

Auch wenn den Ausdruck hier niemand kennt: Der Kiefernhain ist eine *Doocracy*. Gibt es einmal ein Plenum, wo es um zukünftige Maßnahmen geht, sagen in der Regel alle, was sie am Wichtigsten fänden – und geschehen tut hinterher eben das, was Leute so wichtig finden, dass sie es tatsächlich tun. Was ist aber, wenn Silvano eine Eiche absägt, weil er es nicht schafft, nachts an ihr vorbeizukommen, ohne sich zu stoßen, und Henrike diese Eiche retten will? Bei Aktionen der Zerstörung – aus welchem Motiv auch immer – hilft alleine das Prinzip der *Do-ocracy* nicht weiter. Während für Silvano die Versuchung groß war, Fakten zu schaffen, fand sich die ansonsten nicht schnell handgreiflich werdende Henrike im Handgemenge mit ihm wieder. Silvano zog daraufhin vor, später ohne sie weiterzumachen – der Kiefernhain ist nicht das, was Gizem sich von ihm wünschen würde: dass er auch eine Alternative des Herzens, des Umgangs miteinander wäre. Doch in einigen Bereichen wird sich durchaus darum bemüht.

Bis vor einigen Tagen war es noch eine Nation und ein Kontinent mehr, dann ging Aleón. Nach einem ersten Plenum, bereits zehn Tage nach seinem Erscheinen, wurde entschieden, dass der Kalifornier bleiben könne; drei Wochen später können sich nur noch drei Leute vorstellen, mit ihm weiter den Platz zu teilen. Nach zwei weiteren Tagen willigt er endlich ein zu gehen. Es war das erste Mal seit Jahren, dass jemand des Platzes verwiesen wurde, und alle sind noch etwas angeschlagen – wie schafft es eine einzige Person, die Energie von allen irgendwie Beteiligten dermaßen in Beschlag zu nehmen? Cord aber sieht das Prinzip des offenen Platzes in Gefahr:

»Für mich ist das ein Punkt, wo es Klärungsbedarf gibt. Von denen, die das Projekt hier mit begonnen haben, war das eine Auseinandersetzung, wo es darum ging, ›Eigentum oder nicht Eigentum?‹, das war ein Prozess, den hat ein Großteil derjenigen, die mittlerweile hier leben, gar nicht durchlaufen und der wird von ihnen auch gar nicht getragen, sondern eher als lästig empfunden; die Leute neigen dazu, wieder ihre Besitzstände abzugrenzen. Ich denke, es ist wichtig, mit den Menschen, die jetzt hier leben, das zu thematisieren: ›Was wollen wir?‹, ›In welcher Form wollen wir hier leben?‹ Aber auch: Wie geht man mit Konflikten um, mit Gewalt (in welcher Form auch immer), welche Lösungsstrategien gibt es, außer dem, was üblich ist: der Ausgrenzung – was offenem Raum widerspricht. Da ist auch viel zu wenig an Alternativen entwickelt worden, deswegen fällt man leicht in alte Handlungsmuster zurück: ›Ich komm hier nicht klar, der Konflikt lässt sich nicht lösen, also du oder ich!‹.«

Katrin sieht als wesentlichen Grund für diese Alternativ- oder auch Hilflosigkeit, dass alle in geschlossenen Zusammenhängen groß geworden sind.

»Ob man in die bessere oder in die schlechtere Schule kommt, ist abhängig von Leistung, die man erbringt; genauso wie, ob man in die Uni kommt – man muss einen Leistungsnachweis bringen. Zieht man in eine Wohngemeinschaft, muss man nachweisen, dass man WG-tauglich ist, und dass man schon in der und der WG gewohnt hat. Es setzt sich so fort. Dann etwas zu haben, wo Leute kommen, die einem nicht den Nachweis ihrer Tauglichkeit bringen, damit muss man erstmal umgehen lernen. Und die eine Sache ist zu sagen: ›Das finde ich gut‹, und die andere: ›Oh, dessen Nase kann ich nicht ab, und jetzt läuft der hier auf dem Platz rum!‹. Es geht auch darum, dass man sich austauscht darüber, wer hat welche Ängste, welche Probleme, was findet wer gut am offenen Platz? Die Erde hat keinen Eigentümer, von daher muss ich mich mit den Lebewesen, die auf diesem Platz sind, auch auseinandersetzen.«

Nicht immer kann mit allen alles ausdiskutiert werden; manchmal sind Menschen psychisch dazu einfach nicht fähig. Von Hascher, der manchmal das Paradies anführt, kann deshalb öfters auch der Ausdruck ›open mental hospital‹ vernommen werden. »Aber dass das bei anderen Leuten bestimmte Sachen antickt, beruht ja wiederum auf Erfahrungen bei diesen«, betont Cord. »In dem Sinne sind wir alle krank, wir bringen alle irgendetwas mit, was uns beeinträchtigt – mehr oder weniger.« Während im ›normalen Leben‹ jemand auch dann noch als gesund gelte, der Psychopharmaka nehme und darum am Arbeitsplatz funktioniere, ist für Sven der Kiefernhain ein Ort, an dem die Chance bestehe, ohne solche Mittel zu leben. Für Gizem ist dieser Aspekt der Gesundung – für alle – ganz wesentlich:

»Freie Räume wie der Kiefernhain können den Menschen die Zeit und den Raum geben, wo sie aufwachen und erkennen können, was sie eigentlich machen wollen. Was sie glücklich macht. Manchmal kann die eine oder andere sich nicht so schnell daran erinnern. Je länger das dauert, desto mehr Geduld, Mitgefühl, Verständnis und Mühe werden gebraucht.«

Aber sie fragt sich auch: »Wo soll das herkommen?« Rafael, der das erste Plenum wegen Aleón einberufen hatte und sich im Laufe der nächsten Wochen bestätigt sah, gehört zu den Skeptikern des Offenen Raumes.

»Ich finde den Kiefernhain wunderbar, frage mich aber auch, ob das von allen ersehnte Paradies mit der Philosophie vom Open Space vereinbar ist. Vielleicht muss am Himmelstor immer ein Wächter stehen?«

»Von allen, die hier sind, hätte ich mich in einem WG-Vorstellungsgespräch vielleicht für eine Handvoll entschieden«, sagt Henrike. »Und von diesen steht inzwischen vielleicht schon wieder einer ganz oben auf meiner ›Big-Brother‹-Liste, die wir wohl alle hier haben: Auf wen würden wir am liebsten verzichten? Doch dann empfinde ich gerade für diese wild zusammengewürfelte Gemeinschaft eine große Zärtlichkeit.« Auch Katrin findet es »eigentlich gut, dass wir keine Sekte sind, die geschlossen in eine Richtung geht, weil das würde das ja auch wieder begrenzen«. Cord betont aber, dass der Kiefernhain gar nicht offen ist für jeden, »weil ein gewisser Stil sich hier entwickelt hat, der auch schon wieder ausschließend ist – zum Beispiel jemand mit anderen Hygienevorstellungen, der bleibt nicht lange!«

# 5. Finanzen

## 5.1. Mietshäuser-Syndikat

Das *Mietshäuser-Syndikat* ist eine Organisation, die von ehemaligen HausbesetzerInnen der achtziger Jahre gegründet wurde. Sie selbst findet ihr Zuhause in der ›Alten Gießerei‹, einem Komplex in Freiburg mit rund hundert BewohnerInnen. Statt der unsicheren und meist kurzfristigen Besetzungen ermöglichte das Mietshäusersyndikat es bislang 65 Gruppen, ohne eigenes Geld ein Haus kaufen zu können – allerdings kaufen, ohne zu besitzen. Dies funktioniert so: Die Gruppe (bislang waren es Größen zwischen sechs und 260 Personen) versucht zunächst, sich selbst einen Teil des Geldes zu beschaffen – möglichst über FreundInnen oder Verwandte, also als private (und billige) Kredite. Schafft die Gruppe es nicht ausreichend, so muss sie eine Bank finden, denen dieses so gewonnene Eigenkapital genügt für die Vergabe von weiteren Krediten. Der Solidarfonds des Syndikats selbst ist zwar mit derzeit 200.000 Euro angesichts der Immobilienpreise nicht üppig ausgestattet, doch ältere und leistungsfähigere Projekte helfen jüngeren finanziell weiter.

Das Syndikat bildet mit dem Hausverein zusammen die Projekt-GmbH, wobei der Hausverein mit einer Mehrheit von 51 Prozent die Selbstbestimmung behält. Was mit dem Haus geschieht, kann der Verein beschließen – außer den Verkauf. Dieser bedürfte der Einstimmigkeit der Gesellschafter.

Ähnliche Stiftungen gibt es inzwischen mehrere; teilweise wird zu Beginn ein Vertrag aufgesetzt, der beinhaltet, dass sich das Projekt verpflichtet, den gemeinsam vereinbarten Zielen treu zu bleiben – auch die kollektive Privatisierung soll auf diese Weise verhindert werden. Die noch junge Stiftung Freiräume will explizit offene Räume erhalten, mit der Vision eines Netzes offener Räume an vielen Orten.

http://www.syndikat.org
http://www.stiftung-freiraeume.de

## 5.2. GLS-Bank

»Was ist ein Einbruch in eine Bank gegen die Gründung einer Bank?«, lässt bekanntlich Bert Brecht in seiner *Dreigroschenoper* sagen. Trotzdem sei an dieser Stelle eine Bank kurz erwähnt. ›Geben – Leihen – Schenken‹ heißt der Name der 1974 von AnthroposophInnen gegründeten GLS-Bank ausgeschrieben. Bekannter ist vielen immer noch die ehemalige Ökobank. Nachdem diese in finanzielle Schwierigkeiten geraten war, übernahm die GLS sie im Jahr 2003, und unterstützte seitdem mehr als 3.000 Projekte.

Die Stadtkommune Alla Hopp war eines davon. Die von Alla Hopp gegründete Genossenschaft ›Wohnen in Selbstverwaltung‹ nahm einerseits einen GLS-Kredit auf, der über Bürgschaften Dritter abgesichert war und der inzwischen von den KommunardInnen zurückgezahlt wurde. Zum anderen bildeten sich zwei Leih- und Schenkgemeinschaften: Mit diesem System verpflichten sich mit dem Projekt solidarische Menschen, über einen gewissen Zeitraum monatlich eine gewisse Summe an die Bank abzuzahlen, beispielsweise fünf Jahre lang monatlich fünf Euro. Die GLS-Bank stellt die volle Summe sofort für das Projekt zu Verfügung. Alla Hopp bekam auf diese Weise relativ viel Geld zusammen. »Ich fand die gut, muss ich echt sagen«, lobt Caro die Zusammenarbeit. Trotzdem haben die KommunardInnen sich seit einiger Zeit dafür entschieden, ihre immer noch nicht unerheblichen Schulden nur noch über Privatdarlehnen abzudecken.

http://www.gls.de

## 5.3. Kollektive Betriebe

### 5.3.1. Der ökologische Baustoffhandel BIBER in Verden

Das ›Oppenheimer Gesetz‹ geistert durch die Szene der Solidarischen Ökonomie – und zwar laut Wikipedia »völlig sinnentstellt verwendet: Das Transformationsgesetz bei Oppenheimer besagt, dass produzierende Genossenschaften in einem kapitalistischen Umfeld unmöglich jeden nehmen können, der Arbeit sucht«.[89] Wikipedia verschweigt hier jedoch – derzeit noch – dass Franz Oppenheimer sehr wohl auch die gemeinhin als ›Oppenheimer Gesetz‹ verstandene Feststellung getroffen hat, und zwar 1896 nach einer empirischen Analyse von Genossenschaften in England: »Nur äußerst selten gelangt eine Produktivgenossenschaft zur Blüte. Wo sie aber zur Blüte gelangt, hört sie auf, eine Produktivgenossenschaft zu sein.«

Ulrich Steinmeyer zitiert diesen Satz in einem Artikel von 2008 über die von ihm 1995 mitgegründete Genossenschaft *BIBER*, einen ökologischen Baustoffhandel in Verden an der Aller.[90] Diese Befürchtung, dass ein selbstverwalteter Betrieb entweder nicht konkurrenzfähig sei oder aber sich in ein ganz normales Unternehmen wandele, so fährt er fort, »können wir im BIBER nicht teilen«.

Zunächst hatte der Artikel Zwänge im Kapitalismus charakterisiert: Die alleinige Zweckorientierung auf Profitmaximierung »zu durchbrechen und zumindest ansatzweise andere Zwecke zu verfolgen, wie die der Solidarität und der Gebrauchswert-Produktion, ist in unserem Wirtschaftssystem nicht vorgesehen und kann zu Zielkonflikten führen. Entweder leidet die Wirtschaftlichkeit bis zu einem Punkt, an dem es sich nicht mehr lohnt, den Betrieb aufrecht zu erhalten oder die Orientierung an Wirtschaftlichkeit geht zu Lasten der anderen Zwecke«.

Ohne explizit zu erklären, warum der BIBER diesen Zwängen entkommen konnte, zeichnet Ulrich Steinmeyer die Entwicklung des Kollektivs nach: Drei GründerInnen lebten seit Jahren in einer Land-WG zusammen. Alle vier suchten nach einer Möglichkeit, genug Geld für ein gutes Leben zu verdienen, die dennoch respektvoll mit den Mitmenschen und der Umwelt umginge. Als Schnittmenge ihrer Qualifikationen als Ökonom, Biologin, Teppichverkäufer und Zimmermann ergab sich ein ökologischer Baustoffhandel mit Handwerksbetrieb: Sie gründeten den BIBER. Nach knapp drei Jahren, 1998, konnte nicht nur in das mitinitiierte Ökozentrum und damit in wesentlich größere Räumlichkeiten umgezogen werden, sondern durch eine Förderung als ›sozialer Betrieb‹ war es zudem für einen Zeitraum von fünf Jahren möglich, sechs vom Land Niedersachen geförderte langzeitarbeitslose MitarbeiterInnen einzustellen.

»Durch die personelle Erweiterung standen wir vor einer großen Herausforderung … Ein Controlling musste her, um einen Überblick über die Leistung der Einzelnen zu erhalten … So begannen wir einen etwa zweijährigen Prozess der Organisationsentwicklung, an dessen Ende eine differenzierte Struktur mit Geschäftsführung, Bereichsleitungen, Personalobmann/ -frau, Baustellenprotokollen, Nachkalkulationen und vielem mehr stand. Nicht jede/r musste mehr für alles zuständig sein. Es gab klare Kompetenzen und Verantwortlichkeiten. Zweimal im Jahr verbringen wir seitdem gemeinsam ein Wochenende, um die grundsätzlichen Angelegenheiten zu besprechen und zu entscheiden. Außerdem klärten wir grundsätzlich, dass jede/r neue Mitarbeiter/in nach spätestens zwei Jahren AnteilseignerIn der GmbH werden musste oder gehen soll. Wir wollten nicht nur die Früchte unserer Arbeit gemeinsam teilen, sondern auch das Risiko. Die Effektivität und die Arbeitszufriedenheit haben sich dadurch deutlich gebessert.«

Inzwischen sind es zwölf MitarbeiterInnen im Betrieb. Nur einer, der soll, will nicht. Die Gruppe möchte, dass er ebenfalls seinen Anteil kauft, schließlich muss ja auch das Eigenkapital am Gesamtfirmenvermögen zusammenkommen. Aber er will genau das nicht: 5.500 Euro seines ersparten Lohnes in Risikokapital verwandeln. Und solange er im BIBER arbeitet, sind die in jedem Fall so gut wie weg.

Auch Meister zu finden ist aufgrund des sich auf Gesellen-Niveau befindlichen Einheitslohnes schwierig. »Offensichtlich bieten wir mehr ›alternative Ökonomie‹, als es die meisten Menschen bereit sind, mitzutragen«, schlussfolgert Uli. »Wir haben daher nicht so sehr mit den formalen Problemen des Kapitalismus zu kämpfen, sondern mit den verinnerlichten Werten der Menschen.«

http://www.biber-online.de

## 5.2.2. Das TÜWI in Wien

›Tüwi´s Hofladen gewinnt *Sustainability Award* – Minister Hahn wird Handschlag verweigert‹ lässt sich noch über ein Jahr nach diesem Ereignis vom 11. März 2008 oben auf der Webseite des Kneipenkollektivs und des dazugehörigen Hofladens für lokale und direkt vermarktete Bioprodukte lesen. Die ›AktüwistInnen‹ (Motto: ›TÜWI übt Widerstand immer!‹) können sich die Radikalität gegenüber dem Bildungsminister leisten, ohne sich zu sehr vor dem Oppenheimer Gesetz fürchten zu müssen: Langfristig bleibt hier keiner, hier arbeiten Studierende.

Das ›Studibeisl‹ TÜWI neben dem Institut für Bodenkunde der Universität Wien ist schon »uralt«, so Arno, und von Generation zu Generation weitergegeben worden. Arno genießt es, in einem selbstverwalteten Projekt erwerbstätig sein zu können: »Klar: Ich finde es nett, dass ich hier arbeite, und nicht woanders arbeiten muss«. Doch ihm, der viel innerhalb umsonstökonomischer Strukturen organisiert, fallen auch die Unterschiede hierzu auf:

»Dieser ökonomische Druck ist da, den spür ich. Der Unterschied ist, wenn ich im Kostnixladen Kino mach, und es kommen nur zwanzig Leute, dann freue ich mich, weil es chilliger ist. Wenn im Tüwi nur zwanzig Leute kommen, dann sage ich: ›Das ist eingefahrener Mist‹, und ärgere mich, und wenn 100 Leute kommen, dass du nur hackeln musst, mit niemand reden kannst und keine Zeit zum Durchatmen hast – dann ist es erfolgreich und du freust dich. Das ist drinnen im Kopf, das kriegst du nicht raus, weil es natürlich auch blöd ist fürs Kollektiv, wenn ein Minus entsteht, weil das TÜWI muss sich halt auch durchboxen. Und dementsprechend denkst du und reagierst.«

Auch innerhalb des Kollektivs erlebt Arno, dass nach einer Veranstaltung, auf die nicht genügend Leute kommen, die Schuld der Person zugeschoben wird, welche diese organisiert hatte. »Aber darüber redet man nicht so gern.« Er findet es schwierig, seine Kritik an Kommerzialität anzubringen, beide Seiten fühlten sich schnell angegriffen. »Das zu diskutieren ging meistens nicht, entweder sagt jemand: ›Das ist voll legitim‹ oder: ›Es ist Scheiße‹. Es gibt wenig dazwischen.« Für ihn ist es nicht so klar, ob es besser ist, selbstverwaltet als Kollektiv Geld zu nehmen oder alles ganz umsonst zu machen:

> »Das andere Problem ist wieder, wenn du die Sachen umsonst machst, musst du noch eine andere Arbeit machen, das heißt, erstens musst du Sachen tun, die wirklich blöd sind – meistens. Damit hast du selbst weniger Zeit und die selbstorganisierten Strukturen weniger Ressourcen. Es hat strukturell Hobbycharakter, eben weil es sich ausgeht mit wenig Geld, und es ist oft sehr zusammengeschustert, zusammengeschnorrt. Mein Ideal ist schon, halbwegs vernünftige Technik zu haben, und nicht den Steinzeitcomputer, und Internet, das nur jeden zweiten Tag funktioniert. Denn das ist mühsam und braucht auch mehr Zeit, und das merkt man bei den Leuten, die nebenbei hackeln und dementsprechend fertig sind, die sind dann auch nicht so sehr bereit, Verantwortung zu übernehmen, Verpflichtungen einzugehen, denn sie denken, sie arbeiten eh schon.
> Aber nichtsdestotrotz würde ich gerne die Möglichkeiten ausweiten, kein Geld zu brauchen, denn im Umsonstbereich habe ich das Gefühl, dass die Sachen nicht so komisch laufen. Das ist für mich der, der netter ist und wo ich mich selber spür.«

Dabei ist das TÜWI vergleichsweise wenig von ökonomischen Zwängen durchdrungen. Hier ›herrscht kein Konsumzwang‹, wie es in einer Selbstbeschreibung steht, das heißt, hier können sich Menschen aufwärmen oder einen netten Abend mit FreundInnen verbringen, ohne ein Getränk nach dem anderen bestellen zu müssen. Wenn dies fast alle trotzdem tun, dann liegt das auch an den Preisen, die deutlich unter den üblichen liegen. Trotzdem stammen die fast ausschließlich biologischen Produkte aus fairem Handel oder sind lokal erzeugt. Darüber hinaus versteht sich das TÜWi als gesellschaftspolitisches Projekt.

Dies bekommen beispielsweise sowohl die Männer als auch die Frauen jedes Jahr in der Woche um den 8. März zu spüren, allerdings auf unterschiedliche Art und Weise: Den Männern wird ein Sechstel des üblichen Preises draufgeschlagen, den Frauen ein Sechstel abgezogen. Der Grund: Eine Diskussion darüber anzustoßen, dass Männer in Österreich (ähnlich wie in anderen Ländern) immer noch ein gutes Drittel mehr verdienen als Frauen.

Als diese Aktionswoche das erste Mal durchgeführt wurde, übte das TÜWI-Kollektiv vorsichtshalber vorher in Theaterspielen, wie sich zu verhalten sei, falls einige Leute darauf aggressiv reagieren würden. Aber es kam zu keinem massiven Unmut. Einige haben es belächelt, einige sich kurz aufgeregt, aber die meisten akzeptierten es. »Gut«, seien ihre Erfahrungen damit insgesamt, erzählt Christin. »Es kommt halt darauf an, wie man es vermittelt.« – »Es kommt aber auch zu fetten Diskussionen«, ergänzt Arno. »Die tolle Marketingstrategie ist das nicht!«

http://tuewi.action.at

## 5.3. Emmaus Köln

Die Größe der Halle, in der sich die Verkaufsfläche von *Emmaus Köln* befindet, erweckt das Gefühl, sich auf einer Messe für Second-Hand-Waren aller Art zu befinden. Da die Möbel, dort die Haushaltswaren, woanders das Spielzeug und hier die Kleidung. »Was sollen diese Lederschuhe kosten?« Dass ich seit Jahren nicht so hübsche Schuhe gesehen habe, zumal in meiner Größe, verschweige ich natürlich. »5 Euro«, sagt die Dame hinter der Theke. Sie sieht nicht danach aus, als solle mit ihr gehandelt werden. Dafür aber fragt sie fürsorglich nach: »Geht das?«

Emmaus ›ist der Name eines Ortes in Palästina, wo einige Verzweifelte die Hoffnung wiedergefunden haben. Dieser Name sagt allen Menschen – Gläubigen und Nichtgläubigen – dass nur die Liebe uns vereinen und uns gemeinsam weiterbringen kann‹. So steht es im Manifest der Emmaus-Bewegung, die 1949 vom französischen Priester Abbé Pierre ins Leben gerufen wurde, mit dem obersten Grundsatz ›Hilf, ehe du an dich selbst denkst‹, dem, der weniger glücklich ist als Du!‹. Dem Gründungsmythos zufolge liegt der Ursprung darin, dass Abbé Pierre auf einen Lebensmüden traf und diesem zu verstehen gab, dass er die Freiheit, die er dadurch gewann, dass er sich umbringen wollte, nutzen könnte, um andere dem Elend zu entreißen. Heute bestehen in 36 Ländern rund 400 Vereinigungen.

Die gut 20 Männer und Frauen von Emmaus Köln leben in einem Gebäude, das die Stadt Köln zur Verfügung gestellt hat. Ansonsten ist es ein Ziel der Gemeinschaft – von denen die meisten »dem Druck unserer Leistungsgesellschaft erlegen sind« – von der eigenen Arbeit zu leben und diejenigen, die noch weniger haben, an dem erwirtschafteten Profit zu beteiligen, lokal wie international. Dafür sammeln sie Kleider, Möbel und Hausrat ein, und verkaufen dies auf dem 1.400 Quadratmeter großen Gewerbegelände im Norden Kölns, welches mit Hilfe einer Erbschaft erworben werden konnte. Hier stehen neben den beiden Lagerhallen ein Bürohaus, eine Schreinerei, eine Fahrradreparaturwerkstatt, eine Recycling-

Stelle (an der Abfälle getrennt werden für den Verkauf) sowie drei Container: Im hinteren Teil der Halle werden unverkaufte Kleidungsstücke für Lateinamerika zusammengepackt, dort gehen sie ebenfalls an Emmaus-Gruppen, die sich durch den Verkauf vor Ort ihren Unterhalt verdienen. Diese spezielle Solidarität mit Lateinamerika der Kölner Gruppe reicht weit zurück: Nach dem Putsch gegen die sozialistische Regierung von Salvador Allende in Chile 1973 wurde versucht, mit Erträgen aus Flohmarktverkäufen sowie politischen Aktionen die dortigen Gruppen zu unterstützen. Gerettet wurde im Zuge dessen nicht zuletzt die Kölner Gruppe selbst, in der Zeit vorher »klinisch tot«, da sie hierdurch großen Zulauf bekam.

Willi Does ist seit dieser Zeit dabei, seine drei Kinder sind in der Gemeinschaft aufgewachsen, und zusammen mit seiner Frau Pascale bildet er die Kontinuität und nicht zuletzt den Kassenwart der Gemeinschaft: Mit meinen fünf Euro sowie einem Laufzettel werde ich zu ihm geschickt, um zu bezahlen. Denn die Kasse führen ausschließlich Willi und Pascale Does: »Wir haben da leider schlechte Erfahrungen gemacht.«[91]

http://www.emmaus-koeln.de

## 5.4. Bremer Commune

Das Ziel der *Bremer Commune* lautet: die ›sanfte Vergesellschaftung‹; ihre Strategie: Zweigleisigkeit. Zweigleisigkeit bedeutet, Erwerbsleben und solidarische Ökonomie getrennt zu halten, und baut zum einen darauf auf, dass auf diese Weise Geld für die Selbstorganisation generiert wird. Zum anderen und vor allem aber geht es darum, den ›Kontakt mit den Produktivkräften zu halten‹, wie es auf einer Zeichnung heißt, welche das Konzept erläutern soll. Till, der zu den Begründern gehört, erklärt dies auf dem jährlich von der Commune ausgerichteten Kongress zu Solidarischer Ökonomie näher:

»Die Erwerbsarbeit ist schon das erste Gleis. Das ist eine Erfahrung, die ich gemacht habe; vor 15, 20 Jahren haben wir mal so einen Ansatz gehabt zu sagen: ›Leute, brecht euer Studium ab, widmet euch ganz der Selbstorganisation!‹ – also auch: ganz das Erwerbsarbeitsgleis aufgeben! Ich habe das nicht gemacht, ich habe immer meine Erwerbsarbeit behalten, weil mir das wichtig war, und die Mitstreiter, die tatsächlich nur in die reine Selbstorganisation gegangen sind, sind heute leider nicht mehr dabei, weil die dann eben irgendwann gemerkt haben: ›Oh, ich möchte doch mein Erwerbsarbeitsgleis machen‹. Und die reine Selbstorganisation hat eher in so eine Ent-Gesellschaftung geführt, denn Vergesellschaftung kann man in so einem kleinen Zirkel nicht herstellen – wenn wir größer werden, wird das hoffentlich anders, aber im Moment geht das nicht. Und deswegen: erstes Gleis progressive Erwerbsarbeit – ganz wichtig! Und ich kann jedem nur empfehlen, das auch ernst zu nehmen, und dann natürlich zu versuchen, was möglichst Sinnvolles in Teilzeit zu bekommen. Wir müssen darum kämpfen, dass das geht.«

Während das erste Gleis ›Progressive Erwerbsarbeit (15-30 Std.)‹ auf der Zeichnung die etwas traurig grau ausschauende Seite eines Baumes darstellt, bildet das zweite Gleis die Selbstorganisation; auf der Zeichnung als die grüne Seite eines Baumes dargestellt, und hier wiederum unterteilt

»in die Wurzeln und den Baum selbst. Das ist auch so eine Erfahrung: Es gibt viele linke Projekte, die sagen: Bei uns kann man einfach irgendwie tätig sein, alle machen, was sie wollen. Das funktioniert aber nicht, das führt zu Verfallsprozessen. Wenn wir ernsthaft solidarische Ökonomie aufbauen wollen, müssen wir überlegen: Was sind die produktiven Grundlagen, die unser Projekt zusammenhalten?«

An den Wurzeln findet sich die ›grundlegende Tätigkeit (Arbeit)‹. Darunter fallen drei Stichworte. Erstens ›Humanisierung‹, und diesem wiederum zugeordnet der Rat (wo basisdemokratische Entscheidungen getroffen werden), der innovative Kreis (zum Ideen und die eigene Produktivität entwickeln) und die Basisgruppe (zum Sich-kennenlernen). Das zweite Stichwort lautet ›Aktivierung‹, ergänzt durch ›rotierend durch alle Bereiche‹, denn alle sollen alle Tätigkeiten kennenlernen: So muss der Informatiker auch mal in den Kartoffeln buddeln – und umgekehrt. Hierfür sind drei Wochenstunden vorgesehen. Das dritte Stichwort schließlich ist die ›Grundversorgung‹ (sowohl gemeinsam als auch im individuell gewählten Bereich). Auf diesen Grundlagen wächst der Baum der freien gesellschaftlichen Tätigkeit, wo es darum geht, nach Belieben Fähigkeiten auszubilden, Kooperationen zu suchen sowie sich selbst und die Gesellschaft zu entwickeln. Hier finden sich dann als Früchte die Tätigkeiten, die jemand auf dem zweiten Gleis wählt: Bei der Commune zurzeit ein (geplantes) Bürgerkraftwerk, die freie Software *Communtu*, ein Projekt globaler Solidarität mit Menschen in Kamerun sowie die alternative Universität *Unitopia*.

Solange diese Tätigkeiten aber kein Geld bringen, wird nach einem komplizierten System, das sich nicht zuletzt an dem Einkommen orientiert, Geld zusammengetan. Für einen geringen Beitrag aber ist es schon möglich, eine Grundversorgung zu erhalten: (biologische) Lebensmittel, Körperpflegemittel oder die Computerbenutzung. Hierzu noch einmal Till:

»Also so die *basics* zum Leben stellen wir uns bereit; und wenn man einfach reinschnuppert, sind das 35 Euro im Monat, die man dafür aufbringen muss. Ziel ist ein bedingungsloses Grundeinkommen, weil wir eben sagen: Um eine sinnvolle Erwerbsarbeit zu suchen, muss man ein Rückgrat haben, und das hat man nicht, wenn man auf Knall und Fall Geld verdienen muss. Im Moment sind wir leider noch nicht so produktiv, dass wir uns

800 Euro im Monat auszahlen könnten, wir sind bei bescheidenen 50 Euro im Monat, das ist ein kleiner Ansatz.«

## Für Michael geht es darum, eine Qualität durch die Praxis der Zusammenarbeit zu erreichen,

»die die kapitalistische Ökonomie unter Zugzwang bringt. Wenn wir soweit sind, dass wir sagen können: ›Wir schaffen es hier, so produktiv zu sein, uns ein bedingungsloses Grundeinkommen zu erarbeiten, es gibt bei uns keine Konkurrenz und Leistungsprinzipien, sondern wir arbeiten solidarisch kooperativ zusammen. Wir sind produktiv und uns geht es psychisch gut!‹– dann werden sich Leute von außen natürlich auch fragen: ›Ja, warum soll ich hier mindestens 40 Stunden arbeiten oder Überstunden machen oder in einem prekarisierten Beschäftigungsverhältnis drin sein, warum soll ich hier Tätigkeiten machen, die mich nicht interessieren?‹.

Momentan sagen wir, wir müssen noch alle individuell Geld verdienen, und vor allem ist es auch gut, dass wir dadurch unsere Projektthemen nicht vermarkten müssen, sprich den kapitalistischen Markt mit Konkurrenz und Leistungsprinzipien hier in unser Projekt reinholen. Auf der anderen Seite müssen wir uns aber auch peu à peu von dieser individuellen Erwerbsarbeit ein bisschen befreien, um eine eigene interne Vergesellschaftung hinzukommen. Wir stellen uns dieser Aufgabe in dem Sinne, dass wir aus unserer solidarökonomischen Erfahrung heraus die recht intelligenten und vielversprechenden Technologien, die es gibt, aber die noch nicht wirklich menschlich sind, modifizieren und die letztendlich dann eine Qualität mit sich bringen, die auch die Menschen außerhalb interessieren. Dann haben wir so eine Schnittstelle von interner und externer Ökonomie. Eine Qualität, die wir dann hier gefunden haben, die nehmen wir dann aus dem Projekt heraus, um die dann auch auf dem externen Markt zu vermarkten, und dieses Geld dann – aber ohne den Markt – in das Projekt zu holen, und zu sagen: Damit finanzieren wir dann auch weitreichendere Ansätze.«

## Christian, der später in die Solarzellenfoschung gehen möchte, hat vor einem halben Jahr mit begonnen, das Bürgerkraftwerk zu planen. Über Unitopia kam er zur Commune.

»Warum mache ich das Ganze? Weil Menschen mir hier anders begegnen, es sind andere Leute als in der Physik hier – logisch. Diese Vielfalt, die ich hier leben kann, die verhindert, dass ich zum Fachidioten werde. Der andere Punkt ist, dass das Projekt hier kooperativ-solidarisch arbeitet, das heißt alle ziehen an einem Strang, jeder Mensch kann sich einbringen. Ich denke, wir wissen alle ganz genau, dass es im ›normalen Leben‹, sage ich mal, ganz anders läuft. Ich mache jetzt gerade meine Bachelor-Arbeit in der Biophysik, und das ist alles andere als kooperativ-solidarisch.

Ich habe als Physiker die Möglichkeit, ziemlich viel Geld zu verdienen, Physiker sind die Berufsgruppe mit dem fünft größten Einkommen in Deutschland, aber das, was hier los ist, das ist mir viel wichtiger. Das ist für mich Lebenskraft. Man lernt hier auch Zeitmanagement: sich selbst organisieren. Das Wichtigste ist, sich selber gut zu kennen: Was brauche ich? Ich mach auch Tai-Chi – da muss man natürlich immer schauen: Wie viel Energie reinzustecken ist notwendig, um bestimmte Sachen zu erreichen? Zum Beispiel habe ich die letzten drei Prüfungen mit eins bestanden, und da würde ich sagen: Okay!«

Torsten hat bereits das »Karrieremachen kennengelernt, und das hatte mich schon so ein bisschen angewidert, was man dafür alles machen muss«. Nach seiner Ausbildung begann er ein Studium, doch aus dem hobbymäßigen Programmieren nebenbei wurde erst ein Nebenjob und – »irgendwann habe ich dann auch durch Leistungen überzeugt« – ein Berufseinstieg samt 40-Stunden-Woche. Als er in die Bremer Commune einstieg, wurde er damit unzufrieden, wollte mehr Zeit für diese aufbringen können. Er hat sich dann

»mit meiner Vorgesetzten zusammengesetzt – ich war da ziemlich offensiv und habe gesagt, dass ich den Sinn auch noch woanders drin sehe als nur in der Erwerbsarbeit und dass ich weniger Stunden machen möchte, und bin dann bei 32 Stunden gelandet. Weniger Geld wollte ich auch nicht verdienen, und dass hat dann auch geklappt – das war natürlich nicht so leicht, wie sich das jetzt anhört.«

Der Moderator fragt an dieser Stelle: »Wie geht das, sich mit seiner Stelle unentbehrlich zu machen – dass die Firma sich darauf einlässt, das überhaupt zu diskutieren. Warum sagen die nicht einfach: ›Vielen Dank für die bisherige Zusammenarbeit, Auf Wiedersehen!‹? Warum sagen die: ›Der bringt etwas mit, was wir sonst nicht kriegen‹?«. Er schreibt an die Tafel: ›sich unentbehrlich machen, unersetzbar sein‹.

»Gemerkt zu haben, dass du etwas reingebracht hast in das Unternehmen, was sie sonst bei anderen Leuten vermissen – soziale und kommunikative Kompetenz, dass das einfach auch etwas ist, was gesucht wird. Fachspezifisch bist du vielleicht tatsächlich ersetzbar, aber was du sonst noch so als Mensch mitbringst, um dieses fachspezifische Wissen auch in die Anwendung zu bringen und mit Menschen kommunizieren zu können und damit auch etwas vermarkten zu können, was andere vielleicht nicht können.«

Nach kurzer Diskussion bittet der Moderator um den nächsten Beitrag »aus weiblicher Sicht«. Carolin ist angesprochen:

»Diese Frage: ›Karriere oder Ideale verraten?‹ habe ich mir in meinem Leben schon mehrere Male und in unterschiedlicher Art und Weise gestellt. Ich denk da gerne zurück als ich sechzehn war, gerade im Austauschjahr in den USA saß und überlegt habe, was ich nach der Schule machen will. Ich weiß ganz genau, wie ich gesagt habe: ›Okay, ich möchte etwas machen, was wirklich gut ist‹ – noch mit so einer gewissen Naivität, die ich auch nicht unbedingt schlecht finde. Einfach, dass ich gesagt habe, ich möchte etwas arbeiten, mit dem ich wirklich etwas verändern kann. Und ich habe überlegt, was das ist. Und ich habe sehr lange überlegt! Und ich habe sehr, sehr lange überlegt!! Und habe dann verschiedene Ideen gehabt und gedacht: Das ist alles nicht das, was wirklich diesem Anspruch genügen könnte. So ist es beispielsweise auf der einen Seite toll, Medikamente zu entwickeln, aber wenn ich mir dann die Pharmaindustrie angucke, dann ist das vielleicht doch nicht der richtige Platz, wenn man positiv etwas verändern will. Und überall gab es diese komischen Haken.

Wenn ich aber sehe: Überall, wo ich mich rein begebe, kann ich nur Schaden anrichten

– dann ist die Frage, ob ich nicht besser in meinem Dorf bleibe, Physiotherapeutin werde und eine nette kleine Familie gründe und mit dem Ganzen möglichst nichts zu tun habe. Das lag mir nicht fern, mich ganz rauszuziehen. Und das wäre dann eben: Karriere opfern. *Und:* Ideale verraten!«

Ohne eine Antwort zu finden, entscheidet sie sich dann zunächst für Naturwissenschaften, da ihr dies Spaß macht, wechselt nach einem Jahr aber resigniert auf Lehramt, um »wenigstens, andere Leute besser zu befähigen, etwas zu verändern«. Wie auch Christian, hat Carolin für ihr Studium ein Stipendium bekommen, und wie er, ist sie über Unitopia zur Commune gestoßen. Die Stipendien erleichtern die Zweigleisigkeit: zum einen, weil dadurch die Studienzeit vier statt drei Jahre laufen kann und die Stundenbelastung entsprechend verteilt werden, und zum anderen, weil damit der eigene finanzielle Beitrag für die Commune gesichert ist.

Der Wechsel zwischen Commune und Beruf oder Studium ist nicht immer einfach. »Wir nennen es auch ›Weltenwechsel‹ – es sind ja ganz unterschiedliche Orte, wo man aktiv arbeitet«, sagt Carolin. Doch andererseits ist es genau das, was ihr eine Perspektive gibt:

> »Was würde mit mir passieren, oder Menschen wie mir, die im Studium drin sind, Ansprüche haben (an den Lehrerjob zum Beispiel) und merken: Um mich herum sind Menschen, die das wenig interessiert, ich habe eine Studiensituation, die ist total ätzend, und meine Ansprüche finden nirgendwo Anklang – dann müsste ich sagen: Okay, ich höre auf zu studieren oder ich passe mich an. Und das muss ich beides nicht, sondern kann einfach konkret an Verbesserungen arbeiten.«

Somit erlebt sie diese Zweigleisigkeit als Grundlage für den jeweils anderen Bereich, und hierin sieht sie für sich den Unterschied zu den vielfach frustrierenden Erfahrungen jener, die nach ´68 mit ähnlichen Idealen in die Schulen gingen:

> »Die stecken all ihre – ich nenne es mal ›Weltverbesserer-Arbeit‹, all ihr Weltverbesserer-Bedürfnis – in die Arbeit an der Schule, und in dem Ausmaß, wie das Bedürfnis bei denen anscheinend da war oder bei mir da ist, geht das dort nicht. In dieser Arbeit gibt es ganz, ganz viel Enttäuschung, so dass da einfach keine Befriedigung rausgezogen werden kann.«

Die Zweigleisigkeit dagegen bedeutet für sie: »das eine nicht aufgeben, sondern eher noch Impulse hineintragen, und auf der anderen Seite für Unitopia und Commune ganz konkrete Arbeit zu machen, ohne dieses große Ganze aus dem Blick zu verlieren«.

Till berichtet von einem ehemaligen Mitglied der Commune, das das Prinzip der Zweigleisigkeit nicht leben wollte:

> »Es gab einen Mitstreiter, der hat sich hier um das Zentrum gekümmert, der hatte keine

Erwerbsarbeitszeit und hat dann hier den Hausmeister gemacht, und hat dann aber auch einen recht patriarchalen Ansatz gefahren und dann wirklich immer den Daumen drauf gehabt. Und dann haben wir erkannt: ›Der muss eine Erwerbsarbeit machen!‹ Es ist wichtig, einen gesellschaftlichen Horizont zu öffnen, denn die Gesellschaft ist komplexer. Dort gibt es Infrastruktur noch und nöcher, und da sehe ich einfach: ›Die Gesellschaft ist so produktiv!‹, während hier unser Mitstreiter dann immer ›klein, klein‹ und die Sachen immer selber zusammengesägt hat. Und frustriert war er auch!«

Jemand fragt, wie diese Entscheidung getroffen wurde. Till:

»Wir haben ihm eben gesagt, dass es wichtig ist, dass er sich auch um Erwerbsarbeit bemüht, die Diskussion haben wir sehr stark geführt damals, und das hat er dann auch gemacht, er hat dann eine Ausbildung gemacht, das waren dann aber erstmal 40 Stunden und vorher null Erwerbsarbeit und jetzt ist er voll in Erwerbsarbeit – das ist in der Konsequenz auch, wenn man die Balance nicht gefunden hat, und zu sehr auf einer Ebene hängt, dann kann es auch mal ganz extrem umschlagen.«

René fragt nach: »Also müssen alle einer Erwerbsarbeit nachgehen?« »Wir empfehlen das!«, bestätigt Till. René hakt weiter nach: »Aber es klang, als wäre Druck aufgebaut worden.« »Ein gewisser Druck ist damit natürlich verbunden«, bestätigt Till erneut. »Könnte sich nicht jemand in Haus und Küche nützlich machen?«, fragt Sonja. »So in der Form ist das hier nicht gewollt«, wehrt Till ab. »Und wie läuft das bei euch mit Küchenarbeit?«, fragt sie nach. Die werde von allen erledigt, so Torsten. Bei Ingeborg, vor einiger Zeit Mitglied in der Commune, regt sich Widerspruch: »Es bemühen sich alle, alles zu machen? Das ist mir nicht aufgefallen!«

Ingeborg, aus großbürgerlichem Haus, wie sie erzählt, jetzt in Rente, fand ihre Zeit in der Commune gut, aber auch schwierig. Befragt nach ihren Gründen zu gehen, sagt Ingeborg: »Ich habe auch gerne Freizeit – zum Beispiel zum Lesen. Hier ist immer was zu tun: einkaufen, saubermachen – es sind fast alles Männer, da muss man immer Druck machen.« Auch die Bedeutung der Technik war für sie eine Überforderung. Sie sieht diese auch als Grund dafür, warum sich vor allem Männer bei der Bremer Commune engagieren. Und sie hatte Probleme, bei den Diskussionen der Gruppe mitzuhalten:

»Das Wissen von der Normalbevölkerung, das ist ja weitaus geringer als von der Gruppe, die sich hier trifft. Die haben einen Level, wo der Normalbürger gar nicht mitkommt. Das kann ich von mir sagen: Ich bin ein Normalbürger. Ich habe ja ein Jahr hier mitgearbeitet und ich hatte ungeheure Schwierigkeiten, überhaupt von der Ausdrucksweise was nachvollziehen zu können, weil mir ganz viele Sachen total fremd waren. Dadurch dass ich lange Jahre an der Universität gearbeitet habe, hatte ich natürlich einen kleinen Vorsprung gegenüber anderen, aber ich hatte große Schwierigkeiten.«

http://www.bremer-commune.de

## 5.5. Finanzkoops

»Wir waren eine Sechser-WG in Marburg, in der fünf Leute sehr eng miteinander waren, und dann entstand die Finanzkoop aus einer Laune heraus. Wir hatten eine sehr, sehr, sehr gut funktionierende WG-Kasse und waren ganz unkompliziert mit dem Alltagsgeld. Auf einem Ausflug nach Frankfurt, wo natürlich klar war, dass diejenigen, die kein Studi-Ticket haben, dass man sich das teilt mit den Fahrtkosten, ging es auf der Rückfahrt irgendwie darum, dass man das schon immer mal spannend fand – und dann haben wir gedacht: ›Ach, wir haben doch eigentlich die besten Bedingungen, das als Experiment zu machen‹ – nicht nur die Haushaltskohle zusammenzuschmeißen, sondern das ganze monatliche Geld, was man so hat. Und so ist das geboren worden.«

Dieses Jahr will Petras Finanzkoop ihr 10jähriges Bestehen feiern und dafür Freunde und Freundinnen sowie die ihnen bekannten anderen Finanzkoops einladen. Eine davon ist die von Philipp, der damals auch in Marburg studierte. Bei ihnen wurde die Idee angestoßen von einer Veranstaltung mit Petras Gruppe. Nach einem Diskussionswochenende im Wendland beschlossen drei Pärchen, die sich alle kannten, ohne jedoch eng befreundet zu sein oder alle zusammen zu wohnen, es einfach zu versuchen: »Wir haben dann gesagt: Okay, man kann es ja probieren und man kann es ja auch wieder aufhören.«

Relativ bald interessierten sich auch FreundInnen, die nicht in Petras WG wohnten, für ihre Finanzkoop. Statt der gemeinsamen WG-Kasse wurde ein gemeinsames Konto eingerichtet. Doch dieser Zuwachs auf neun Personen schrumpfte wieder zusammen auf den alten Kern von fünf, als die einzelnen nach dem Studium aus Marburg wegzogen. Als dann noch eine weitere Person ausstieg, waren die restlichen vier – inzwischen auf drei Städte verteilt – »wahnsinnig frustriert«, erinnert sich Petra. Doch dann kamen noch zwei aus Marburg hinzu, einer aus Berlin und schließlich eine weitere aus Bremen, und in dieser Zusammensetzung besteht die Gruppe seit drei Jahren konstant: acht Personen in mittlerweile fünf Städten. Darüber hinaus gesellten sich noch zwei ›halbe‹ Kinder dazu, deren anderen Elternteile nicht Teil der Koop sind.

Auch Philipps Finanzkoop ist von zwischenzeitlich acht auf sechs wieder zusammengeschrumpft. Diese sind zwar ›nur‹ auf drei Städte verteilt, doch da eine Frau inzwischen in Wien wohnt, ist es schwierig geworden, sich weiterhin wie geplant alle zwei Monate treffen zu können. Die Ausstiege verliefen finanziell unproblematisch, es habe nicht das Gefühl gegeben, da sei viel zu klären, so Philipp. Allerdings bezieht seine Gruppe nur die monatlichen Ein- und Ausgaben in die gemeinsame Ökonomie mit ein.

»Wir haben von Anfang an Vermögen herausgehalten. Auch mit der Begründung: Okay, dann haben alle vielleicht noch ein bisschen Geld, um die Freiheit zu haben auszusteigen. Oder anders herum, ich selbst habe gar kein Vermögen, aber mir ist es wichtig zu wissen, dass alle anderen da sind, weil sie es wollen, und nicht, weil sie denken, sie können es sich nicht leisten rauszugehen. Mir war es immer ganz recht zu wissen, wenn die anderen wollen, dann können sie sofort aufhören, und wir haben keine Scherereien ums Geld.«

Allerdings wurde im Laufe der Jahre schon öfter auf kleinere Beträge aus den vorhandenen Vermögen zurückgegriffen, um akuten Bedarf zu decken – und der Vorsatz, dies zurückzuzahlen, ging meist im chronischen Geldmangel unter. Es gab auch Versuche, etwas zurückzulegen, dieses Geld sei aber spätestens in der nächsten Urlaubszeit wieder aufgebraucht gewesen.

Auf bis zu 60.000 Euro schätzt Philipp die einzelnen Privatvermögen in seiner Gruppe – genaueres weiß er allerdings nicht. Auch bei wem Erbschaften zu erwarten sind, könnte er nicht sagen. »Unsere Vermögensdebatte ist tatsächlich wenig detailliert«, stellt er fest. Ganz anders in der Finanzkoop von Petra. Nicht nur wurde zur Verfügung gestelltes Vermögen »immer ganz brav zurückgezahlt«. Von Anfang an galten die Diskussionen um unterschiedliche Vermögensverhältnisse als wesentlich.

»Ein wichtiger Faktor in dem Ganzen ist ja, was passiert, wenn ich aussteige? Auch wenn ich jetzt teile, bleibt bestehen, dass es welche gibt, die wissen, dass sie mal viel erben werden und welche, die kein Geld erben werden, und welche, die in die Rente einzahlen und welche, die nicht in die Rente zahlen – das ist bis heute so –, und es gibt welche, die nichts erben werden, aber so viel verdienen, dass, wenn sie nicht in der Finanzkoop wären, sparen würden für später, und das aber nicht machen, da wir unsere Alltagskohle teilen. Das war sehr früh klar, dass das ein Problem ist. Da haben wir immer sehr viel drüber gesprochen, auch: Was sind die Ängste und Schreckensvisionen? Seit das personell stabiler ist, sind wir da wieder dran und haben damit angefangen, dass wir die Ersparnisse, auf die Zugriff besteht, auf ein Konto packen und zumindest gemeinsam darüber verfügen, was damit passieren soll. Dann kam dazu, dass bei einem ein Elternteil gestorben ist und er 250.000 Euro geerbt hat. Das war das erste Mal dieser Ernstfall ›Oh-Gott-jetzt-haben-wir-ganz-viel-Geld-und-was-machen-wir-jetzt-damit?‹. Es war auch eher schwierig als schön – abgesehen davon natürlich, dass das mit dem Tod traurig war. Wir haben es dann so gemacht, dass ein Teil des Geldes als Projektverleih besteht, und ein Teil als Privatverleih für Freunde und Freundinnen.

Das ganze Ersparnisthema ist ja nur für den Fall, entweder dass wir uns auflösen oder die andere Variante, eine von uns braucht eine große Summe Geld für ein Haus oder weil sie ein Projekt starten will. Wir haben lange über Ausstiegsmodalitäten geredet und sind dabei zu entwickeln, dass man eine prozentuale Verteilung macht, dass man guckt, soundso viel ist der Topf der Privatersparnisse, und auch wer nichts eingebracht hat, darf mindestens zum Beispiel fünf Prozent mitnehmen, falls er oder sie aussteigt – das so auszubalancieren. Zudem muss klar sein, dass der, der kein Privatvermögen im Hintergrund hat, das genauso machen können muss wie die anderen. Das ist weitestgehend Konsens.«

Das alles sei ein ganz schön komplexer psychologischer Prozess, so Petra weiter. Es ginge immer darum: ›Was gibt es an Zukunftsängsten?‹ – gerade wenn jemand zum Beispiel Kinder bekomme. Letztlich sei es allen vor allem wichtig, drei bis sechs Monate finanziell abgesichert zu sein, um sich in Frieden neu orientieren zu können. »Aber mit Kindern bekommt das noch eine andere Dynamik – weil man natürlich will, dass für die auch vorgesorgt ist«.

Aus diesem Grund ist für alle Kinder ein Sparvertrag angelegt worden, auch für Petras Stieftochter beziehungsweise die Tochter ihrer Beziehungspartnerin. Jedoch bedauert Petra manchmal, durch die Finanzkoop nicht einfach auch in ihrer Liebesbeziehung das Geld teilen zu können. ›Nervig‹ und ›schwierig‹ findet auch Philipp, in einem solchen Fall die Ökonomie getrennt halten zu müssen.

> »Damit ist ein Gewinn von der Koop wieder weg. Früher in derselben Stadt konnte man sich auch ganz praktisch das Geld teilen: ›Wer bezahlt die Rechnungen?‹ oder ›Ach, du hast kein Geld dabei, hier‹. Das war natürlich ein ganz anderes Gefühl. Und wenn jetzt die Koop dich dazu bringt, dass du wieder ganz getrennt dein Geld horten musst in einer Liebesbeziehung – dann ist das unschön, wenn man immer sagen muss: ›Ich zahl meinen Kaffee und du zahlst deinen Kaffee‹.«

Während die einzelnen in der Finanzkoop von Philipp nach wie vor relativ ähnlich verdienen, reicht die Einkommensspanne in jener von Petra von Null bis 3.000 Euro. Als Ärztin liegt ihr Einkommen an der oberen Grenze. Für sie ist das vollkommen in Ordnung: »Ich fühle mich ja nicht eingeschränkt in meinem Alltag.« Auch damit, zu jenen in der Gruppe mit einem »klareren Berufsbild« zu gehören, ist sie »total zufrieden«.

> »Eine hat lange Zeit wenig Erwerbs-, dafür aber viel Antifa-Arbeit gemacht und auf dem Wagenplatz gelebt. Das war auch immer okay. Ich glaube, dass jeder so für sich rechnet: ›Wie viel bring ich rein, wie viel nehm ich raus?‹, das ist weniger geworden über die Jahre. Klar, man hat da ein Gefühl zu, aber wir haben immer sehr darauf geachtet, davon wegzukommen – weshalb ich gar nicht mehr so genau weiß, wer was reinbringt. Ich finde auch, es geht vor allem darum, ob man zufrieden ist mit dem Leben, was man führt, ob man den Job noch machen will oder nicht, oder mehr oder weniger arbeiten möchte. Das haben wir immer ganz gut hinbekommen. Aber so wie wir uns das ganz am Anfang vorgestellt hatten, so ganz naiv: Ach, dann arbeitest du mal nicht, dann arbeite ich dafür mal – das ist insofern schwierig, als wir ja sehr unterschiedliche berufliche Qualifikationen haben. Ich als Ärztin kann ganz anders jobben, zu einem ganz anderen Preisniveau. Ein anderer sagt dann: ›Hey, warum soll ich für acht Euro putzen gehen, wenn du einen Extradienst machst und das sind 400 Euro – da komme ich mir doch völlig bescheuert vor!‹. Aber natürlich kann das nicht dazu führen, dass nur noch die einen arbeiten und die anderen nicht.«

Philipp ging es eine Zeitlang auch so, dass er mehr vergessen hatte, wer was einbringt. Dadurch, dass kurz hintereinander drei in seiner Gruppe aus der Arbeitslosigkeit in die Selbständigkeit gingen und gezwungen waren, eigene Konten einzurichten, um nicht als Bedarfsgemeinschaft zu gelten, ist es ihm wieder bewusster geworden. Da alle Ausgaben über das Konto laufen müssen und das Konto immer gedeckt sein muss, kann das Geld nicht einfach abgehoben und auf das Koop-Konto geschoben werden. »Schließlich ist es dann nur noch ein kleiner Betrag, der hin und her geht.« Haben daraufhin schon mal welche überlegt, ob der Aufwand nicht zu hoch ist und sich die Finanzkoop finanziell noch lohnt?

»Der Punkt ist nicht wegen des Finanziellen. Schon auch, aber nicht hauptsächlich. Ob es klappt oder nicht, hängt davon ab: Hält man die Beziehung zu den Leuten und ist daran interessiert, wie es weitergeht, oder nicht? Da ist eher der Punkt: drei Städte und alle haben viele Termine und dann die Termine koordinieren… dass das nicht als zusätzliche Belastung empfunden wird, sondern als etwas, woraus man zusätzliche Energie zieht.«

Auch, dass man sich erhoffe, weniger arbeiten zu müssen durch die Finanzkoop, trifft für Philipp nicht zu. Auch hier sei weniger die finanzielle als die psychologische Stütze entscheidend:

»Es ist ein Mythos, dass alle immer wenig arbeiten wollen, und ich glaube nicht, dass die Leute mehr oder weniger arbeiten würden, wenn sie die Finanzkoop nicht hätten. Es war bei uns immer ganz viel Thema: Was will man? Wo will man hin? Was macht man gerade? Was findet man anstrengend? – die Reflektion über den eigenen Arbeitsalltag und was will man darin verändern? Und dass man sich gegenseitig ermutigt, aus Arbeitsverhältnissen rauszugehen, die einem nicht mehr passen. Die implizierte Norm ist sicher, bei der Erwerbsarbeits-Diskussion zu sagen: ›Mach weniger‹ oder ›Hör doch auf‹ oder ›Du brauchst dir da keine Gewalt anzutun‹; aber auch mal: ›Hey, mach mal, was blockierst du dich da denn so?‹, wenn mal jemand denkt, das klappt nicht.

Bei den Konsumwünschen ist es eine Sache von Dringlichkeit. Die, die den dringlichsten Wunsch hat, bekommt den befriedigt, und die anderen sagen ›Okay, das reicht in drei Monaten‹ oder auch mal ›Das ist mir eigentlich gar nicht mehr wichtig, wo ich das jetzt ausgesprochen habe‹. Ich habe es noch nie erlebt, dass wir einen ›Wunschwunsch‹ nicht finanziert bekommen haben. Aber es handelt sich auch nicht um Wünsche, die völlig jenseits sind.«

In Petras Finanzkoop ist es beim Konsumverhalten durchaus schon zu Konflikten gekommen. Bei ihnen sei dieses sehr unterschiedlich: Während einige ohne Probleme gerne essen gingen, machten sich andere fast schon einen Kopf darüber, sich mal ein Stück Pizza zu holen. Speziell sei auch bei ihnen das Thema Flugreisen: Während die einen grundsätzlich nie flögen, bestünden andere auf eine Fernreise alle zwei Jahre.

»Mit den Flugreisen gibt es so eine moralische Wertung: ›Was ist das gute Leben?‹, ›Was ist das richtige Leben?‹ – und: ›Was für eine Form von Konsum gehört dazu?‹

Wenn alle so wären wie ich, fände ich das zwar eine gute Sache, aber ich hätte nichts davon. Die Bereicherung ist ja weniger das Finanzielle, als immer wieder im Gespräch zu sein. Letztlich kann man es immer auf die Beziehung herunter brechen: Fühle ich mich einer, die meint, sie muss nach Thailand fliegen oder ein teures Sofa kaufen, so vertraut, dass ich derjenigen unterstelle, dass sie das schon gut überlegt haben wird?

Konflikte entstehen oft, wenn man einerseits sowas hat wie: ›Sowas würde ich mir nicht erlauben und wie kann der nur!‹ – und je geiziger man mit sich selber ist, desto eher wird geurteilt über die anderen. Das ist ja aber gleichzeitig auch die Bereicherung: zu gucken, was ist meine Geschichte mit Konsum – sich was gönnen, sich was leisten, zu verzichten, aber auch in einer schicken Art in einem ökologischen Gleichgewicht sein.«

Philipps Gruppe wiederum geht den Konsumdiskussionen weitgehend aus dem Weg. Doch sich auf den Treffen voneinander zu erzählen, was seit dem letzten passiert ist, und einander zuzuhören, »das spielt eine wahnsinnige Rolle. Geld ist dann immer der letzte Tagesordnungspunkt, da schreibt man dann noch mal auf, wer wie viel voraussichtlich in den nächsten drei Monaten einnimmt, da kommt dann so ein Schnitt raus, wie viel jeder ausgeben könnte, und dann heißt es: ›Das könnte schon klappen‹.«

Ein großer Fan von Werbeveranstaltungen für Finanzkoops ist Philipp nicht: Die Welt werde dadurch nicht unbedingt besser. »Aber man selbst begibt sich in einen Prozess. Von daher ist es für mich eher etwas Privates als etwas Politisches – auch wenn man diese Trennung ja nicht mehr macht«. Es ginge auch nicht darum, es als gesellschaftliche Alternative zu formulieren: »Nach dem Motto: ›Wir brauchen den Sozialstaat nicht, wir können alle Koops machen!‹« Das Letztere sieht Petra auch so: Ihre Gruppe habe immer Wert darauf gelegt, alle ihnen zustehenden Staatsgelder mitzunehmen.

»Aber ich finde, dass die Welt doch ein ganz bisschen besser dadurch wird. Auch durch den größeren Batzen Geld, mit dem man noch mal anderen Leuten, die gar nicht innerhalb der Koop sind, Sachen ermöglichen kann: Sei es durch unkompliziertes Verleihen, oder Schutzheiraten mit beträchtlichem finanziellen Aufwand zu ermöglichen, oder Leute haben Zeit, Politik zu machen oder für ein Kulturprojekt. Ich finde schon, dass so eine solidarische Kleinökonomie auch Außenwirkung hat, und sei es, dass Leute ins Nachdenken kommen – die Leute sollen das einfach mal machen! Die Ängste sind ja zum Teil die gleichen wie bei denen, die Angst haben, in einer WG zu leben, weil dann ständig der Käse weg ist. Und soviel anders ist das nicht. Und wenn man dann erstmal nur das monatliche Geld teilt. Man kann ja jederzeit entscheiden, wieder aufzuhören.«

Solange man nicht mit Spielsüchtigen oder Unbekannten eine Finanzkoop gründe, sei diese Angst, die anderen würden anfangen, das Geld aus dem Fenster zu schmeißen, einfach albern. Sowohl Petra als auch Philipp machten die Erfahrung, dass zu nehmen sehr viel schwieriger sei als zu geben.

Von anderen Erfahrungen haben beide noch nie gehört. Im Grunde glauben sie, dass recht viele Menschen sich das vorstellen könnten. Der einzige Unterschied zwischen ihnen und anderen Menschen sei, dass sie einfach angefangen hätten. Die zentrale Erfahrung für Philipp ist die, dass es so einfach ist. »Das war für mich schon erstaunlich, weil doch immer das Bild herrscht: ›Bei Geld hört die Freundschaft auf‹.« Petra beschreibt ihre zentrale Erfahrung als »total bereichernd. Das ist vielleicht nicht so einfach zu vermitteln – es gibt so ein sehr schönes Gefühl von: Man trägt sich gegenseitig ein Stück. Es ist ein nochmal enger gestricktes Netz als man das sonst verspürt.«

»Auch auf der materiellen Ebene ist es sehr bereichernd«, wirft Philipp ein, »wenn aus dem eigenen Automaten nichts mehr herauskommt, dass man zu dem anderen gehen kann!« »Dazu kann ich nichts sagen«, meint Petra, »ich hatte noch nie Miesen auf einem eigenen Konto. Aber ich kenne die Momente, wo es furchtbar nervt, wenn man irgendwo hinfahren will, und das Finanzkonto ist total überzogen!«

# 6. Bildung

## 6.1. Bücher

Wem geht es nicht so? Bücher wegschmeißen wollen wir nicht. Mit ihnen zusammen haben wir gelacht, geliebt, gelernt, gelitten. Sie vollstauben lassen macht aber weder ihnen noch uns eine Freude. Doch ist es nicht immer einfach, jemanden zu finden, der sich über das bedrohte Buch freuen würde. Hier einige Möglichkeiten.

### 6.1.1. Berliner Büchertisch

Reingehen, sich ein oder mehrere Bücher aussuchen, diese kurz vorzeigen und wieder hinausgehen: So schön kann ein Buchladen sein – allerdings nur für Kinder. Erwachsene müssen zahlen beim *Berliner Büchertisch*. Und den Fehler machen, ein Elternteil mitzubringen, sollte kind auch nicht:

>»Wenn die Eltern dabei sind und wir sehen, die wollen, dass die Kinder Bücher mitnehmen, und die selbst wollen lieber Kassetten, dann gilt: ein Kind ein Buch. Manchmal stehen die Kinder am Regal, und die Eltern dahinter: ›Nimm doch mal den Preußler!‹ oder ›Nimm doch mal Astrid Lindgren‹ oder gleich: ›Nimm doch mal das pädagogisch Wertvolle!‹. Wir hatten auch schon, dass ein Vater das sechsjährige Kind genötigt hat, zum Kunstregal zu gehen und einen Rembrandt-Band rauszusuchen. Aber wenn Kinder alleine kommen, können sie auch drei oder vier oder fünf Bücher mitnehmen, Hauptsache, sie suchen sie selber aus. Es wird leider nicht so viel genutzt. Aber wir haben ein gewisses Stammklientel von Kindern, die regelmäßig kommen und gelesene Bücher wieder mitbringen und sich neue mitnehmen.«

Susanne leitet den antiquarischen Bereich und macht gleichzeitig ihre Ausbildung zur Buchhändlerin. Vor zwei Jahren begann sie als Praktikantin während einer Arbeitsamtsweiterbildung, danach blieb sie. Nachdem sie mit 14 Jahren aus einem privaten Internat abgehauen war (»so´n elitäres Ding: eine schöne Fassade und nur ein Moloch – es gab niemanden in meiner Klasse, der keine Drogen genommen hat«) lebte sie einige Zeit auf Wagenplätzen und ging kurz nach dem Mauerfall im Osten Berlins zur Schule (»das war sowas von übel«), wurde in der neunten Klasse schwanger, unterbrach und versuchte es mit der Freien Schule für Erwachsenenbildung ein letztes Mal (»die waren alle so wie ich, und das war viel zu verführerisch; in der Zehnten hab ich abgebrochen«).

»Wir machen hier keine Arbeitsmarktstatistik verschönernde Maßnahme«, betont Susanne sogleich. Der Berliner Büchertisch ist ein Betrieb und eine Non-Profit-Organisation gleichzeitig: Sämtliche Erlöse dienen dazu, Arbeits- und Ausbildungsplätze zu schaffen. Insgesamt 28 Menschen stehen auf der Liste des Berliner Büchertisches, mit Verdiensten zwischen 100 Euro für das abendliche Durchwischen sowie Vollzeitlöhnen; dazu kommen sechs PraktikantInnen und eine Reihe Ehrenamtliche. Hier am Mehringdamm können es auf den 150 Quadratmetern schon mal bis zu dreißig Menschen gleichzeitig sein. In den anderen beiden Filialen in der Riemann- und in der Pistoriusstraße arbeiten jene, »die eher für sich sein wollen«, so Susanne.

Wer in Berlin wohnt, hat die Möglichkeit der *all-inclusive*-Variante: Einfach 6120-9996 wählen, und die Bücher werden abgeholt. Wer darüber hinaus noch einige CDs, Spiele oder Zeitschriften loswerden möchte, kann diese mit bereitstellen. Dies ist der besondere Service des Büchertisches – alle anderen, seien es Antiquariate oder wohltätige Organisationen wie Oxfam, suchen vor Ort aus, was sie wollen oder nicht.

Beim Büchertisch findet das Sortieren erst am Mehringdamm statt: Was kommt in den Laden? (nur Bücher bis 10 Euro), was ins Internet (vor allem die höherpreisigen, und hier strikt nach Marktwert), und was wird verschenkt? »Wir suchen händeringend immer Orte, wo man noch etwas schenken könnte. Zum Beispiel verschenken wir bei der Berliner Tafel zu jedem Essen ein Buch oder was sie möchten, und in Rathäusern und Jugendämtern, wo wir jeden Morgen hingehen und den Tisch anrichten.«

Der Versuch, stärker mit Gefängnissen zusammenarbeiten, schlug allerdings fehl: »Die müssen jedes einzelne Buch durchgucken, bevor es in die Bibliothek kommt« seufzt die Gründerin Ana Lichtwer. »Dann aber hieß es: Es gibt eine Frau, die bei Ihnen eine Umschulung machen möchte als Freigängerin – ich wusste gar nicht, ob das geht, da haben wir einfach ja gesagt – und so sind wir zur Ausbildung gekommen. Das ist so ganz typisch: dass Menschen kommen und einen Bedarf anmelden und dann gucken wir: Geht das denn?« Erst hierdurch wird auch die Ausbildung für Susanne verwirklicht – da es keine gelernte Buchhändlerin beim Büchertisch gab, hatten sie geglaubt, es sei nicht möglich.

Ana, selbst ›Gastarbeiterkind‹, »mit den ganzen Problematiken, die sind ja bekannt«, die später VWL und Publizistik studierte und dann wieder abbrach, flog mit ihrem Mann und ihrem gerade geborenen Sohn zunächst nach Kuba, später Mexiko, und dann immer weiter. Als sie in der Elfenbeinküste für ein Hotel arbeitete, kam die Zeit, dass sie sich über die Schulzeit der Kinder Gedanken machen musste:

> »Wir wollten eigentlich unten bleiben – und dann ist mir aufgefallen, dass diese Kleinfamilie, das mich das gar nicht reizt. Also, ich habe auch nie danach gesucht, das hat sich so ergeben – aber wenn du ein schönes Häuschen hast, egal wo, dann musst du dich darum kümmern, dass du deine Kinder zur Schule Gassi fährst…«

Es sollten wohl noch einige Routinearbeiten in der Kleinfamilie dazukommen, doch genau in diesem Moment kommt Anas Tochter, die genau wie ihr Bruder einen großen Teil ihrer Zeit im Laden verbringt, mit einer kleinen Verletzung angelaufen.

Nachdem Ana bereits in Frankreich Emmaus kennengelernt hatte, ruft sie in Köln an, ob sie bei der dortigen Gruppe eine Woche leben und arbeiten kann. »Das hat bei mir ganz viel bewirkt, da habe ich einen Riesenkraftschub gehabt, das mitzuerleben, und zu sehen, was schon realisiert ist. Und dann habe ich gedacht: ›Das fehlt in Berlin‹«.

Für Ana, in deren Elternhaus es keine Bücher gab, die aber später in Bibliotheken »gelebt« hat (»immer, wenn es mir nicht gut ging, bin ich in Bibliotheken gegangen«), ist es trotzdem zunächst nicht diese Leidenschaft, sich nicht wie Emmaus auf Möbel, Kleidung und Haushaltswaren zu spezialisieren, sondern nicht zu wissen, wie sie dies bewerkstelligen sollte: Sie hat keinen Führerschein, um diese Sachen abzuholen, und keinen Platz, um sie unterzustellen. So beginnt Ana mit Büchern, und schleppt diese in ihre 65 Quadratmeter-Wohnung im fünften Stock. Wie auch bei Emmaus, bestand sie darauf, ohne staatliche Unterstützungsgelder zu arbeiten. Nicht anarchistische Überzeugung steht hier dahinter, sondern von der eigenen Arbeit leben zu können – und trotzdem Verwertungstendenzen etwas entgegenzusetzen. Hört Ana von Kolleginnen, ihnen werde gesagt, mit 40 Jahren seien sie zu alt für den Arbeitsmarkt, oder wenn sie ihrem indischen Mündel Orte für umsonst zeigen will, und in der Staatsbibliothek plötzlich Eintritt verlangt wird, dann sind dies Momente, wo sie denkt: ›Darum habe ich den Büchertisch begonnen‹.

> »Als es lief, haben wir den Verein gegründet, dem der Büchertisch gehört. Der soll vor allem darauf achten, dass wir immer bei den Zielen bleiben, egal wie gut es uns gehen könnte. Ich bin dem nicht nachgegangen, aber es gab schon ein Kaufangebot. Es kann ja auch sein, dass ich mal was anderes mache. Das Wichtigste ist, dass man bei seinen Zielen bleibt. Sonst wäre alle Arbeit umsonst gewesen.«

Trotz des Erfolges, den Ana in den wenigen Jahren seitdem erlebt hat, ist ihr Traum, eine Lebensgemeinschaft zu gründen – ein offenes Haus, das teilweise vom Büchertisch finanziert wird – noch nicht verwirklicht. Damit der »Druck, Menschen bei uns zu Hause aufzunehmen, ein bisschen weg ist«, hat sie im Quergebäude eine Ein-Zimmer-Wohnung angemietet. Umgekehrt erfährt der Büchertisch von vielen Seiten Solidarität, spürbar vor allem, als der Mehringdammer Laden vor drei Jahren ausbrannte. Damals wurde es finanziell schon kritisch, aber insgesamt findet Ana es »manchmal auch ein Geschenk, dass es so eng ist. Weil man einfach vernünftig wirtschaftet, weil man Ressourcen beachtet.«

Wer meint, entdeckt zu haben, das Ana Lichtwer nicht auf der Putzliste für die Toilette steht, ruft nur Gelächter hervor:»Weil ich die andere im Quergebäude alleine putze!« Hiervon abgesehen, besteht durchaus eine Arbeitsteilung, wobei die Leitungsfunktionen alle von Frauen besetzt werden. Der junge Praktikant, der gerade Bücher ins Regale stellen soll, ist wohl noch nicht lange dabei; eine junge Kollegin versucht, ihm seine Unsicherheit zu nehmen, was wohin könnte:»Hier kommen ganz viele Geschmäcker zusammen. Das ist ganz belebend. Und du hast ja auch einen. Eigentlich.«

http://www.berliner-buechertisch.de

### 6.1.2. Bücher freilassen

›Lasst und frei!‹ steht an einer kleinen Kiste in unserer Gemeinschaftsbibliothek. Daneben findet sich sicherheitshalber noch ein winziger Vermerk, dass es in dieser Bibliothek ausschließlich diese Bücher sind, die gerne reisen würden. Doch scheint eine solche Ansammlung kein guter Ort zu sein für Mitreisegelegenheiten. Die Auswahl an wesentlich besseren Büchern ist wahrscheinlich zu groß. Doch es gibt ja andere Möglichkeiten.

Das Buchregal am Straßenrand in Bremen fand schon unter dem Stichwort ›Freeboxen‹ Erwähnung. Jede Form von Freebox oder Umsonstladen ist natürlich für Bücher geeignet. Ebenso sind schon Bücherkisten an Bushaltestellen gesichtet worden. Sogar die Methode ›sich stehlen lassen‹ hat sich erfolgreich bewährt: Am besten die Bücher vorher in Plastiktüten oder andere entbehrliche Taschen packen, dann die erwähnte Tasche wie zum späteren Abholen dezent in der Ecke eines öffentlichen Ortes abstellen; insbesondere Universitäten empfehlen sich. Wichtig: Die Tasche sollte offen, also sehr leicht einsichtig sein, ansonsten kommt das Terrorkommando; außerdem weiß die Stehlende sonst nicht, um was es sich handelt. Sie sollte lesen können und wollen. Trotzdem bleibt das unangenehme Gefühl, nicht zu wissen, ob die Bücher von ihrer neuen Besitzerin genügend wertgeschätzt werden.

Dabei gibt es Situationen, in denen fast jeder fast jedes Buch wertschätzt und anfängt, es zu lesen. Die Bushaltestelle ist da bereits gut gewählt. Einzelexemplare können auch im Bus selbst gut ausgesetzt werden, ebenso im Zug oder der S-Bahn. Öffentliche Toiletten, Cafés oder – im Sommer – Parkbänke empfehlen sich ebenfalls.

Wer aber entweder selbst mit suchen möchte, oder wer anschließend nicht mehr schlafen kann, weil er sich fragt, wem sein Buch begegnet und was mit ihm weiter geschehen ist, dem sei die folgende Methode geraten.

## 6.1.3. Book-Crossing

*Bookcrossing.com* ist eine Webseite, die ermöglicht, Bücher nicht nur ›in die Wildnis freizulassen‹, sondern anschließend auch ihre Reise zu verfolgen. Am heutigen Tag gibt es genau 736.590 Bookcrossers, die 5.313.002 Bücher registriert haben. Allerdings in 130 Ländern. Für einige Bücher müsste recht weit gefahren werden: zum Beispiel nach Zimbabwe. Oder in die Antarktis.

Jedes Buch bekommt eine BCID – eine Bookcrossing-Identifikationsnummer. Anhand dieser Nummer kann eine Finderin auf der Webseite nachsehen, wer das Buch freiließ, und wo es schon überall war. Damit die anderen Bookcrosser, denen dieses Buch bereits in ihrem Leben begegnet war, wissen, dass es ihm gut geht, sollte die aktuelle Finderin ebenfalls einen Eintrag auf der Webseite hinterlassen. Dann kann sie das Buch lesen (oder auch nicht) und es wieder freilassen. ›Read, Register, Release‹ heißt dieser Vorgang auf Englisch zusammengefasst: Lesen, Registrieren, Freilassen. Neben der U-Bahn werden hierfür auch Ärztewartezimmer empfohlen.

Die naheliegende Frage ›Warum tut man das eigentlich?‹ beantwortet bookcrossing.com selbst:

»BookCrossing kombiniert Abenteuer, Uneigennützigkeit und Literatur in einer einmaligen Mischung. Die ist für Leseratten einfach unwiderstehlich. Die Ähnlichkeit zur Flaschenpost oder zu den Zettelchen an Luftballons erinnert BookCrosser an alte Zeiten. Und: BookCrossing ist eine Art weltweite, große, offene Bibliothek.«[92]

Die ganze Welt als Bibliothek – die Idee hört sich gut an. Doch suche ich noch immer vergeblich nach meinem ersten Bookcrossing-Buch. Bis ich eines finde, behelfe ich mir mit einer etwas gezielteren Methode.

http://www.bookcrossing.de

## 6.1.4. Tauschticket

Denjenigen unter uns, die weniger abenteuerlich veranlagt sind, seien auf *tauschticket.de* hingewiesen. Hier finden sich von immerhin einigen Zigtausend NutzerInnen über eine Million Bücher eingestellt. Darüber hinaus können auf dieser Webseite inzwischen auch Filme, Musik und Computerspiele getauscht werden. Die ErfinderInnen der Webseite lassen von sich nur wissen, dass sie beruflich eigentlich gar nichts mit Büchern zu tun haben, aber immer viel über Bücher diskutiert und sie untereinander getauscht haben.

Und so wurde die Idee für Buchticket geboren. Wenn wir ganz viele Menschen erreichen könnten, die alle so gerne lesen wie wir und die bereit sind, ihre Bücher untereinander auszutauschen, könnten wir das größte Bücherregal der Welt zusammenstellen. Ein einziges, riesengroßes Bücherregal, in das die Menschen Bücher einstellen oder herausnehmen und das eine Plattform darstellt, wo man miteinander über die gelesenen Bücher diskutieren kann.[93]

Wer ein Konto eröffnet, bekommt zwei Tickets gratis und kann damit das Tauschen starten. Wird ein eigenes Buch angefordert, so sollte es in einem Briefumschlag, am besten mit dem Verweis ›Büchersendung‹ für recht wenig Geld, an die angegebene Adresse geschickt werden. Der andere bestätigt die Ankunft und bewertet den Vorgang, und das nächste Ticket kann ausgegeben werden.

Galt die ersten Jahre strikt das Prinzip 1:1, also ein Buch für ein Ticket, so wurde dies später geändert. Erst begannen die NutzerInnen von sich aus dazuzuschreiben, »2:1« oder gar »3:1«, ihre Bücher also billiger zu machen, was sicher lobenswert ist, weil es anzeigt, dass es nicht um das Tickets verdienen geht, sondern darum, die Bücher sinnvoll vergeben zu können. Gleichzeitig wurde auf diese Weise jedoch eine Art Preissystem eingeführt. Später wurde dann offiziell erlaubt und technisch ermöglicht, mehrere Tickets für ein Buch (ein Spiel, eine CD oder eine DVD) zu verlangen.

Die Tauschlogik hat das Tauschticket damit eingeholt. Doch vermittelt das Verschicken über Tauschticket zumindest das befriedigende Gefühl, dass das betreffende Buch in gute Hände gekommen ist – sprich: zu jemandem, der sich wirklich darüber freut. Von uns wurden schon die seltsamsten Bücher angefordert. Darum haben wir begonnen, uns auf solche seltsamen Bücher zu spezialisieren – jene, die sonst gar nicht oder kaum im Tauschticket zu finden sind. Was sollen wir ein Buch einstellen, dass bereits 599 Mal angeboten wird? Wie das von Allan und Barbara Pease, ›Warum Männer nicht zuhören und Frauen nicht einparken können‹. Einerseits lässt dies hoffen, dass ein so politisch-unkorrektes Buch wie dieses heute niemand mehr haben will. Andererseits lässt es sich aber auch als Indikator ansehen, dass ein solches Buch auch durch weniger gezielte Methoden des Freilassens (s.o.) mögliche InteressentInnen finden könnte. Warum sich also die Mühe machen, es ins Tauschticket einzustellen?

www.tauschticket.de

### 6.1.4. Freie Bibliotheken und öffentliche Bücherschränke

»*Freie Bibliothek* – Lesespaß zu Hause und im öffentlichen Raum« lautet der Titel eines ›Mach mit!‹-Flugblattes des Hamburger Umsonstladens. Die einfache Variante besteht im Grunde aus dem, was hier unter ›freilassen‹ kategorisiert wurde, allerdings mit einem Zettel ›Lies mich!‹ versehen. Die etwas ausgefeiltere Version besteht aus Bücherkisten, die im öffentlichen Raum aufgestellt werden, die aber im Unterschied zu dem Bücherkarton an der Bushaltestelle beständig dort bleibt, so dass die gelesenen Bücher zurückgebracht werden können.

›*Öffentliche Bücherschränke*‹ heißt das Gleiche als offizielle Institution, entweder öffentlich gefördert oder durch Vereine oder Stiftungen. Zunächst in Bonn als Kunstprojekt begonnen, findet diese Idee inzwischen in verschiedenen Städten Nachahmungen. Wichtig ist, dass die Bücherschränke wetterfest sind. Als sehr geeignet erweisen sich beispielsweise in Buxtehude oder Frankenberg an der Eder umgebaute Telefonzellen und in Mainz ein ehemaliger Verteilerkasten. In Hannover werden sie von einer Werkstatt für benachteiligte Jugendliche speziell gebaut, hier finden sich die mal vom Bezirksrat, mal auch von der Sparkasse gesponserten Bücherschränke gleich in acht verschiedenen Stadtteilen. Andrea Weber-Lages ist die ehrenamtliche ›Bücherschrankpatin‹ für jenen am Platz vor der Hof- und Stadt-Kirche. Einmal an jedem Tag schaut sie vorbei, um Ordnung zu halten – nur heute nicht, wegen des Regens.

Im Prinzip können alle Bücher hineinstellen und herausnehmen, wie sie möchten. Doch ob sie wieder zurückgebracht werden oder nicht, ist Andrea Weber-Lages nicht egal: »Besser nicht, es wird sonst zu voll!«. Um dem

174

vorzubeugen, finden auch Bücher von Heinz Konsalik oder Tom Clancy vor ihren Augen keine Gnade, und ›rechtes Zeug‹ schon mal gar nicht.

Einmal kam es zu einem Fall von leichtem Vandalismus, ein anderes Mal flog auf, dass jemand die Bücher in großem Stil auf dem Flohmarkt verkaufte. Andrea Weber-Lages überlegt darum, die Bücher zu stempeln mit ›Unbezahlbare Lektüre‹. »Aber insgesamt funktioniert es gut.«

*Öffentlicher Bücherschrank in Mainz*
*(Foto: kandschwar – Wikimedia Commons)*

## 6.2. Freie Universitäten

### 6.2.1. Freie Uni Hamburg

Die *Freie Uni Hamburg* will eine »›Uni‹ für alle« sein – wobei das in Anführungszeichensetzen des Wortes ›Uni‹ schon darauf hinweist, dass Universitäten nur bedingt das Vorbild der Freien Uni sind. Vielleicht wäre ›Freie Volkshochschule‹ passender? Egal. Denn beides wird immer teurer, und Grundgedanke der Freien Uni ist es, anspruchsvolle Bildung durch gegenseitiges Lehren und Lernen kostenfrei zu ermöglichen – ganz im Sinne des Arbeitskreises Lokale Ökonomie Hamburg, zu dem sie gehört.

Wer eine Gruppe gründen möchte, muss kein Experte sein. Wenn sich genügend Interessierte finden, finden sich auch Wege, sich das gewünschte Wissen miteinander beizubringen. So stand Stephen Hawkings ›Die kürzeste Geschichte der Zeit‹ am Anfang einer Gruppe zu Astrophysik und ihrer Suche nach der Antwort auf die Frage ›Was sind Schwarze Löcher?‹. Die auf andere Art, aber nicht weniger existentielle Frage ›Wie war das noch gleich mit der stabilen Seitenlage?‹ findet ihre Beantwortung im Erste-Hilfe-Kurs, allerdings mit professioneller Unterstützung: Ingo Meins ist ausgebildeter Rettungsassistent. Ebenfalls professionell bei einem Schauspieler und Rezitator kann das Vortragen von Gedichten und Erzähltexten in einer Sprechkunstwerkstatt erlernt werden. Fast selbstredend ohne jemanden, der dies beruflich macht, hilft sich eine GNU/Linux-Benutzergruppe bei Problemen mit freier Software.

›Lernen auf Augenhöhe‹ ist das Motto dieser Kurse. Ein Vorwissen ist nicht erforderlich, das Niveau in der Gruppe ergibt sich aus den Wünschen und Möglichkeiten der Teilnehmenden. Wer in einem Kurs eher in der Position des Lehrenden ist, nimmt im nächsten als tendenziell Unwissender die Position des Schülers ein.

Als Teil des AK LÖk entstanden, stehen die verschiedenen Läden und Werkstätten dieses Projekts als kostenlose Kursräume zur Verfügung. Die Kontakte zum Bürgertreff Altona-Nord ermöglichen auch dort die Nutzung von Räumlichkeiten. Einige Gruppen treffen sich jedoch auch einfach privat. Hauptsache kostenlos, und wenn es wo gemütlicher ist als in einem kahlen Seminarraum, so schadet dies nicht.

Weitere Kurse fragen ›Was leistet Kunst? Kleiner Lehrgang zum Verständnis der modernen Kunst‹, ›Was bedeutet Freiheit?‹ und ›Wie wirtschaften? Eine Einführung in die Warenanalyse‹. Gerade (noch) FleischesserInnen sind die Zielgruppe des vegetarischen Kochkurses, wobei den Teilnehmenden versichert wird, nicht Opfer dogmatischer Überzeugungsarbeit zu werden. Wer zusammen mit dem Hauptdarsteller von Wim Wenders Film ›Alice in den Städten‹ seufzt, »Es ist nie das drauf, was man gesehen hat«, ist im Digitalfotografiekurs genauso richtig wie jene, die das, was sie gesehen haben, gerne noch etwas elektronisch aufhübschen möchten. Lesekreise beschäftigen sich mit der negativen Dialektik Hegels, mit Guy Debords ›Gesellschaft des Spektakels‹ und ebenso mit der Apokalypse des Johannes. Getrommelt werden kann im *Drum-Circle*.

Ein Vorteil der Freien Uni Hamburg im Vergleich zu ähnlichen Ansätzen in anderen Städten, die tatsächlich näher an die Universität angebunden sind, liegt darin, dass sich Menschen ohne Abitur sowie Ältere leichter hierher trauen. Und ihr Wissen und ihre Erfahrungen weiter geben können.

http://www.ak-loek.de/pmwiki.php/FreieUni/HomePage

## 6.2.2. Offene Uni Berlins (OUBS)

Den Kern der Humboldt-Universität von Berlin bildet eine Reihe von Gebäuden auf einem parkähnlichen Gelände, das nur wenige hundert Meter vom Bahnhof Friedrichstraße entfernt liegt. Wer es nie zu Stoßzeiten mit Studierenden überfüllt gesehen hat, dem mag es geradezu verwunschen erscheinen. Hier, genau in der Mitte, befindet sich das Gebäude der alten *Offenen Uni Berlins (OUBS)*. Nachdem von Studierenden im Streik des Wintersemesters 2003/04 zunächst einige Seminarräume in einem anderen Gebäude besetzt worden waren, errangen sie im Sommer dieses, welches sich als geradezu ideal für eine ›eigene Universität‹ erwies. Es besaß alles: Mehrere Seminarräume, einen antiken, süßen kleinen Hörsaal, ein großes Café neben einer geräumigen Küche, was zusammen gut als Volxküche zu nutzen war, und sogar einen Partyraum mit Bar sowie einen eigenen Hinterhof. Erklärtes Ziel war es, die Universität für alle zu öffnen: auch für Nicht-Studierende und ohne Zugangsbeschränkungen. Und kostenlos: ›Bildung für alle und zwar umsonst!‹ »In der eigenartigen Situation der Besetzung wurde klar, dass deren Ziel nicht das ›Schließen‹ der Uni war, sondern deren Öffnung – denn wir demonstrierten gegen den Ausschluss vieler Menschen von Bildungseinrichtungen. Wir wollten die Universität erweitern.«[94]

Das ›Vorlesungsverzeichnis‹ konnte sich sehen lassen: Hier gab es Seminare zur Hegemonietheorie von Gramsci und zu Hegels Logik, aber auch zu an regulären Universitäten nicht vorfindbaren Themen wie ›Lebenslust‹. Auch das war Programm: »Intention war es von Anfang an, über den engen Horizont von Universität und Lehrplan hinaus zu gehen: Grundsatzfragen und Sinnfragen anzuregen, gesellschaftspolitische Zusammenhänge zu thematisieren und systemimmanentes Denken aufzubrechen (zum Beispiel in ›Sachzwängen‹)«.[95]

Es traf sich eine Gesangsgruppe sowie eine zu Veganismus und Tierrechten; in weiteren wurde Französisch beziehungsweise Hebräisch gelernt und wieder eine andere bildete einen Kapital-Lektürekreis. Einige Leute trafen sich regelmäßig, um gemeinsam Kulturveranstaltungen zu besuchen. Aber auch das Obdachlosentheater ›Ratten 07‹, das studentische Fernsehnachrichtenkollektiv UniWut (im Offenen Kanal Berlin) oder der Arbeitskreis kritischer WirtschaftswissenschaftlerInnen nutzten die Räume. Es wurden sowohl eine ›Lange Nacht der Gender Studies‹ durchgeführt als auch feministische Konferenzen organisiert, wie jene vom Mai 2005: ›Hat Armut ein Geschlecht?‹.

Als die OUBS im Frühling 2005 von Räumung bedroht wurde, solidarisierten sich DozentInnen und ProfessorInnen auch von anderen Universitäten so zahlreich, dass im April jeden Abend unter dem Motto ›Und sie reden doch‹ eine andere Vorlesung in Verteidigung dieses selbstverwalteten Projekts gehalten wurde. Der Beitrag der Autorin Katja Diefenbach zu Ende April über ›Die Politisierung des Lebens. Biomacht und soziale Kämpfe‹ verwies mit seinem Titel unfreiwillig auf die akute Bedrohung: Die OUBS sollte einem ›lebenswissenschaftlichen Zentrum‹ ›zur Erforschung des Denkens‹ weichen.

Und sie ist gewichen. Nach Versprechungen, es werde später ein noch anderes, erst noch zu renovierendes Gebäude direkt an der Spree als Ersatz zur Verfügung gestellt, zog die OUBS provisorisch in einen Bereich des gegenüberliegenden Hauses. Hier gab es keinen Hörsaal mehr, kein abgeschlossenes Gebäude für sich, und nicht nur keinen Partysaal, sondern stattdessen eine Nachbarin, auf die Rücksicht wegen der Lautstärke genommen werden musste. Das Flair einer eigenen Uni konnte nicht mehr so leicht aufkommen.

Dennoch hat sich die OUBS gehalten, und die Räumlichkeiten – auf mehrere Stockwerke verteilt – werden unterschiedlich genutzt: Das dritte Stockwerk dient als Bibliothek, im ersten finden sich das Atelier und das ›Kulturkabinett‹, im dritten der Bewegungsraum und die Keramikwerkstatt. Das Erdgeschoss dient als Küche und Café. In den einfachen Seminarräumen fand im Sommersemester 2008 das Projekttutorium ›Mensch und Lager‹ statt sowie ein Seminar ›Zwischen Bildung und Identität‹. In einem anderen ging es um Solidarische Ökonomie. Desweiteren wurden Comic-Workshops und Yoga-Sessions durchgeführt, übten mehrere Theatergruppen, schrieb und parlierte ein Autorenclub, und der Chor ›AK Pella‹ sang ohne Begleitung. Andere meditierten oder töpferten, die Clownsarmee übte für den nächsten Einsatz, und die Gruppe B.O.N.E. las öffentlich das Buch von Gabriel Kuhn, ›Tier-werden, Schwarz-Werden, Frau-werden‹.

Doch bereits im Januar 2008 hatte sich erstmals das ›ZK‹, das Zukunftskommitee getroffen. Als oberstes Ziel wurde benannt: Kritik der inhaltlichen Leere der OUBS. Weiteres Ziel: allgemein Klärung von Sinn und Unsinn in der OUBS. Und nicht zuletzt: eine bessere Umgangs- und Diskussionskultur. Zumindest dieses Ziel scheiterte. Im Sommer 2008 kam es zum Bruch.

»Heute wurde von Menschen, die den Ist-Zustand nicht mehr tragen wollen, versucht, die ›Offene Uni‹ zu schließen«, heißt es in einer am 12. Juni über die OUBS-Info-Liste verbreiteten Email. »Die ›Offene Uni‹ als offener Raum ist gescheitert«.

»Offener Raum bedeutet vor allem auch Schutzraum, dessen Menschen darin bewusst ist, dass Gesellschaft von einer Vielzahl von Herrschafts- und Unterdrückungsverhältnissen durchzogen wird – wie unpersönliche Zwänge, die aus der Ökonomie resultieren (kapitalistische Verwertung), asymmetrische Geschlechterverhältnisse, Rassismus, Antisemitismus, oder die Diskriminierung bestimmter sexueller Orientierungen.
Ein offener Raum sollte diese Herrschafts- und Unterdrückungsverhältnisse problematisieren, um daraus Konsequenzen (auch strukturelle) für eine reflektierte, emanzipatorische Praxis zu ziehen. All dies erscheint jedoch mit einer ständig offenen Tür, für wirklich alle, nicht erreichbar. Da gehört schon etwas mehr dazu. Denn die OUBS bewegt sich nicht wie in einer Seifenblase durchs Universum, sondern steht nun einmal in dieser Welt. Die Verrücktheiten der kapitalistischen Verwertung und andere Herrschafts- und Unterdrückungsverhältnisse können nicht einfach so vor der Eingangstür abgelegt werden. Dies bedeutet aber nicht, sich einfach dem Schicksal hinzugeben und die Hände in den Schoß zu legen. Wir wollen für eine selbstbestimmte und emanzipatorische Praxis kämpfen. Dies tun wir, indem wir den Raum Offene Uni erstmal schließen«.

Vermutlich nicht ganz unerwartet, traf die ›Schließergruppe‹ auf »andere Menschen vor Ort, die aus der Problematik, die oben dargestellt ist, nicht die Konsequenz zogen, dieses Haus zu verlassen«. Daraus erwächst ein öffentlich ausgetragener Machtkampf zwischen beiden Gruppen. Dabei war die Frage, was offen ist und was nicht, während der ganzen Zeit davor Gegenstand unzähliger Diskussionen in der OUBS gewesen, jedoch ohne Ergebnis. Auch der Versuch der Schließung führt nicht zu dem erhofften Resultat: Die bleibende Gruppe organisiert eine Sommeruniversität mit inhaltlichen Blockseminaren, Kunstworkshops und einem Filmprogramm. Die meisten Gruppen jedoch bleiben irritiert weg. Nicht nur die OUBS selbst ist weiterhin offen, sondern bislang auch ihre Situation…

### 6.2.3. Unitopia (Bremen)

Wir befinden uns im Jahre 8 nach dem zweiten Millennium – die ganze Universität Bremen ist vom Leistungs- und Konkurrenzprinzip einer alles umfassenden Mega-Maschine besetzt …

Die ganze Universität?

Nein! Eine von unbeugsamen Menschen selbstorganisierte Uni hört nicht auf, dem Eindringling Widerstand zu leisten und den Menschheitstraum, die eigene Geschichte selbst(-bewusst) zu machen, im Hier und Jetzt Stück für Stück zu verwirklichen.[96]

Als Malte vor einem halben Jahr begann, an der Bremer Universität zu studieren, nahm er das Angebot von *Unitopia* an, noch vor der offiziellen an einer weiteren Orientierungswoche teilzunehmen. Hier fand er Gelegenheit, seine eigene Studienmotivation sowie seine persönliche Entwicklung zu reflektieren. An dem ersten Treffen nahmen noch Hunderte anderer StudienanfängerInnen teil, »aber klar: Das ist nicht was für jeden!« – zumal das Konzept der Unitopia sich nicht darauf beschränkt, nur eine Woche im Semester stattzufinden: Sich für die Teilnahme an Unitopia zu entscheiden, bedeutet, während der ganzen Studienzeit ein Zweitstudium durchzuziehen, denn es soll Ergänzung und Gegengewicht zu dem offiziellen Studium darstellen. Dieses sei ungenügend:

An der Uni Bremen ist der Ansatz, Persönlichkeitsentwicklung für gesellschaftlichen Fortschritt zu fördern, längst Geschichte. Aus bildungsmotivierten Menschen wird Humankapital geformt, das dem Wirtschaftsstandort zu dienen hat.[97]

Dass dieser ›Schmalspurtrend zur Fachidiotisierung und einseitigen Karriereausrichtung‹ mit Nebenwirkungen verbunden sei, werde verschwiegen. So gebe es an der Bremer Universität Abbruchraten von über 50 Prozent, und die psychologisch-therapeutische Beratungsstelle habe immer mehr Menschen zu betreuen, die unter Prüfungsstress sowie ›universitärer Vereinsamung‹ litten.

*Unitopia* hingegen arbeitet an einer Rückbesinnung auf menschliche Bildungsansätze. Mit Tutorien, selbstorganisierten Veranstaltungen, Projektstudium und Basisdemokratie versteht sich das Projekt als der ernsthafte Versuch, eine Alternative zur bestehenden Universität zu entwickeln.[98]

Es ist eben nicht nur das Jahr Acht nach dem zweiten Millennium, sondern auch das Jahr Acht von Unitopia. Dass Konzept war dabei stets im Wandel, mit inzwischen mehr als 80 durchgeführten ein- und mehrsemestrigen Seminaren und Projekten. »Dabei betten wir in unserem alternativen Studium die bestehenden Bachelor-Strukturen als fachspezifisches Begleitstudium lediglich in unsere Konzeption mit ein«, heißt es in Umkehrung dessen, was jemand ansonsten versucht sein könnte zu denken. In Seminaren wie ›Einführung in die Philosophie‹ kann dann das große Ganze mit in den eigenen Bildungshorizont einbezogen werden.

Die Studienrichtungen, die sich in der Unitopia zusammenfinden, sind vielfältig; hier treffen sich Physiker mit Geologen und Politikwissenschaftlerinnen. Das spielt keine Rolle.

In unseren Strukturen hat jeder Mensch die Möglichkeit, eigene Themen auf die Tagesordnung zu setzen und Verantwortung zu übernehmen. Anfängliches Brainstorming, gemeinsame Reflexion und Perspektivenfindung helfen uns, die Bedürfnisse aller Beteiligten zu berücksichtigen.[99]

Neben den Unitopia-Seminaren werden zur Unterstützung im Uni-Alltag darüber hinaus Tutorien gebildet. Wer ›erste humanistische Grundlagen gelegt‹ hat, kann sich im zweiten Semester auf das Projektstudium vorbereiten, in dessen Fokus die Frage steht, wie ein eigener Beitrag im Leben und mit Hilfe des Studiums zur Gesellschaftsveränderung aussehen könnte. Entsprechend sollen ab dem dritten Semester die eigenen Ideen in einer Wechselbeziehung von Theorie und Praxis ausprobiert werden, und damit bereits in die Gesellschaft hineingetragen und umgesetzt. Und zu all dem gibt es noch ›eine auf den individuellen Menschen bezogene Didaktik‹.

»Was tust du, warum tust du´s, und wie kommst du dem ein Stück näher?«, dies als zentrale Frage bei Unitopia war für Christian das entscheidende Moment. Für Carolin war es die Erkenntnis,

»dass ich in meinem Studium ganz stark was verändern kann – dass ich das Gefühl habe, wirklich eine gute Lehrerin werden zu können – wenn ich nur studieren würde, wenn ich nur das reine Studium machen würde, hätte ich nicht das Gefühl, dass ich wirklich im Endeffekt mit den Kindern und Jugendlichen gute Arbeit machen könnte. Ich sehe, dass zum großen Teil einfach das reproduziert wird als Lehrerin, was man selbst im Studium erlebt hat. Das wollte ich ja nicht, aber das dann zu realisieren und nicht zurückzufallen, ist noch mal eine ganz andere Sache. Und durch Unitopia und die Arbeit dort, auch mit den Erstsemestern – die sind ja auch nicht so weit entfernt von Schule – habe ich Fähigkeiten entdeckt, wo ich das Gefühl habe: Ja, damit kann ich in so einem Job starten. «

Wer sich für Unitopia entscheidet, dem wird geraten, das Bachelor- oder Masterstudium um ein Jahr zu verlängern. Und es wird geholfen, ein Stipendium zu erhalten: »Du musst wissen, dass es so geht. Ich hätte nie gedacht, dass ich ein Stipendium kriege; ich habe gedacht, das bekommen nur irgendwelche total abgefahrenen Leute, die total krass drauf sind«, sagt Carolin. Wer ein solches dennoch nicht erhält – dessen Engagement erstreckt sich vielleicht auch auf Gremienarbeit im AStA, was sich verlängernd auf die BAföG-Zeit auswirkt. Manchmal können aber auch Seminare bei Unitopia als sogenannte *general studies* anerkannt, also als Universitäts-Veranstaltungen gewertet werden.

Umgekehrt werden in den *general studies* als ›soft skills‹ inzwischen Themen angeboten, »die eigentlich wir erprobt haben«, so Michael. Er erklärt sich dieses Interesse der Universität mit einer eigenen Qualität von Unitopia:

> »Das ist die Frage, die in der solidarischen Ökonomie steckt: Welche Qualität birgt das kooperative Zusammenarbeiten, die das Kapital nicht hat? Und deshalb sagt die Uni: Ganz schön komisch, dieser Laden Unitopia, und was da so passiert, aber – wir gucken mal, denn die haben interessante Konzepte, die bilden Studenten aus, die machen ein alternatives Studium, aber die schaffen ihr Studium, die stecken in guten Jobs drin.«

Entsprechend hat Unitopia inzwischen ›solvente Absolventen‹. Diese sind es auch, welche benötigte Lehrmittel, Veranstaltungsräume und alles weitere an benötigter Infrastruktur finanzieren. Über das gegründete Alumni-Netzwerk wird zudem gehofft, noch weitere Seminarräume zur Verfügung gestellt zu bekommen. Noch finden die Seminare von Unitopia in einem während eines Streiks besetzten Raums statt. Dieser aber muss gleichzeitig als Büro dienen und reicht für das Unitopia-Projekt schon lange nicht mehr aus.

Das Konzept des Zweitstudiums entspricht dem der Zweigleisigkeit der Bremer Commune, mit der Unitopia eng verbunden ist – das heißt Selbstorganisation und Erwerbsarbeit oder Studium zu verbinden. Malte erläutert:

> »Unser Ansatz ist zwar, eine Alternative zur bestehenden Uni aufzubauen und so weit wie möglich zu leben, allerdings sind wir auch da noch einigermaßen am Anfang, weshalb wir momentan die Bachelor und Masterstudiengänge in ein fachspezifisches Begleitstudium eingliedern, das heißt auf der einen Seite erleben wir selbstorganisierte Veranstaltungen mit großem Persönlichkeitsbezug, aber auch einer gesellschaftsverändernden Perspektive mit basisdemokratischen Strukturen und Projektstudium zur Verbindung von Theorie und Praxis, und auf der anderen Seite studieren wir weiterhin in den Strukturen der Institution Uni Bremen. Das machen wir aus verschiedenen Gründen: a) weil wir noch am Anfang sind; b) weil wir es auch nicht verantworten wollen, dass jemand keinen Job kriegt, obwohl er bei uns zwar vieles lernt, aber keinen anerkannten Abschluss erlangen kann; und c) auch um den Kontakt zur Gesellschaft zu wahren. Zum Beispiel können wir auch schauen, wie sich eine große Uni organisiert, und aber auch gucken, was man wie besser machen kann, und diese Erfahrung in die Selbstorganisation, in Unitopia, hineintragen.«

http://www.unitopia.org

## 6.2.3. Institut für vergleichende Irrelevanz

Bockenheim leert sich. Viele Fachbereiche der Frankfurter Goethe-Universität sind bereits auf den neuen Campus des alten IG Farben-Geländes gezogen, die anderen sollen folgen. Die bislang unbekannte Gruppe ›Turm juchhe‹ veröffentlicht ein Flugblatt ›Turm ade‹, in welchem es heißt:

Beim Umzug wird es um mehr als einen Ortswechsel und den Einzug in neue Gebäude gehen, er wird zum willkommenen Anlass, mit etablierten ›Unordnungen‹ aufzuräumen. Der Turm steht bis heute für eine Wissenschaft, die durch 1968 sowie Kritik und Krise des Fordismus geprägt wurde. Auf institutioneller Ebene war damit die Abschaffung der Ordinarienuniversität verbunden, die Anfang der 1970er Jahre durch die Gruppenuniversität und das Paradigma der Chancengleichheit abgelöst wurde ...

Ein entscheidendes Moment dieser Gestalt von Universität bildete die Möglichkeit von und Befähigung zur *Selbstorganisation*: nicht die offiziellen Lehrveranstaltungen waren zentraler Ort der Wissensaneignung, diese erfolgte vielmehr in einem informellen Netzwerk eigenständiger Initiativen – in Lesekreisen, in der Organisation von nichtkommerziellen Cafés oder Partys, der Herausgabe von Zeitschriften, in WGs und Kneipen, bei der Jobvermittlung wie in der Durchführung von Diskussionsveranstaltungen oder politischen Demonstrationen. An vielen Orten gleichzeitig wurden die Studieninhalte mit gesellschaftlicher Praxis konfrontiert und die Studierenden hatten so die Chance, sich von der gelehrten Halbbildung zu emanzipieren.

Die Unverträglichkeit solcher Lernweisen mit der aktuellen Verschulung des Studiums, der Quantifizierung von Forschung und Lehre in Form von Evaluation oder Credit Points und dem Fokus auf Elite und ›Besten-Auslese‹ (Steinberg) könnte deutlicher nicht sein. Entsprechend betont der Ex-Unipräsident auch, dass es zur gegenwärtigen Restrukturierung der Uni Frankfurt einer ›neuen Philosophie‹ bedurfte, die ›in den 60er und 70er Jahren verloren‹ gegangen sei.[100]

Unweit vom Turm befand sich früher das Institut für Anglistik. Das nach dem Umzug leerstehende Gebäude wurde im Dezember 2003 besetzt und das *Institut für vergleichende Irrelevanz*, kurz: *IvI*, gegründet. ›Das Ende der Irrelevanz‹ titelt gerade heute die Frankfurter Rundschau. Der Bevollmächtigte der Standortneuordnung der Universität, Peter Rost, habe bekannt gegeben, dass es zwei Interessenten für das Gebäude gebe. Vor Unterzeichnung müssten die Hausbesetzer das Gebäude räumen, »und Rost ist zuversichtlich, dass es dabei keine Probleme geben wird«.[101]

Die Menschen im IvI sehen das anders. Sie waren nicht einmal informiert worden. Auf dem spontan einberufenen Plenum beschließen sie ihr weiteres Vorgehen. Am nächsten Tag wird eine Pressemitteilung veröffentlicht, in der sie betonen, das Institut stelle der Frankfurter Öffentlichkeit politische Bildungsinhalte und ein künstlerisches sowie musikalisches Programm zur Verfügung. »Insbesondere durch die Umstrukturierung und den Umzug der Universität gehen diese Elemente universitären Lebens dem kulturellen Angebot der Stadt immer mehr verloren«, so wird die Pressereferentin Krista Herns abschließend zitiert.

Es sind vor allem Themen, die am neuen Campus Westend für irrelevant erklärt werden, welche zu Beginn jeden Semesters von Studierenden in der Gegen-Uni belegt werden können. Neben Einführungskursen zu Theoretikern wie Toni Negri, Walter Benjamin oder Loic Wacquant gibt es jeweils ein Schwerpunktthema; hierzu werden ReferentInnen eingeladen. Beim letzten Mal ging es um ›Spatial (De-)Constructions – Stadträume zwischen Dimensionierung, Umbau und Aneignung‹.

Für Renate sind solche Angebote alles andere als nur eine nette Ergänzung zum Studium: »Das meiste, was ich über Theorie weiß, kenne ich aus linken Kontexten, und nicht zuletzt übers IvI. In Uni-Seminaren hat man wenig mit Theorie zu tun. Um sich Theorie produktiv anzueignen, braucht es spannende Perspektiven auf Theorie, und die Bedeutung für den eigenen Alltag muss klar werden. Dann lernt sich Theorie viel besser.« In der Gegen-Uni ginge es darüber hinaus darum, sich Theorien aneignen zu können, ohne dabei Notendruck zu unterliegen. »Die Leute sollen nicht in einen Kurs gehen mit dem Gedanken, eine Leistung zu erbringen.«

Martin schätzt vor allem den anderen Umgang mit Texten aufgrund der freieren Rahmenbedingungen. »Man darf an einer Textstelle hängen bleiben. Es ist hier auch möglich, mal steile Thesen aufzustellen, ohne Angst haben zu müssen, den Vorwurf der Unwissenschaftlichkeit an den Kopf zu bekommen.«

Gerade dieser Aspekt, das Tempo selbst bestimmen zu können, ist auch für Willi wesentlich: »Dieses Wissen hat man dann später ganz anders zur Verfügung, weil man es ganz anders gelernt hat. Es geht ja darum, die Gesellschaft zu begreifen – das ist ein anderer Anspruch, als einen Titel zu erreichen. Es ist auch etwas anderes, als die idealistische Bildungsposition ›um der Sache selbst willen‹. Aber auf diese Weise akkumuliere ich auch bestimmte Fähigkeiten, von denen ich in der Uni total profitiere. Judith Butler zum Beispiel, zu der ich dort gerade einen Kurs gebe, kann ich aus dem Ärmel schütteln.«

Zu Marx ja, zu Freud auch, doch insgesamt sind es nur wenige Angebote, die sich über das ganze Semester erstrecken, die meisten sind auf die zwei Wochen der Gegen-Uni begrenzt. Manchmal gibt es danach Anfragen nach Räumen für autonome Seminare im IvI. Meistens aber bleibt im Dunkeln, ob die anderen Studierenden mit kritischer Theorie weitermachen.

Willi sieht aber auch das Angebot kritisch: Auch bei den Gegen-Uni-Theorieeinführungen sei es wieder fast nur um tote weiße Männer gegangen. Er würde sich mehr ein Bemühen wünschen, andere vorzustellen, auch wenn dazu wahrscheinlich nicht so viele Leute kämen. Doch nicht nur bei der Frage, über wen gesprochen wird, sondern auch, wer spricht, tritt ein massiver Männerüberhang auf, so Renate: »Wenn es darum geht, wer zu

Vorträgen eingeladen wird, kennt man zu jedem Thema erstmal gleich einen Typen, der dazu arbeitet. Man muss sich die Arbeit machen, nach einer Frau zu suchen. Zum Beispiel beim letzten Thema über Stadt: Die ersten fünf Namen waren Männer; da mussten wir länger nach einer Frau suchen.«

Renate würde insbesondere gerne kritisch reflektieren, wie sehr sie daran scheitern, die Veranstaltungen nicht-hierarchisch zu gestalten. Auch hier gelte: Die, die mehr wissen, reden mehr. »Nicht alle Hierarchien sind im Diskussionsverhalten aufgehoben, nur weil man die Räumlichkeiten ändert.« Gia sieht dies noch kritischer: »Was wirklich anders ist, ist schwer zu sagen. Es gibt genauso Hierarchien, und es ist genauso schwer, etwas zu sagen. Bloß die Leute und die Themen sind interessanter.«

Doch Linda widerspricht. In eigenen Räumen sei das grundsätzlich anders, dadurch, dass es nicht nur Kurse seien, zu denen sie hingingen, sondern der gemeinsame Versuch, den Raum des IvI anders zu gestalten. Die Notwendigkeit und die Möglichkeit, ihn permanent neu schaffen zu müssen, biete einen Praxisbezug und damit Anknüpfungspunkte dafür, was man sich in der Theorie aneigne – zum Beispiel in Bezug auf Geschlechterverhältnisse.

»Ja, es geht öfter schief, aber es gibt das Bewusstsein, dass es dieses Problem gibt«, sagt Renate. »In den ersten zwei Stunden reden vielleicht nur Männer, dann ist aber klar, dass es einen Bruch geben muss, dass das angesprochen wird, und dass sich die Diskussion dann darum dreht.«

»Bestimmte Selbstverständlichkeiten müssen nicht mehr erkämpft werden«, ergänzt Willi. »Es gelten die Selbstverständlichkeiten linker weißer Szene«. Das führe allerdings auch dazu, dass hauptsächlich weiße Deutsche zu den Diskussionsveranstaltungen ins IvI fänden, zudem sehr selten Leute aus nicht-akademischem Kontexten. »Das clasht kulturell. Das ist auch immer wieder Diskussionspunkt, aber wir drehen uns da im Kreis.«

»Klar, es gibt keine Gegenuni ohne Party«, verweist Martin auf das Motto des IvI: ›Theorie, Praxis, Party‹. Aber auch darüber hinaus wird das IvI für seine Partys immer bekannter. »Im IvI haben wir stets dafür gekämpft, dass nicht nur die linke Subkultur kommt. Jetzt kommen jedesmal 500, die aber auch so gar nichts mit linker Kultur zu tun haben. Es gab schon Situationen, wo drei Typen einem auf die Fresse hauen wollten, weil er feminin getanzt hat – und das trotz unserer ›Kampfansage an Idiot_innen‹!« Martin bezieht sich damit auf den in den Einladungen nachzulesenden Hinweis:

Das ivi möchte ein raum für vielfältige und zahlreiche geschlechtlichkeiten (wie zum beispiel schwule, lesben, aufgeschlossene heteras, drags, bisexuelle, polysexuelle und viele, viele mehr) sein. Wir dulden hier keinen antisemitismus, sexismus, rassismus und keine homophobie. Palitücher sind hier genauso unerwünscht wie herablassendes oder aggressives verhalten gegenüber anderen menschen. Sollten dir andere unangenehm auffallen, wende dich sofort an die Leute an der tür. Sollten dir diese regeln unangenehm sein, dann komm heute bitte nicht ins haus, sondern lieber auf unser plenum: immer montags ab 18 uhr.

»Es gibt zu wenige Jugendzentren; darum werden wir so wahrgenommen, als wären wir eins«, erklärt sich Gia ihren neuen Erfolg in der Partyszene. Chris würde sich noch mehr Reflexion der Gegen-Uni wünschen. »Das wir keine Scheine vergeben können, ist auch ein Nachteil, den wir haben.« Er erinnert sich an ein Blockseminar mit dem inzwischen emeritierten Professor und linken Theoretiker Joachim Hirsch, in welchem der Scheinerwerb möglich war: »Da war immer das ganze Spektrum dabei. Klar haben die ihr Eigeninteresse damit verfolgt, aber sonst kommen manche Leute gar nicht«. Auch dass keine Publikationen aus dem IvI heraus entstehen, empfindet er als einen Mangel.

»Das IvI gibt keine Bücher heraus, es gibt nichts, wo ›IvI‹ draufsteht, aber es gibt doch Synergieeffekte«, sieht Willi als das Entscheidende an. »Alles, was ich mache, das hat ganz viel mit den Diskussionen im IvI zu tun«.

Renate findet es »gerade so charmant, dass das IvI nicht outputorientiert ist. Letztlich geht es doch immer um Revolution. Das IvI ist als Intervention gedacht, allein von der Form her, gegen das, was sich da drüben gerade als Wissenschaftsverständnis etabliert«.

Wie es weitergeht mit dem Verkauf des Gebäudes? Noch ist alles offen. »Wir sind aber jederzeit bereit, mit allen Beteiligten über ein langfristiges Nutzungskonzept für den Kettenhofweg 130 oder angemessene Ersatzobjekte für unsere weitere Arbeit zu verhandeln« lässt die Pressereferentin Krista Herns weiter in der Mitteilung verlauten.

Wer das IvI verlässt, kommt seit fünf Jahren an demselben riesigen Transparent im Hausflur vorbei: ›Kritisches Denken braucht *und nimmt* sich Zeit und Raum‹.

http://www.irrelevanz.tk

## 6.3. Skillsharing/ Freeskilling

*Skillsharing* bedeutet zunächst einmal, sich gegenseitig Fähigkeiten weiterzugeben. So, wie dieser Begriff im deutschen Sprachraum benutzt wird, nämlich in einem umsonstökonomischen Sinn, wird im Englischen zum besseren Verständnis auch von ›*freeskilling*‹ gesprochen, so zum Beispiel von der *Bristol Freeconomy Community.* Hier werden regelmäßig Kurse angeboten, wo sich so Unterschiedliches lernen lässt wie Grundlagen in Zeichensprache, Bier/ Wein/ Met und Cider brauen, Tinte aus Pilzen herstellen oder sich von ›Bella Bee‹ zeigen lassen, mit welchen ökologischen Mitteln mensch erstens das Haus und zweitens sich selbst sauber bekommt. Anbieten können alle einen Workshop, die anderen etwas Interessantes zeigen können. Das monatliche Programm kann stets als Poster von der bereits vorgestellten Webseite *justfortheloveofit.org* heruntergeladen werden – bloß der Ausflug nach Bristol, der kostet. Zum Glück gibt es noch andere Möglichkeiten, sowohl im deutschsprachigen Raum als auch international.

### 6.3.1. Traveling School of Life (Tsolife)

Die *Traveling School of Life* ist eine spezialisierte Nutzungsgemeinschaft für Bildung. »Das heißt, Leute werfen ihr Wissen, ihre Ressourcen, ihre Infrastruktur in einen großen Pool, aus dem sich alle, die der Solidargemeinschaft angehören, nach Bedarf bedienen können. Die Ressourcen bleiben aber Eigentum der einzelnen, und es ist freiwillig, inwieweit man die teilen möchte. Es besteht keine Verpflichtung dazu«, erklärt Sabine Steldinger das Prinzip der *Tsolife.* Dabei werde vom Grundgedanken ausgegangen, dass Bildung und Wissen frei sein sollte. Die *Traveling School of Life* hilft, Barrieren abzubauen, indem Menschen ihre Ressourcen zusammen bringen. »Es soll möglichst das, was schon an Reichtum da ist, besser genutzt und ausgelastet werden.«

Sabine beschreibt, wie dies in der Praxis aussieht: »Zuallererst richtet jede Person für sich ein Profil ein, in dem einsehbar ist, was sie lernen möchte und was sie zur Verfügung stellen kann beziehungsweise möchte an Wissen und Infrastruktur. Wenn ich dann in Berlin Landwirtschaft lernen möchte, kann ich in meiner Regionalgruppe in die Datenbank reingucken, ob es da jemanden gibt. Falls nicht, kann ich deutschlandweit oder international schauen. Habe ich welche gefunden, können wir uns treffen oder aber uns übers Internet austauschen und gegenseitig Bildungsmaterialien zur Verfügung stellen.« Dafür gibt es demnächst eine E-learning-Webseite als Lernplattform. Auf einer weiteren speziellen Seite können dann auch überregionale Lerngruppen eingerichtet werden.

Sabine hat in Berlin tatsächlich eine regionale Lerngruppe zu ›Ökologische Landwirtschaft und Permakultur‹. Bei dem ersten Treffen wurde eine Skillsharing-Methode angewandt, mit deren Hilfe in einer Gruppe sichtbar gemacht werden kann, was die einzelnen lernen wollen, was sie bereitstellen können, und was sie an Vorwissen haben. Hieraus formten sich Unterlerngruppen zu zweit oder dritt. In der berlinweiten Gruppe geht es nun wesentlich darum, sich zu beraten und zu erzählen, wie das konkrete gemeinsame Lernen in den Minilerngruppen funktioniert. Zusätzlich hat sich Sabine noch mit einer anderen Frau zu einer Lernberatungsgruppe zusammengeschlossen, um über ihre Lernprozesse zu reflektieren. Sie erfährt dies als sehr unterstützend in ihren Unsicherheiten, wie sie lernen und wie sie auf ihrem Lebensweg vorankommen kann, »denn Selbstorganisation ist ja nicht unbedingt das, was wir in die Wiege gelegt bekommen, sondern ebenso erst lernen müssen.«

Im Gegensatz zu Sabine hat Raphael Maria Raschkowski studiert. Doch in Forstwissenschaft schrieb er nie die Abschlussarbeit, und in Philosophie wurde er gleichzeitig von den Langzeit- und den neu eingeführten allgemeinen Studiengebühren eingeholt. Das war auch der Moment, wo er beschloss, nie erwerbstätig sein zu wollen, und er mitten auf dem Weg zu seinem Nebenjob umdrehte. Als der Chef anrief und ihm mitteilte, dann müsse er ihn kündigen, zeigte Raphael Maria Verständnis. Seitdem drehen sich seine zahlreichen Projekte darum, eine Gesellschaft ohne Geld und Tauschlogik aufzubauen.

Bei der Suche nach Lerngruppen hatte er allerdings bislang weniger Glück als Sabine. Diejenigen, die sich wie er für Gruppendynamik und Konfliktlösung interessieren, leben zu weit von seinem Wohnort Göttingen entfernt. Er hatte bereits einmal eine Supervisionsgruppe für ein Selbststudium ›auf hohem Niveau‹ hierzu organisiert, doch diese habe sich aufgrund der Entfernungen nicht gehalten. Aber ist dann die Möglichkeit des E-Learning nicht hinfällig?

Im Prinzip sei das gemeinsame Lernen über große Distanzen durchaus mit Hilfe des Internets möglich, glaubt Raphael Maria, doch gebe es zwei Probleme. Das eine sei, dass es eigentlich immer einer Einführung bedürfe – und zwar einer persönlichen. Das andere Problem seien die *flame-wars* –

so wird das Phänomen der häufig auch auf Email-Listen oder in Internetforen auftretenden, schnell ins Maßlose gehenden gegenseitigen Beschimpfungen genannt, wenn Menschen sich dabei nicht persönlich erleben. Eine Studie in Berlin habe gezeigt, dass dies durch die Art der Moderation zu vermeiden sei, doch eine solche Diskussionskultur müsse gelernt und gepflegt werden. Auch insgesamt, so stellt Sabine fest, seien die Methoden noch verbesserungswürdig, um zu vermeiden, dass Lerninitiativen im Sand verliefen. Raphael Maria will sich jetzt in Göttingen vor Ort noch mal verstärkt nach anderen mit demselben Interesse umschauen.

Ursprünglich wurden große Entfernungen in der *Traveling School of Life* über die Landstraßen überwunden und dadurch persönliche Kontakte erst ermöglicht: Sie begann als Karawane, und diese Idee wird immer wieder auch neu verwirklicht, erzählt Sabine: »Ursprünglich begann Tsolife 2004 als Idee einer internationalen Gruppe an einer Alternativ-Uni in Schweden, dass es ja cool wäre, von Ökodorf zu Ökodorf reisen. Und es gibt Leute, die diese Idee immer noch toll finden, und als ›Skillsurfers‹ durch Europa reisen. Letztes Jahr im Sommer sind welche gestartet, und Leute kommen dazu und gehen wieder, und es wird wohl noch bis zum nächsten Sommer weitergehen. Inzwischen nutzen aber auch Einzelpersonen das Netzwerk, um alleine zu reisen, Gäste zu empfangen und Neues von anderen Menschen zu lernen«.

Bereits vor zwei Jahren wurde ein *Skillsharing-Summer* organisiert: Vorher wurden Gemeinschaften gefragt, wer für einen Zeitraum von beispielsweise einer Woche eine Gruppe aufnehmen und mit ihr gemeinsam ein Projekt durchführen würde. Dies hatte für das Projekt den Vorteil einer Bauwoche, für welche die Teilnehmenden schon feststanden, und die Teilnehmenden erhielten die Möglichkeit der – in diesem Fall meist handwerklichen – Fortbildung. So gab es Lerngruppen für Lehmbau, Schustern und regenerative Energien, aber auch Massage, und eine Holzbauwoche speziell für Frauen. Abgeschlossen wurde der Sommer mit einer gemeinsamen Reflexionszeit.

Während sich die Skillsurfers ausdrücklich aus jungen Leuten zusammensetzen, kann und soll bei der *Traveling School of Life* eine solche Unterscheidung nicht bestehen. »Und nur Fähigkeiten anzugeben und sich als Mentorin anzugeben ist genauso okay, wie nur zu suchen«, sagt Sabine. »Auch hier herrscht keine Tauschlogik.«

http://wiki.tsolife.org
http://skillsurfers.eu/index/de

### 6.3.3. JUKss

Bei ihm gehen Name und Anspruch auseinander: Der *JugendUmweltKongress (JUKss)*, der jedes Jahr zehn Tage lang über Silvester stattfindet, will auch für Ältere offen sein, und begrenzt sich schon lange nicht mehr auf Umweltthemen, oder besser gesagt: »Umwelt umfasst für uns das Geflecht sozialer, wirtschaftlicher, politischer, ökologischer und ähnlicher Umstände, in denen wir leben.«[102] Angeboten wird alles, was von Teilnehmenden initiiert wird – und alles was initiiert wird, wird von Teilnehmenden initiiert, denn die Vorbereitungsgruppe nimmt ihren Namen sehr wörtlich und löst sich in dem Moment auf, in dem der Kongress beginnt. Wahrscheinlich liegt es auch an dieser avantgardistischen Organisationsform, dass sich die Anzahl der über 30jährigen auf dem JUKss trotz des anderen Anspruchs in Grenzen hält. Angst vor *Ageism* brauchen aber auch noch deutlich Ältere hier nicht zu haben, und es lohnt sich immer. Und sei es, bis zu 500 Menschen zu erleben, die sich auf diese Weise erfolgreich organisieren.

Philipp, der seit einigen Jahren beim JUKss dabei ist, hat einmal versucht nachzuzeichnen, wie es ihm wohl gehen würde, wenn er zum ersten Mal dazu käme:

Der Zettelwald scheint unendlich zu sein. Ein ganzer Gang ist vollgestellt mit Pinnwänden, vor denen Menschen herumwuseln. Manche sind ganz in die Tafeln vertieft, andere scheinen eifrige Diskussionen zu führen. Zettel werden aufgehängt und andere abgenommen. Ich versuche, aus den Überschriften schlau zu werden: ›Aufgabengruppen‹, ›Interessiertentreffen‹, ›Themen für die Blüte‹,… Einige sind auch leichter zu verstehen: ›Verlorene Sachen‹ oder ›Mitfahrgelegenheiten‹.

Endlich finde ich das Programm, aber auch das sieht nicht so aus, wie ich es mir vorgestellt habe. Lauter Zettel mit tausend verschiedenen Handschriften, und alles durcheinander. Da hängt der Vortrag eines Gentechnikkritikers einfach neben einem Treffen zum Sockenstricken, ›Pressearbeit für Anfänger‹ neben ›Wie funktioniert eine Gesellschaft ohne Strafe?‹. Verabredungen zum Möhren schälen scheinen genauso wichtig zu sein wie Fachvorträge…

»Wer ist denn hier der Verantwortliche?«, frage ich in die Menge. Einige sehen mich an, als fänden sie die Frage lustig. »Irgendjemand muss mir doch erklären können, was das hier alles zu bedeuten hat?«

»Na, sag das doch gleich«, antwortet ein Rockträger neben mir. »Erklären kann ich dir den Jukss, so wie fast jede andere auch. Verantwortlich ist hier nämlich jede, denn die Vorbereitungsgruppe hat sich schon am ersten Tag aufgelöst. Von jetzt an wird der Jukss von allen organisiert. Jede macht, was ihr wichtig oder dringend erscheint.« Er zeigt auf die Infowand, die mit ›Aufgaben‹ betitelt ist. »Eine Gruppe kümmert sich um diese Infowände hier, andere achten darauf, dass immer genug heißes Wasser in den Abwaschwannen ist, wieder andere fahren Sachspenden abholen oder einkaufen. Die Klos müssten jeden Tag gereinigt werden, dass sind sicherlich eher unangenehme Aufgaben, die aber dennoch wichtig sind. Natürlich gibt´s auch manchmal Konflikte. Wenn sie sich nicht direkt lösen lassen, kann mensch zu einem Interessiertentreffen einladen, damit alle mitreden können, denen das Thema wichtig ist.«

Das hört sich ja alles ganz toll an – aber das soll funktionieren? »Und wie entscheidet ihr, welche Workshops stattfinden und welche nicht?« »Gar nicht. Alle können etwas anbieten. Du musst auch keine SpezialistIn dafür sein. Oft ›zetteln‹ auch Menschen ein Treffen zu einem Thema an, über das sie nur mal Erfahrungen austauschen oder andere Standpunkte hören möchten. Naja, und wenn die Junge Union oder irgendwelche Sekten Workshops machen wollten, würden sie wahrscheinlich in spannende Diskussionen verwickelt oder gestört.«

Währenddessen sind wir in der Turnhalle angelangt. Überall Isomatten und Schlafsäcke, Leute, die lesen, andere jonglieren, machen Musik oder schlafen. »Für Leute, die mehr Ruhe brauchen, gibt es auch Extraschlafräume. Heute Abend gibt's hier nämlich ein Theaterstück und ein Konzert. Und danach eine Offene Bühne, auf der ich meine Liebesgedichte rappen werde. Bis später!« – sagt er zwinkernd und verschwindet.

http://www.jugendumweltkongress.de

## 6.3.5. Wikipedia

Benni Bärmann erinnert sich an 2001, als das Projekt *Wikipedia* gerade in Gründung war:

> Ich hab ihm keinerlei Erfolgsaussichten zugesprochen. Die Idee, eine Enzyklopädie nur mit Freiwilligen zu schreiben, erschien einfach völlig abwegig. Wer wollte sich so einen langweiligen Mist antun? Nur wenig später hab ich mich selbst an dem langweiligen Mist beteiligt und fand es das Tollste der Welt. Heute ist Wikipedia nicht nur die größte und aktuellste Enzyklopädie der Welt, sie ist auch ein wunderbarer Einstieg in jedes Gespräch über die Möglichkeiten von Selbstorganisation in Zeiten des Internet – weil sie einfach jeder kennt und die meisten benutzen.[103]

Im Dezember 2008 zieht sich das Bibliographische Institut, welches die Rechte an den klassischen Enzyklopädien Meyers und Brockhaus hält, komplett aus dem Geschäftsfeld der allgemeinen Lexika zurück, stellt auch die eigene Online-Plattform ein, und verkauft die Rechte. Auch wenn dies nicht das völlige Ende des Produktes Brockhaus bedeutet, so ist es doch ein deutliches Zeichen. Im Grunde wurden Brockhaus und Meyers von einer nicht-kommerziellen Initiative ›auskooperiert‹.

Zwar gibt es 23 Hauptamtliche bei Wikipedia, doch funktioniert das zu den 50 bedeutendsten Webseiten der Welt gehörende Online-Lexikon nicht nur ohne Werbung und als Non-profit-Organisation. Das Wesentliche ist nach wie vor, dass es weltweit von rund 150.000 Freiwilligen getragen wird – und das jede und jeder sofort und gegebenenfalls einmalig Spezialwissen beitragen kann. Als ein Professor im Vorlauf einer großen Prüfung zu meinem Spezialthema eine grundlegende, aber falsche Behauptung mir entgegenhielt, entdeckte ich diese auf Wikipedia. Ich korrigierte sie, belegte es, und bekam in der Prüfung vom selben Professor die nun richtige Aussage zu hören, wie sie auch mit meiner Arbeit übereinstimmte. Hieraus sollte aber nicht geschlossen werden, Wikipedia sei missbrauchbar. Die Fehlerquote liegt erwiesenermaßen nicht höher als bei den herkömmlichen kommerziellen Enzyklopädien. Und das bei elf Millionen Artikeln in 265 Sprachen – bislang. Jimmy Wales, der Gründer von Wikipedia, bezeichnet als gemeinsames Ziel, »a world in which every single person on the planet is given free access to the sum of all human knowledge«104 – wenn auch aufgrund des *Digital divides* dies sicherlich nicht alleine von Wikipedia zu erreichen ist.

http://de.wikipedia.org

# 7. Gesundheit

## 7.1. Artabana

Artaban war der vierte Heilige König, der nie in Betlehem ankam, weil er auf dem Weg immer geholfen hat – so steht es in einer Geschichte von Henry van Dyke. *Artabana* ist keine Krankenversicherung, sondern ein Schenknetzwerk mit dem Fokus auf Gesundheit. Doch anstelle einer Krankenversicherung anerkannt zu werden, darum müssen die Mitglieder von Artabana Deutschland seit Einführung der Pflichtversicherung nun kämpfen. Es läuft eine Präzedenzklage.

Artabana wurde 1987 in der Schweiz gegründet – zunächst von drei Gruppen. Nachdem Konzept und Name 1999 für Deutschland übernommen wurde, wuchs es innerhalb kürzester Zeit schnell an. Heute sind rund 160 Gruppen über die ganze Bundesrepublik verteilt, mit im Schnitt zehn Mitgliedern. Dazu kommen noch weitere Gruppen einer ›Förderation Artabana‹, welche sich nicht explizit dazuzählen, da sie sich etwas anders organisieren, sowie noch andere, die sich völlig autonom organisieren. Alle fühlen sich jedoch solidarisch verbunden.

»Jede Gruppe entscheidet selbst, wie groß sie werden möchte. Gibt es dann mehr Anfragen, überlegen welche, rauszugehen und eine neue Gruppe zu bilden.« So war es auch bei Roys Gruppe, welche sich in der Uckermark im Nordosten Deutschlands zusammengefunden hat. Der Grundgedanke von Artabana ist für ihn, nicht nur ein Nothilfefonds im Krankheitsfall zu sein, sondern dass umgekehrt Gesundheit im Vordergrund steht. Darüber hinaus ginge es auch darum, zum einen nicht darauf angewiesen zu sein, was die Krankenkassen in ihren Katalog mit aufzunehmen bereit seien, und zum anderen nicht derartig viel Geld für eine aufgeblasene Bürokratie zu verlieren. Bei Artabana gibt es keine Hauptamtlichen. Statt einer Tendenz zur Zentralisierung ist hier eine Tendenz zur Dezentralisierung zu beobachten. Nachdem der bundesweite Topf »sehr, sehr voll« war, wurde beschlossen, ihn nicht weiter anwachsen zu lassen und eher die regionalen und lokalen Strukturen zu stärken. Jedes Mitglied zahlt zehn Euro jährlich für

Verwaltungstätigkeiten. Kommt es zu höheren Ausgaben – wie jetzt beispielsweise durch die Klage – wird zu Spenden aufgerufen oder durch Konsensbeschluss auf dem Bundestreffen der jährliche Beitrag einmalig etwas erhöht.

»Es gibt einen sehr unterschiedlichen Umgang mit Geld«, erzählt Roy weiter. Jede Gruppe bestimmt für sich, wie viel in die gemeinschaftliche Kasse fließen soll. Dies bewegt sich zwischen Null (allerdings nur bei einer einzigen Gruppe) und fast dreihundert Euro. In vielen Gruppen, so auch in Roys, obliegt es der Selbsteinschätzung der einzelnen. Da seine Gruppe sich aus Angestellten, öffentlich Beschäftigten, mehreren Selbständigen sowie Erwerbslosen zusammensetzt, liegen die Beiträge auch hier recht weit auseinander. Der bundesweite Schnitt beträgt mit 73 Euro rund die Hälfte des Mindestsatzes einer gesetzlichen Krankenkasse. Davon sind 40 Prozent die Notfallkasse der Gruppe, und 60 Prozent für die laufenden Gesundheitsausgaben gedacht. »Diese 60 Prozent sollten wir in unsere Gesundheit investieren, das heißt, wirklich bis zum Jahresende aufgebraucht haben«, betont Roy den großen Unterschied zur Krankenkasse, welche möglichst wenig, vor allem aber meist nur für Maßnahmen bezahlen, wenn die Krankheit schon eingetreten ist, und selten schon für die Vorsorge. »Hier ist die Grenze aber schwer zu ziehen«, findet Roy. »Was dient denn nicht der eigenen Gesunderhaltung, was man jeden Tag geldlich so verbraucht? Eigentlich müsste doch auch noch die Preisdifferenz zwischen biologischen und konventionellen Lebensmittel dazugerechnet werden«. Die 60 Prozent gar nicht erst einzuzahlen, wie einige Gruppen dies handhaben, fände er für sich problematisch. »Dann gebe ich es doch für alles Mögliche aus. Wenn ich es erst auf das Konto eingezahlt habe, erhöht das die Selbstreflektion und -disziplin, es auch wirklich in die eigene Gesundheit zu investieren.«

Die restlichen 40 Prozent bleiben auf dem gemeinsamen Konto. Wer Ausgaben über insgesamt mehr als 60 Prozent seines Jahresbeitrages hat, muss einen Antrag stellen. Sehr formell läuft dies nicht ab. »Auf den monatlichen Treffen erzählen wir uns ja eh immer, wie es uns gesundheitlich geht. Und es ergibt sich eigentlich schon aus dem, was man bei diesen Gruppentreffen berichtet. Aus dem Fonds wird aber nicht nur im absoluten Notfall genommen. Als ich mich einmal ausgelaugt gefühlt habe, haben die anderen gesagt: ›Mach doch mal eine Kur oder sowas! Das würdest du ja aus unserem Fonds bekommen‹. Die warten nicht, bis jemand krank ist«. In Anspruch genommen hat er dieses Angebot jedoch nicht. »Die Kur habe ich nicht gemacht, weil klar war, ich muss mein Leben anders organisieren, damit ich gar nicht erst in die Kur fahren muss. Es wäre ja doch nur alles liegengeblieben, und ich hätte hinterher gleich wieder Stress gehabt!«

Anders als es in einem Internetforum für Urkostler vermutet wird (»Ich könnte mir nicht vorstellen, dass eine Artabana-Gruppe zum Beispiel für eine Chemotherapie oder Amalganplomben zahlen würde«[105]), soll es eigentlich keine Tipps geben, was in einem Krankheitsfall zu tun ist, um der betroffenen Person nicht das Gefühl zu geben, zu einer Behandlungsform gedrängt zu werden. Es soll eine Gruppe gegeben haben, die zunächst daran scheiterte, dass die einen nur für Naturheilkunde zahlen wollten, die nächsten auf der jeweils billigsten Möglichkeit bestanden, und die dritten klar machten, von ihnen käme gar nichts, wenn die Person Drogen genommen habe. Doch andererseits dreht sich bei Artabana sehr viel um die verschiedenen Wege, Gesundheit zu erreichen beziehungsweise zu erhalten. So geht es bei den Treffen in Roys Gruppe stets noch um ein spezielles Gesundheitsthema.

> »Das ist dann aber abgelöst von einem Betroffenen. Man muss für sich selbst auch klar haben, dass man von dem, was einem gesagt wird, nichts annehmen muss – das steht ganz oben, dass jeder frei ist in der Entscheidung, was er für sich in Anspruch nimmt. Und da soll eben speziell die Barriere Geld aufgehoben werden, die hat man ja sonst immer automatisch im Kopf: ›Kann ich mir das überhaupt leisten?‹ Wenn man verschiedene Wege aufgezeigt bekommt, dann soll es einfach nur den Horizont erweitern.«

Zweimal im Jahr kommt Roys Gruppe mit rund zehn anderen aus Nord-Brandenburg, Berlin und Mecklenburg Vorpommern zusammen. Wenn eine Gruppe finanziell in Not geraten ist, dann ist es inzwischen nicht mehr die bundesweite, sondern die regionale Ebene, welche aushelfen soll. In der Mannheimer Region ist dies sogar so institutionalisiert, dass es bei einem Notfall reicht, dass sich die Kassenwärte treffen, und diese die notwendige Summe auf alle Gruppen anteilig pro Mitglieder aufteilen und vom jeweiligen Konto einziehen. Regionale Töpfe sollen dagegen nicht geschaffen werden, um nicht eine weitere Ebenen in die Organisierung einzuziehen. Auch auf das jährliche Gesamttreffen schicken die einzelnen Gruppen direkt ihre Delegierten.

Die Gruppen der Förderation und die autonomen Gruppen kommen nicht zu diesen Jahrestreffen. Einige stört der anthroposophisch inspirierte Name, die immer noch anthroposophisch beeinflussten Umgangsformen oder auch einfach die Tatsache, dass, wer in Artabana ist, einen Kassenwart und ein Gruppenkonto haben muss sowie als (wenn auch nicht unbedingt eingetragener) Verein zumindest formal einen Vorstand wählen. Sie möchten sich noch dezentraler organisieren. Die Gruppen der Förderation haben hierzu die Rechtsform der GbR gewählt. Allerdings hat der Artabana-Verband gerade einige Neumitgliedschaften der ehemals autonomen Gruppen zu verzeichnen, die hoffen, dass Artabana als Äquivalent einer Krankenkasse anerkannt wird. Die Förderation dagegen sagt: Wenn ihr es nicht schafft, versuchen wir erneut zu klagen. Statt das Artabana und sein Umfeld angesichts der neuen Situation auseinanderfällt, bekommt es durch die vermehrte Kritik an der Pflichtversicherung stärkeren Zulauf.

Womit die Gerichte wohl am meisten Probleme haben werden, ist der Gedanke, dass die Mitglieder keinen Rechtsanspruch gegenüber Artabana besitzen.

>»Von Anfang an ist klar, das Geld ist erstmal weggeschenkt. Die Idee ist, dass es eigentlich entkoppelt ist vom eigenen Bedarf – es ist eher daran gebunden: ›Wie viel Ressourcen habe ich und was kann ich davon weggeben?‹ Da gibt es auch keine negativen Unterstellungen dem anderen gegenüber – dass man sagt: ›Du könntest eigentlich mehr zahlen‹ – das ist mir noch nicht begegnet. Artabana soll ja auch dazu dienen, dass es ausgeglichen werden kann, wenn jemand wenig Geld hat. Die Menschen zahlen sehr unterschiedlich ein, und das ist für alle okay. Es ist vielleicht so, dass diese Menschen eher Beklemmungen haben, Anträge zu stellen, aber das liegt doch eher an den einzelnen, dass sie das nicht machen.«

Die Kassenwarte treffen sich derzeit sehr häufig. Wenn Artabana anerkannt werden wird, dann werden wohl einige zusätzliche formelle Anforderungen auf sie zukommen.

http://www.artabana.org

## 7.2. Heilehaus Berlin

Es war Sonntag – ich war das erste Mal hier. Die Mauern im Hinterhof umrankte grüner Efeu. Sonnenlicht beleuchtete das Laub herbstlich und wärmte mich. Die Erde unter den Holzbänken erinnerte bräunlich warm an Wald; Vögeln zwitscherten und die Menschen, die an mir vorbeizogen, waren gut gelaunt. ›Das ist also das Heilehaus‹, bedachte ich meinen ersten Eindruck zufrieden.[106]

Wer ins Heilehaus Berlin kommt, muss weder eine Krankenversicherungskarte besitzen noch Geld mitbringen, wenn auch eine Spende gerne gesehen wird. Von den 15 Ehrenamtlichen, die auf verschiedenen Gebieten der Naturheilkunde ausgebildet sind, sind fünfmal die Woche zwei HeilpraktikerInnen anwesend, um sich um PatientInnen zu kümmern. Für die HeilpraktikerInnen stellt die Gesundheitsberatung im Heilehaus eine gute Möglichkeit dar, Berufserfahrung zu sammeln, selbst wenn sie bereits eine eigene Praxis aufgemacht haben. Aber es geht ihnen natürlich auch nicht zuletzt darum zu helfen und ›den Folgen von Armut und Arbeitslosigkeit, wie zum Beispiel Fehlernährung, Stress, Aggressionen, Drogenmissbrauch‹ entgegenzuwirken.[107]

Da einige HeilpraktikerInnen sich besonders mit Kräutern, andere speziell mit asiatischer Heilkunst auskennen, und wieder andere mit Atemtherapie, Homöopathie oder Cranio Sacral, können auch die PatientInnen sich aussuchen, zu wem sie gehen und wie sie behandelt werden möchten. Hierher kommen zum einen jene, die Schwierigkeiten haben, überhaupt medizinische Behandlung auf andere Weise zu erhalten, zum anderen aber auch jene, welche sich normalerweise keine Naturheilverfahren leisten können, da diese von Krankenversicherungen in der Regel nicht übernommen werden. Auch für HIV-Positive, die zusätzlich zu den Medikamenten Behandlung suchen, ist das Heilehaus eine Anlaufstelle – gerade von nichtschwulen PatientInnen genutzt, da jene in dieser Hinsicht eine relativ gute Infrastruktur aufgebaut haben, die anderen aber weniger zugänglich ist.

Barbara Kohl ist von Anfang an dabei, hat das Heilehaus 1981 mit aufgebaut und bis Ende der neunziger Jahre selbst als ehrenamtliche Heilpraktikerin gearbeitet. Jetzt teilt sie sich zu zweit eine der beiden Stellen, die es derzeit im Heilehaus gibt, und erledigt die Verwaltung im Büro. Als das Telefon klingelt, geht es um das Ausstellen einer Bescheinigung: »Dafür müssen Sie sich an einen praktischen Arzt wenden«, teilt sie mit. »Das können wir hier nicht.« Früher gab es gute Kontakte zu einem Ärztekollektiv in Kreuzberg, doch heute fehlt des Öfteren solch eine Verbindung – nicht nur für das Ausfüllen von Formularen.

Damals, vor fast 30 Jahren, war das Feministische Frauengesundheitszentrum, das sich bereits Ende der siebziger Jahre aus der Frauen- und Hexenbewegung heraus gegründet hatte, eine Art Vorbild dafür, was aus dem damaligen Projekt ›Heile mit Weile‹ einmal werden sollte. Aber zunächst kamen Barbara und ihre MitstreiterInnen gar nicht zu einer Weiterentwicklung des Projekts: Zu häufig fehlte es an einer Demo-Ambulanz, und in den besetzten Häusern ging es überwiegend erstmal um Hygienebedingungen und Krankheiten wie Krätze oder Schleppe. Von damals stammt auch noch die Einrichtung einer Badestube: In den vielen besetzten Häusern der achtziger Jahre waren die Bäder selten schon wieder erfolgreich instandgesetzt worden. Die meisten, die kamen, wurden erstmal gewaschen, dann mit Essen versorgt, und Beratung stand erst an dritter Stelle.

Auch heute noch finden sich in der Badestube neben einer großen Wanne mehrere Duschen und in einem Vorzimmer zwei Industriewaschmaschinen; all dies wird rege benutzt. Von 11 bis 19 Uhr ist hier täglich geöffnet, wobei Frauen- und Männerzeiten zu beachten sind. Niedrigschwelliger könnte es nicht sein: In den Hof kommen, die Treppe des linken Seitenflügels hochgehen, gleich hinter der Tür kommt die Badestube. Nur Hunde, Flöhe und jede Art von Drogen haben Hausverbot. Es kommen Obdachlose, Durchreisende, Illegalisierte, Hartz IV-EmpfängerInnen, weil sie Energie sparen wollen, und manchmal auch Verrückte, dann steht wieder einmal alles unter Wasser. Mit den nahegelegenen Wagenburgen besteht der Deal, dass die BewohnerInnen einen Schlüssel haben und immer hinein können, dafür jedoch fürs Putzen zuständig sind.

Die, die regelmäßig kommen, sollten eigentlich mal spenden; viele spenden aber auch nicht. Das Geld verdient der Verein teilweise über Mieteinnahmen, insbesondere die Heilpraktikerschule sitzt mit im Gebäude. Der große Bewegungsraum kann billig gemietet werden, aber nur zeitweise, um AnfängerInnen zu unterstützen – wer sich beispielsweise mit seinen Tai Chi-Kursen etabliert hat, muss sich woanders etwas suchen. Auch vom Heilehaus selbst werden Kurse angeboten, so von Dilek ein Ernährungskurs speziell für türkische Frauen, bei dem auch die Kinder dabei sein dürfen. Im Vereinscafé, das vom Hof direkt betreten werden kann, gibt es jeden Mittag eine preiswerte Kiezküche, welche mit drei Euro pro Mahlzeit inklusive Nachtisch oder Salat auf der Basis der Deckung von Unkosten funktioniert.

Barbara wünscht sich für die Zukunft noch mehr einen »offenen Raum, der nicht ausschließt«: dass das Heilehaus noch mehr aus seinem alten Image heraus kommt und zu einer wirklichen Begegnungsstätte wird. Und damit zum Gesundheitshaus von allen im Kiez.

http://www.heilehaus-berlin.de

## 7.3. Medizinische Flüchtlingshilfe

Um Illegalisierten einen Zugang zur medizinischen Versorgung zu gewährleisten, gibt es in vielen Städten eine medizinische Flüchtlingshilfe. In Bremen ist dies das *MediNetz*. »Der Gründungsprozess war geprägt durch mühsames Durchtelefonieren und Aufsuchen verschiedener Ärzte und Ärztinnen möglichst vieler Fachrichtungen«, erinnert sich Petra. »Hieraus wurde eine Kartei aufgebaut von jenen, die sagen, sie behandeln Illegalisierte umsonst.«

Jede Diagnose oder Behandlung kann jedoch nicht gratis auf diese Weise versorgt werden. Für den Fall größerer Kosten versucht Medinetz über Spenden und über Soliparties einen Pool an Geldern bereitzustellen.

Die Öffnungszeiten von Medinetz werden in möglichst vielen Sprachen in Flüchtlingsunterkünften und anderen entsprechenden Orten beworben. Die Person, welche diese Öffnungszeiten jeweils betreut, muss nicht selbst medizinisch ausgebildet sein, eine Einarbeitung reicht. Ihre Aufgabe ist lediglich, die Hilfe suchende Person an die entsprechenden ÄrztInnen weiterzuleiten. Außer bei den ZahnärztInnen besteht in Bremen eine recht gut Abdeckung der einzelnen Fachbereiche. Bei diesen aber seien nicht nur die notwendigen Materialien sehr schnell sehr teuer – auch vermutet Petra, dass es unter den ZahnärztInnen weniger Gutmenschen gibt.

Heikel werde es, wenn ein Krankenhausaufenthalt unumgänglich sei. Die Verwaltungen der Krankenhäuser seien daran interessiert, Illegalisierte zu melden, um auf diese Weise ihre Kosten erstattet zu bekommen.

»Wir haben versucht, Aufklärung zu leisten: Die sind nicht verpflichtet, Bericht zu erstatten, dass jemand ohne Aufenthaltsstatus und ohne Versicherung ist. Aber es gibt immer Fälle, dass von der Verwaltung jemand anruft und die Leute von der Station weg in Abschiebehaft genommen werden. Ratsamer ist, die Person benutzt die Chipkarte von jemand anderem.«

Umgekehrt sollte zu Medinetz nur gehen, wer wirklich illegalisiert ist.

»Es ist ja klar, es geht nicht darum herauszufinden, ob jemand berechtigt ist, das in Anspruch zu nehmen. Es sind nicht immer die afrikanischen Boatpeople, die da kommen. Das muss man dann abwägen. Das Problem ist, man vermittelt ja nur, und man vermittelt an ÄrztInnen, die wollen – überspitzt gesagt – dem armen afrikanischen Mädchen helfen, das unschuldig in diese Situation gekommen ist. Damit würde man einfach viele verprellen, wenn man über Medinetz Leute einschleust, die kommen, weil sie die Versicherung sparen wollen.«

http://www.fluechtlingsinitiative-bremen.de/medinetz.html
http://www.aktivgegenabschiebung.de/links_medizin.html

# 8. Kommunikation

## 8.1. Planet 13 – Internetcafé in Basel

›Hier kann jeder surfen‹, lautet das Motto des Internetcafés *Planet 13* in Basel. Es könnte aber auch heißen: ›Arme für alle‹. Nur Armutsbetroffene dürfen in der Selbstorganisation mitmachen. Nutzen dürfen das Café alle. Initiiert wurde das Café aber durchaus aufgrund der Probleme sozial ausgegrenzter Armutsbetroffener; diese befänden »sich auch in Bezug auf die moderne Kommunikation auf einem weit entfernten Planeten«.[108] Darum Planet. Warum aber der 13.?

> Die Zahl 13 ist nicht beliebt. Zum Beispiel in Flugzeugen gibt es die Sitznummer 13 nicht, noch in Hotels solch eine Zimmernummer. Das hängt mit dem Aberglauben rund um die Zahl 13 zusammen. Für die Armutsbetroffenen ist dies eine Verbindung, dass sie sich eigentlich wie außerhalb der übrigen gesellschaftlichen Zusammenhänge befinden und sich andererseits innerhalb dieser bewegen. Eben, wie in einem eigenen Planet.[109]

Am Anfang stand die ›Armutskonferenz von unten‹, in der Schweiz ein Zusammenschluss Armutsbetroffener, die 2004 begannen, sich zu organisieren. »Das Problem war, dass die meisten gar nicht ins Internet konnten«, erzählt Christoph Ditzler. Er selbst und ein weiterer, der sich gut damit auskannte, begannen daraufhin, zu den Menschen nach Hause zu gehen, um die Computer zu reparieren, mit Programmen zu bestücken oder von Viren zu befreien. Manchmal fehlte jedoch auch schlicht das Geld für die Druckerpatronen.

Auch bei Avji Sirmoglu waren sie damals zu Hause, nachdem diese ihren Job aufgrund eines Mobbingerlebnisses verloren hatte. »Bei mir hatten sie das nicht, aber bei anderen Leuten mussten sie immer zuhören: Das ganze Trauma, was die Leute erleben – plötzlich bist du draußen, keiner will dich mehr.« Genau dies fiel Christoph damals auf:

> »Wir haben gemerkt, es geht nicht nur um die Computer; das ist nur ein Teil. Die Leute müssen auch erzählen können – oft waren wir irgendwo sechs oder sieben Stunden für eine Arbeit von vielleicht zwei Stunden. Da hab ich zu meinem Kollegen gesagt: ›Sven, wir brauchen ein Internetcafé, dass die Leute reinkommen und miteinander sprechen und ins Internet können. Oder die Computer bringen können zum Reparieren. Und das muss

alles kostenlos sein!‹ Und er hat gesagt: ›Ja, mit alten Computern wäre das möglich.‹ Und so hat das alles angefangen.«

Das Ladenlokal, die Einrichtung, das Netzwerk – alles wird selber gemacht. »Da war keine Hilfe von außen, wir wollten keine«, betont Christoph.

»Leute, die Sozialhilfe beziehen, gelten als dumm, und es heißt: ›Mit denen kannst du eh nix anfangen!‹. Wir haben gesagt: Leute, die Sozialhilfe beziehen, na klar sind die teilweise traumatisiert, wenn die merken, was mit ihnen geschieht, das ist korrekt, aber das sind nicht sie, sondern das ist das System, und wenn die selber etwas entwickeln und aufbauen, dann geht das Trauma langsam dem Ende zu – was dann auch geschehen ist!«

Ein weiterer wichtiger Grundsatz war, weder für die Nutzung Geld zu nehmen noch Löhne zu zahlen. »Es gab lange Diskussionen: Geld ja oder nein? Und wir haben uns entschieden für nein: Keine Löhne! Das Problem ist, wenn ein oder zwei Leute Löhne bekommen, und die anderen arbeiten freiwillig, dann haben wir ein Problem, und zwar ein gewaltiges. Denn die Freiwilligen sind die, die den Laden aufrecht erhalten. Darum haben wir gesagt: Alle oder keine.«

Ob es demnächst alle sein werden? Der Planet 13 wurde von Anfang an von außen unterstützt: von Stiftungen direkt mit Geld, von der Neuen Zürcher Zeitung mit einem Gratisabo oder von Microsoft mit Lizenzen für Programme – während alle Computer weiterhin zusätzlich mit freier Software laufen, wie Christoph hervorhebt. Jetzt bekam auch noch die Regierung die Empfehlung einer Stiftung, das Projekt zu bezahlen. »Was jetzt auch immer kommen wird, das können wir nicht sagen«, so Christoph. Doch Avji betont:

»Aber wir werden unabhängig bleiben, das ist klar. Der Staat kann spenden. Aber ohne Bedingungen! Da haben wir uns geschützt mit den Statuten.

60 Prozent der Gäste sind Asylsuchende – das ganze Drama dieser Welt ist auch immer in unserem Lokal drinnen! Menschen aus Somalia, Sudan, Äthiopien, Afghanistan, Iran, Irak... Und daneben der ganze Staatsbetrieb, der diese Menschen am liebsten tot hätte oder weg hätte – nur nicht für sie aufkommen!«

Täglich 160 Gäste drängeln sich auf den 68 Quadratmetern des Ladenlokals. Kein Wunder, dass die entsprechend teure Kaffeemaschine, die im Dauerbetrieb läuft, einen eigenen Verantwortungsbereich im Team bildet. Doch können im Planet 13 auch andere Fähigkeiten mit eingebracht werden: Nachdem das Technische geschaffen war, wurde auch Raum für Kulturelles geschaffen. Der Raum wird des Öfteren für Ausstellungen genutzt, jeden Freitag gibt es einen Filmabend, umsonst natürlich, und neben Einzelveranstaltungen werden eine ganze Reihe von Kursen angeboten, darunter Englisch und Deutsch. All dies geschieht im Rahmen der ebenfalls zum Planet 13 gehörenden ›Uni von unten‹. In deren Grundsatzerklärung geht es nicht nur darum, allen den Zugang zu Bildung zu ermöglichen, sondern auch, Lehrenden ohne offizielles Dokument das Lehren. Doch offiziell anerkannte Fachfrauen und Fachmänner sind ebenfalls bei der Uni von unten willkommen. Wollen sie mitmachen, müssen sie nicht nur wie alle andern die Grundsätze gegen rassistische, nationalistische und sexistische Propaganda akzeptieren, sondern auch das alte Gesellschaftsbild von ihren KollegInnen überwunden haben: »Dieses uralte Gesellschaftsbild, was immer mitschwingt: ›Der ist doch gaga‹«, führt Christoph Ditzler es noch einmal aus. »Wir sehen uns nicht als Opfer. Wir finden, wir machen die Arbeit der Zukunft: für eine Welt, die nicht durch das Geld und die Wirtschaftsinteressen geprägt ist!«

http://www.planet13.ch

## 8.2. Freie Software-Produktion

Im Jahre 1991 begann alles mit der Email eines finnischen Informatikstudenten. Linus Torvald schrieb an die Entwickler dieser Welt, dass er ein kostenloses Betriebssystem entwickeln möchte und Mitstreiter sucht – so geht die Gründungsgeschichte von Linux, das vielen als Synonym für Freie Software gilt. Bereits 1983 aber wurde von Richard Stallman mit dem GNU-Projekt ein ähnliches Projekt gestartet, mit politischerem Hintergrund. In der Praxis werden heute fast immer GNU und Linux zusammen eingesetzt. Entscheidend aber sind in jedem Fall nicht die Gründer, sondern die Unzähligen, die an diesen Projekten arbeiten.

Warum tun sie dies? Christian Siefkes sieht hier unterschiedliche Begründungen gegeben. Richard Stallman bringe das ethische Argument:[110] Ein System sei verkehrt, wenn es sie daran hindere, ihren Nachbarn zu helfen (etwa durch das Weitergeben von Software) oder aber das System an ihre eigenen Bedürfnisse anzupassen. Die *Apache Foundation*, deren http-Server seit 1996 der wichtigste Webserver überhaupt ist, ginge von dem praktischen Argument aus: Sie erkannten, dass sie ihre Probleme am besten lösen können, indem sie die dafür nötige Software gemeinsam entwickeln und allen frei zur Verfügung stellen. Linus Torvald dagegen bringe das Spaß-Argument: Nicht zufällig heiße seine Biographie *Just for Fun*. Das Projekt Oekonux führt ein noch grundlegenderes Argument an:

Immerhin strengen sich hier erheblich viele Menschen auf diesem Planeten an, um Freie Software in hoher Qualität zu erzeugen, bekommen dafür aber keinen Gegenwert im Sinne der Tauschökonomie. Im Projekt Oekonux wird daher die These vertreten, dass die Selbstentfaltung der Beteiligten der zentrale Motor für die Produktion ist. Die Beteiligten strengen sich an, weil es in je ihrem eigenen Interesse liegt, dies zu tun – es ist ihr Leben.[111]

›Freie Software‹ ist eine Sache der Freiheit, nicht des Preises. »Um die Idee zu verstehen, sollten Sie an ›frei‹ wie in ›freie Rede‹ denken, nicht wie in ›Freibier‹«, erläutert die Webseite *www.gnu.org.*

Freie Software ist eine Sache der Freiheit des Benutzers, die Software zu benutzen, zu kopieren, zu verbreiten, zu studieren, zu verändern und zu verbessern. Genauer gesagt bezieht es sich auf die vier Arten von Freiheit für die Benutzer der Software:
– Die Freiheit, das Programm für jeden Zweck zu benutzen.
– Die Freiheit, die Funktionsweise des Programms zu studieren, und es Ihren Bedürfnissen anzupassen.
– Die Freiheit, Kopien weiterzuverteilen, sodass Sie Ihrem Nachbarn helfen können.
– Die Freiheit, das Programm zu verbessern und Ihre Verbesserungen der Öffentlichkeit bekannt zu machen, sodass die gesamte Gemeinschaft davon profitiert.

Meike Reichle ist die einzige weibliche Entwicklerin des freien, auf dem GNU/Linux basierenden Betriebssystems Debian in Deutschland. Aber nicht nur bei Debian, überhaupt sind in der Szene der Freien Software-Entwicklung Frauen eine Rarität. Während ihr Anteil bei InformatikerInnen mit unter 30 Prozent schon niedrig liegt, ist es in der Freien Software nur ein einziges Prozent.[112] Meike erklärt sich dies mit dem Prinzip der *Do-ocracy*, das in der Freien Software-Produktion vorherrscht:

»Das Prinzip der Do-ocracy ist: Du drängst dich rein. Du drängst dich auf. Du erkennst einen Bedarf und machst irgendwas, kriegst unter Umständen auch was vor den Bug. Es gibt keine Einstiegshilfen. Du schreibst vielleicht eine Email: ›Ich würde gerne mitmachen‹, und Frauen schreiben dann oft erstmal lange, warum ihnen das wichtig ist. Dann kommt ein unverbindliches: ›Ja, toll, mach mal‹. Sonst nichts. Keiner schickt dich weg, aber es geht auch keiner auf dich zu: wie bei einer Party, wenn mehrere Gäste im Kreis stehen und sich unterhalten, und du stellst dich dazu. Irgendwann machst du einen Kommentar, steigst ins Gespräch ein, dann bist du drin. Das ist in diesen ganzen Freiwilligengeschichten so. Wenn eine immer kommt, aber nicht beiträgt, dann interessiert sich auch keiner für sie. Erst wenn, was du gemacht hast, etwas Ordentliches ist, fangen die Leute an, nett zu dir zu sein.

In Freier Software ist das nochmals verstärkt, weil sich alles nur virtuell abspielt, man nur die geschriebenen Kommentare sieht. Das wirkt oft grob, und geht teilweise schon aggressiv zu. Es gibt häufig nur kurze Emails; keiner schreibt gerne unnötig viel. Frauen aber schieben oft erstmal eine Art *Disclaimer* vorweg: ›Will niemandem auf die Füße treten, aber habe lange drüber nachgedacht…‹ Da hören die meisten schon wieder auf zu lesen.«

Die klassisch weibliche Erziehung sei da nicht unbedingt förderlich. Selbst softe Männer seien in der Regel initiativfreudiger als Frauen.

»Der durchschnittliche Computer-*Nerd* ist ja nun wirklich kein typisches Alpha-Männchen. Aber selbst die haben mehr Selbstbewusstsein als die meisten Frauen. Und im Internet drehen sie auf, da teilen Leute, die sonst kein Wort über die Lippen bringen, plötzlich nach allen Seiten aus. Es gibt natürlich auch Gegenbewegungen: Einige Projekte haben sich einen Verhaltenskodex definiert, um dem vorzubeugen – die kann man aber an einer Hand abzählen.

Als Frau neigst du zu sehr dazu, das zu tun, was andere Frauen dir vorleben. Frauen sind zurückhaltender, und haben mehr Selbstzweifel, sie überlegen sich Dinge lieber dreimal. Männer tun das tendenziell nicht, die machen einfach. Wenn sie einen Rüffel kriegen, dann rüffeln sie zurück. Frauen funktionieren anders.«

Meike sieht das Verhalten der Männer hier nicht nur kritisch: »Es geht eben völlig *task*-orientiert ab. Einer muss ja auch anfangen und einfach mal was tun. Frauen sind oft zu harmoniebedürftig. Aber wenn dann einer kommt und sagt: ›Haste super gemacht!‹, dann ist das viel wert, denn da gibt es keine Höflichkeitsfloskeln!«

Sie sieht verschiedene Frauenrollen beziehungsweise Stereotype in Freier Software: Das Maskottchen, das nett behandelt, aber nicht wirklich anerkannt wird; die Mitläuferin, die auch nicht wirklich anerkannt wird, und die Durchkämpferin, die gezeigt hat, dass sie technisch etwas kann. »Dann wird das Geschlecht egal: Die Witze, die sonst zurückgehalten worden wären, weil: ›Ist ja eine Frau dabei‹ – die werden wieder erzählt. Ja, es ist seltsam, aber so ist es.«

Für Meike aber ist die Freie Software-Entwicklung eine befriedigende Tätigkeit geworden. »Es ist inzwischen auch mein Freundeskreis. Und ich fühle mich dem Projekt sozial verpflichtet. Würde ich aufhören, käme ich mir vor, als würde ich die Leute im Stich lassen bei unserem Ziel, den *Digital divide* zu überwinden.«

http://www.gnu.org
http://www.fsfeurope.org/index.de.html
http://www.debian.org/index.de.html

## 8.2.1. Oekonux

Bei *Oekonux* geht es um die Frage, ob die Prinzipien der Entwicklung Freier Software eine neue Ökonomie begründen können, die als Grundlage für eine neue Gesellschaft dienen könnte.

Es war eine *Wizards of OS*-Konferenz, auf der das Projekt 1999 aus einer Diskussionsrunde heraus entstand. Zwei Jahre später fand in Dortmund bereits die erste Oekonux-Konferenz statt, unter dem Titel *Die freie Gesellschaft erfinden – Von der Freien Software zur Freien Welt*. *Wertfrei und Spaß dabei* sowie *Reichtum durch Copyleft* hießen die folgenden Konferenzen. Die Frankfurter Rundschau veröffentlichte unter der Überschrift *Gegen die Logik der Knappheit* ein langes Interview mit AktivistInnen von Oekonux. Darin erklären diese:

Wirklich interessant wird die Frage dann, wenn wir eine Systemsicht einnehmen. Tatsächlich unterläuft Freie Software das System der Wertschöpfung, ohne die der Kapitalismus nicht funktionieren kann. Indem Freie Software künstliche Knappheit beseitigt, die für Informationen unter den Bedingungen des Internet nur noch mit einem Polizeistaat durchzusetzen wäre, hebelt sie das zentrale Funktionsprinzip des Kapitalismus aus. Besonders bemerkenswert daran ist, dass das Ganze nicht(!) als Teil eines politischen Programms geschieht, sondern eine Folge der innerkapitalistischen Entwicklung der Produktivkräfte selbst ist.

Im Projekt Oekonux betrachten viele das Phänomen Freie Software als eine Keimform eines neuen Vergesellschaftungsmodells. Vielleicht zum ersten Mal in der Geschichte bietet sich die Chance, den Kapitalismus in eine Gesellschaftsformation zu überführen, die nicht mehr nach der Logik der Knappheit funktioniert, sondern sich auf einer Logik des Reichtums für alle gründet. Ein Reichtum, der dann nicht mehr ein monetärer, sondern ein stofflicher und sozialer Reichtum ist.

Freie Software ist aber nicht nur ein technisches Artefakt, sondern sie transportiert eben auch eine andere Logik, die von einem kapitalistisch geprägten Geist zunächst nur schwer zu verstehen ist. Diese andere Logik trägt nicht unerheblich dazu bei, dass Freie Software neben ihrer unbestreitbaren Nützlichkeit auch erhebliche Sympathien auf sich zieht. Wird Freie Software als Keimform einer neuen Vergesellschaftungsform betrachtet, so helfen IBM und Co somit sich selbst überflüssig zu machen. Das wäre vielleicht ein Verlust für den Kapitalismus, aber vermutlich ein Gewinn für die Menschheit.

Auf ihrer Webseite ergänzen sie:

In diesem Spannungsfeld ist sowohl das Warten auf den großen, alles verändernden Knall, der in negatorischer Aussichtslosigkeit praktisch nur noch übrig bleibt, genauso wenig notwendig, wie die Erwartung, dass die Revolution am nächsten Wochenende endlich statt finden wird.[113]

http://www.oekonux.de

## 8.2.2. Keimform

Freie Software kann – so die These – in diesem Sinne als eine Keimform verstanden werden. An der Keimform Freie Software lassen sich in zahlreichen Aspekten Ansätze finden, die Elemente einer neuen Form der Vergesellschaftung andeuten. Diese Aspekte herauszuarbeiten, zu analysieren, zu verstehen und auf andere gesellschaftliche Formen weiter zu denken, ist Anliegen vieler Oekonuxis.

…und jener Menschen, die den Blog *keimform.de* betreiben. Der Ausdruck ›Keimform‹ wurde schon eingeführt, soll aber noch mal mit Bezug auf einen Text des Wertkritikers Robert Kurz von 1996 erläutert werden, worin dieser darlegt, der historische Materialismus habe analytisch bewiesen, dass die kapitalistische Vergesellschaftung selbst als Keimform innerhalb der feudalen Gesellschaft entstanden sei, und nicht etwa erst mit den politischen Revolutionen wie der Französischen:

> Die sozialökonomischen Keimformen des Kapitalismus entwickelten sich, während noch lange Zeit ›darüber‹ und ›daneben‹ die feudale Macht bestand. Als in den bürgerlichen Revolutionen ›die feudale Hülle gesprengt‹ wurde, war die bürgerliche, warenförmige Gesellschaftlichkeit schon praktisch da; nicht bloß indirekt als politische und negatorische Kraft, sondern direkt und positiv als reale sozialökonomische Reproduktionsform.

Wer weitere Texte von Robert Kurz zu dem Thema kennt, den beschleicht allerdings das Gefühl, das keine gelebte Praktik den Kurz´schen Ansprüchen, tatsächlich aus den fetischistischen Strukturen herauszufinden, zu genügen vermag. In diesem Sinne ist es vielleicht zu verstehen, dass eine sich explizit als wertkritisch verstehende mehr-oder-weniger-Gemeinschaft nicht in diesem Buch erscheinen wollte, da sie sich »nicht für Wert befunden« hat, unter dem Titel ›Halbinseln gegen den Strom‹ zu erscheinen: Sie seien nur eine Variation des Bestehenden und »würden demnach wohl eher in ein Buch mit dem Titel ›Halbinsel, treibend im Strom‹ reinpassen«. Schade eigentlich.

Die Menschen von Oekonux und Keimform scheinen optimistischer bei ihrer Suche nach Keimformen. Dabei beziehen sie sich auf die Theorie des Fünfschritts:

> In dieser, aus der Kritischen Psychologie stammenden Theorie wird davon ausgegangen, dass sehr viele Veränderungsprozesse in fünf Schritten ablaufen. Der erste Schritt ist durch die Entstehung der Keimform gekennzeichnet. Während dieses Schrittes ist die Keimform nur eine von vielen möglichen Formen innerhalb der dominanten Form und ihr Potenzial ist nur schwer erkennbar. Der zweite Schritt besteht darin, dass die dominante Form in eine Krise gerät. Ohne diesen Krisenschritt würde die Keimform der dominanten Form untergeordnet bleiben. Im dritten Schritt wird die Keimform zu einer wichtigen Entwicklungsdimension *innerhalb* der noch dominierenden alten Form. Wichtig hieran ist, dass die Keimform sich also innerhalb der noch dominierenden alten Form quasi bewähren muss. Erst im vierten Schritt wird die Keimform zur dominanten Größe und im fünften Schritt ordnet sich die jetzt dominant gewordene Keimform dem Gesamtprozess unter.[114]

http://www.keimform.de

### 8.2.3 Open Innovation Project

Das Prinzip von Open Source auf Produkte jenseits von Software anzu-wenden, ist das Ziel des *Open Innovation Projekts*. Dies umfasst Open Hardware, Open Product Design, Open Mechanical Engineering – ›and other community projects, developing products from free beer to open mobile phones, open cars, and so on‹. Nun, die Avantgarde der Umweltbe-wegung steht wohl nicht hinter dieser Webseite, und auch viele Unterneh-men haben schon lange ihr (finanzielles) Interesse daran entdeckt. Was soll´s, hier gibt´s Bauanleitungen:

http://open-innovation-projects.org

### 8.2.4. Der Chaos Computer Club (CCC)

Der *Chaos Computer Club* ist exotisch genug, um gerne in den Medien präsentiert zu werden. An dieser Stelle soll er für sich selbst sprechen können:

*Frage:* Wer oder was ist der CCC?

*Antwort:* Der Chaos Computer Club ist eine galaktische Gemeinschaft von Lebewesen, unabhängig von Alter, Geschlecht und Abstammung sowie gesellschaftlicher Stellung. Diese Gemeinschaft setzt sich grenzüberschreitend für Informationsfreiheit ein. Er be-schäftigt sich mit den Auswirkungen von Technologie auf die Gesellschaft sowie das einzelne Lebewesen und fördert das Wissen um diese Entwicklung. Der CCC setzt sich für ein Menschenrecht auf zumindest weltweite, ungehinderte Kommunikation ein. Dies schließt natürlich technische Forschung, Entwicklung von entsprechenden technischen Hilfsmitteln und die Diskussion entsprechender technischer Sachgebiete sowie öffentli-che Demonstrationen mit ein. Der Chaos Computer Club versteht sich als ein Forum der Hackerszene, eine Instanz zwischen Hackern, Systembetreibern und der Öffentlichkeit. Zunehmend ist diese Aufgabe in Teilbereichen die einer Interessensvertretung, die ver-sucht, durch Wissen Einfluss zu nehmen.

Organisiert ist der Chaos Computer Club in einem Verein nach deutschem Recht – haupt-sächlich, um nicht als terroristische Vereinigung zu gelten.[115]

http://www.ccc.de

### 8.2.5. Non-Profit-Hosting

Webspace ohne Werbung für alle, auch für jene ohne Geld – so einfach ist der Gedanke beim *Non-Profit-Hosting*. Unterstützen lässt sich das Projekt auf zweierlei Art und Weise: Erstens durch Spenden, und zweitens durch die Bereitstellung eigener ungenutzter Webressourcen. Denn auch dieses Projekt soll einen ›weiteren Beitrag zu bereits bestehenden Initiativen darstellen, die das Prinzip des Tauschens durch das des Beitragens ersetzen wollen‹.[116]

http://www.non-profit-hosting.de

## 8.2.6. Freifunk

Auch die *Freifunk Community* versteht sich als »Teil einer globalen Bewegung für freie Infrastrukturen«. Ihre Vision ist »die Demokratisierung der Kommunikationsmedien durch freie Netzwerke.« Um dies auf der ganzen Welt praktisch umzusetzen, stellen die Nutzenden ihren eigenen WLAN-Router zur Verfügung und ermöglichen anderen den Zugang zum weltweiten Netz. Im Gegenzug können sie ebenfalls Daten, wie zum Beispiel Text, Musik und Filme über das interne Freifunk-Netz übertragen oder über von anderen eingerichtete Dienste im Netz chatten, telefonieren oder gemeinsam spielen.

http://www.freifunk.net

## 8.2.7. OpenStreetMap

›Unterwegs für eine freie Weltkarte‹: Ähnlich wie Wikipedia beruht die *OpenStreetMap* darauf, dass weltweit Menschen mitmachen. Nur reicht es hierbei nicht, am Computer sitzen zu bleiben: Hinaus muss es gehen, entweder allein oder im Team, aber immer mit einem GPS-Track ausgestattet. Während dieses Gerät die Position mit protokolliert, notieren sich die ›Mapper‹ wichtige Informationen wie Straßennamen, Gebäude oder Park- und Wasserflächen, die später in der Karte verzeichnet sein sollen. Später am Computer werden die Daten nachgezeichnet, mit den Informationen vom Notizblock angereichert, und anschließend an die zentrale Projektdatenbank übertragen. Schon kurze Zeit später sind die neuen Daten für alle sichtbar, und ein weiteres Stück Weltkarte für alle frei nutzbar zur Verfügung gestellt.

Um dies zu ermöglichen, sind viele Open-Source-Programme eigens entwickelt worden.

http://www.openstreetmap.de

## 8.3. Freie Radios

Vor zwanzig Jahren kam ich zum Radio St. Pauli in Hamburg dazu. Die Möglichkeit des Offenen Kanals, anderswo auch Bürgerfunk genannt, wurde genutzt, um als alternatives Radio zu fungieren, und um für eine Lizenz als Freies Radio zu kämpfen. So manches Gesetz wurde eigens für uns verabschiedet, um eine koordinierte und politische Nutzung des Kanals zu verhindern. Nach einem internen Streit bildeten wir Frauen bis auf eine das Radio St. Paula, und teilten uns mit dem ins Radio Loretta verwandelten Rest die wöchentlichen Sendezeiten. Irgendwann gab es auch diese beiden Radioinitiativen nicht mehr, und fast wäre es das gewesen. Zum Glück lud aber Urs in seine kleine Wohnung im abgelegenen Stadtteil Dulsberg und wir gründeten diesmal die ›Radio-Initiative‹. Hieraus erwuchs das *Freie Sender Kombinat Hamburg*, das heute unter 93 Megaherz über Antenne beziehungsweise 101,4 Megaherz im Kabel ein selbstverwaltetes, durchgängiges und politisches Radioprogramm gestaltet.

Das FSK ist Teil des Bundesverbandes Freier Radios. Einige der hier organisierten haben eine noch bewegtere Geschichte hinter sich. Das älteste Deutschlands, *Radio Dreyeckland* in Freiburg, startete 1977 als Piratensender, und begann mit Nachrichten aus dem Widerstand gegen Atomkraftwerke. Seine Geschichte ist zudem eng verknüpft mit dem ehemals besetzten Grethergelände. Seit 1988 sendet Radio Dreyeckland legalisiert auf der Frequenz 102,3 aus dem selbstverwalteten Projekt.

*Radio LoRa* ist das älteste Freie Radio der Schweiz; gerade feiert es den 25. Geburtstag. Dazu heißt es:

> Die Alternativen und mit ihr Radio LoRa haben sich entwickelt. Aspekte der im LoRa gelebten Alternative sind die Werbefreiheit, die weit reichende Freiwilligenarbeit, der niederschwellige Zugang zum Medium, das Serviceangebot von und für Migrantinnen und Migranten, die interkulturelle Zusammenarbeit, die Audiokunst. Stimmen und Musik ausserhalb des Mainstream, von den kommerziellen Medien nicht oder kaum berücksichtigte Themen und Sichtweisen kamen und kommen im LoRa ebenso zu Wort wie gesellschaftliche und individuelle Utopien. Der Betrieb ist basisdemokratisch mit der Vollversammlung der Mitglieder als oberstem Organ. Der Gleichstellung von Mann und Frau wird nicht nur im Betrieb besondere Aufmerksamkeit geschenkt, sondern auch im Zugang zum Mikrofon werden Frauen konsequent ermutigt und gefördert.[117]

Von Anfang an beanspruchten die Frauen die Hälfte des Äthers als Alternative zum Patriarchat, und auch heute fühlten sie sich noch der Forderung der Frauenbewegung der achtziger Jahre nach ›Politik in der ersten Person‹ verpflichtet, so Nicole Niedermüller anlässlich des 25jährigen Bestehens.

Die Inhalte seien dabei nicht unbedingt feministisch, nicht selten aus queertheoretischer Sicht, häufig von Frauen aus unterschiedlichen Migrationshintergründen, und insgesamt vielfältig.

> Das Politische an einem Gemeinschaftsradio wie dem LoRa liegt nicht nur in den explizit politischen Themen, sondern bereits darin, dass Menschen, deren Stimme sonst nicht gehört wird, das Wort ergreifen und sich einmischen … Anliegen, die sonst un-erhört bleiben, gibt es für uns Frauen bei LoRa genug. Es liegt an uns allen, dazu beizutragen, dass Radio LoRa auch in den nächsten 25 Jahren weiterhin ein Ort für laute, leise, wütende und softe Einmischung von Frauen bleibt![118]

http://www.fsk-hh.org
http://www.rdl.de
http://freie-radios.de
http://www.lora.ch

## 8.4. Contraste

Zum einen steht *Contraste* hier als ein Beispiel für die zahlreichen Zeitungen, deren Redaktionen ehrenamtlich arbeiten. Zum anderen aber ist Contraste als ›die Monatszeitung für Selbstorganisation‹, wie es im Untertitel heißt, *das* Medium, welches aus den Projekten heraus über die Mehrzahl der hier in diesem Buch versammelten und viele weitere Ansätze berichtet. Entsprechend beschreibt Heinz Weinhausen, warum er mitarbeitet:

> »Ich sehe die Contraste als Werkzeug und als Mutmacher, womit die Leute wissen: ›Aha, das gibt es und das gibt es, und da möchte ich selber auch ein Stück mitmachen‹. Das ist für mich die Motivation: Dass andere nicht nur darüber lesen, sondern selber was versuchen.«

Denn letztlich, so heißt es in einem Bericht über das jährlich stattfindende große Redaktionsplenum, »können wir als Zeitung nur darüber berichten, was Menschen an Neuem säen und beackern«. Doch der Frage von Rio Reiser sei nicht auszuweichen: ›Wann, wenn nicht jetzt? Wo, wenn nicht hier? Wie, wenn ohne Liebe? Wer, wenn nicht wir?‹.[119]

http://www.contraste.de

## 8.5. indymedia

Die Proteste gegen die Welthandelsorganisation in Seattle Ende 1999 gelten als die *coming-out*-Party der Globalisierungsbewegung. Gleichzeitig stand Seattle am Anfang von *indymedia*, einem weltweiten Nachrichten-

210

netzwerk von unten. Von allen möglichen Menschen wurden Berichte, Fotos und Videos auf der Webseite indymedia.org hochgeladen, und so das *›the whole world is watching‹*, welches der Polizei bei gewalttätigem Vorgehen zugerufen wurde, erst ermöglicht. Am Ende der Proteste trafen wir uns, um zu überlegen, wie dies auf eine globale Ebene gehoben werden könnte. Wir gingen ohne Plan auseinander, aber es musste auch nichts geplant werden – andere, die sich wahrscheinlich nicht einmal die Mühe gemacht hatten zu kommen, taten einfach. Innerhalb weniger Monate hatten sich über alle Kontinente hinweg in den einzelnen Ländern eigene, aber vernetzte indymedia-Seiten gebildet. Nur mit der deutschen Sektion gab es noch einige Querelen, da diese vor dem absoluten *Open Posting* zurückschreckten aus Angst vor faschistischen Kommentaren. Generell war die Atmosphäre hier weniger offen als ich sie in Seattle oder später beispielsweise während der Proteste gegen das Weltwirtschaftsforum in Davos erlebt hatte – nachdem ich zwei Tage lang dem Castor gefolgt war und alle Informationen per Handy durchgegeben hatte, erreichte ich wieder die Basisstation, nur um festzustellen, dass ich dort für eine Polizei-Spitzelin gehalten wurde. *I was not amused.*

Doch davon unabhängig erlebte ich die Einrichtung von indymedia als großen Durchbruch, nicht weiter abhängig zu sein von kommerziellen Medien. Wenn indymedia heute wieder an Bedeutung verloren hat, dann liegt dies wohl auch daran, dass inzwischen zahlreiche Möglichkeiten für schnelle Informationen aus den Bewegungen heraus bestehen. Doch indymedia bleibt eine zentrale Adresse.

http://www.indymedia.org
http://de.indymedia.org

# 9. Mobilität

## 9.1. Offene Fahrradwerkstätten

Fahrradwerkstätten sind vermutlich die häufigste Form von Umsonstwerkstätten. Das Umsonstnetz Hamburg macht auf die offene Fahrradwerkstatt in der Roten Flora aufmerksam[120] – aha, es gibt sie also noch, da werkelte ich schon vor fünfzehn Jahren an dem Bike, das mich noch heute trägt. Dieses repariere ich inzwischen in der offenen Werkstatt meines Projekts. Hier lassen sich aus den vorhandenen alten Rädern auch ganze Räder neue zusammenbauen. So manche gewagte Liege- oder Hochrad-Konstruktion entstand hier schon.

## 9.2. Der Pinke Punkt

Unter dem Motto ›Wir wollen alles! Mobilität für alle!‹ startete im Frühling 2005 in Berlin die Kampagne ›Pinker Punkt‹. Sabine Fuchs von der Kampagne Berlin Umsonst erklärte hierzu:»Der pinke Punkt ist das Erkennungsmerkmal für alle, die umsonst ans Ziel kommen wollen. Gruppen von Pink-Fahrern werden sich zusammentun und gemeinsam Fahrschein-Kontrolle verweigern.« Die Erkennbarkeit durch einen pinken Aufkleber und Button sei Voraussetzung dafür, dass man sich im Alltag erkenne, solidarisiere und über eine gemeinsame Fahrt kommuniziere. Diese »Ermöglichung von kollektiver Aneignung der Mobilität« wurde zugleich ausgeweitet als Maßnahme gegen die rassistischen Kontrollen auf Bahnhöfen. »Gegen Verschärfung der Lebensbedingungen, Ausgrenzung und unbezahlbare Fahrkarten bringen wir die Solidarität von unten wieder ins Spiel. Wer pink fährt, steht den Opfern rassistischer Maßnahmen zur Seite. Wer pink fährt, nimmt dich auf seinem Ticket mit.«

Im Hochsommer gab es dann Anlass zum Feiern:»nicht nur seine Erfolge, sondern auch die Misserfolge: Weil das an sich geniale Konzept nicht *jeden* Praxistest bestanden hat, gibt's ein paar Leute, die mit BVG

*Fahrräder im Winterschlaf vor einer offenen Werkstatt*

und Vater Staat noch offene Rechnungen haben. Die wollen wir noch begleichen!«, hieß es in einer Einladung zu einer Soli-Party. Danach wurde es ruhig um den Pinken Punkt ...

Letzte Woche stand ich am frühen Nachmittag am Fahrkartenautomaten, als eine Frau auf mich zukam und mich fragte: »Können Sie eine Tageskarte gebrauchen? Nehmen Sie einfach!«. Manches lässt sich auch ohne Pinken Punkt verwirklichen. Und zwar unauffälliger.

http://www.berlin-umsonst.tk


## 9.3. Schwarzfahrversicherung Planka in Stockholm

Es soll sie auch einmal in Berlin gegeben haben, doch für eine aktuelle Version muss hier einmal über den deutschsprachigen Tellerrand nach Schweden geschaut werden. Mobilität zu sichern – nicht nur als Recht, sondern als Tatsache, darum geht es der Kampagne Planka. Rasmus beschreibt sie als »einen Versuch weiterzukommen, nicht nur auf Demonstrationen zu gehen, sondern beim alltäglichen Leben anzusetzen«.[121]

213

Im Herbst 2001 startete diese Initiative, die für libertäre Bewegungen eher untypisch ist: Eine Versicherung – für all jene, die in Stockholms zum großen Teil privatisierten Nahverkehrsbetrieben ohne Ticket kontrolliert werden. Mit 100 Kronen – knapp zehn Euro – liegt der Monatsbeitrag deutlich unter den Kosten von 690 Kronen für ein Monatsticket. Wird jemand erwischt, sind 1200 Kronen ›erhöhtes Beförderungsgeld‹ fällig, und die Versicherung besteht wie andere auch auf einem Eigenbeitrag von 100 Kronen, übernimmt aber die restlichen. Der Profit, der sich für Planka ergibt (die Verwaltungsarbeit wird durch Freiwillige erledigt), wird an Projekte gestiftet; so an *Ingen Människa är Illegal – Niemand ist illegal* für Monatstickets von Flüchtlingen.

Doch Planka ist mehr als nur eine Versicherung; die Organsation macht Öffentlichkeits- und sogar Lobbyarbeit für eine Steuerfinanzierung öffentlicher Verkehrssysteme. »Wir wollen das Konzept der Finanzierung durch Fahrkarten in Frage stellen. Denn selten wird gefragt, wie viel dieses System kostet: der Druck und der Verkauf der Fahrkarten, die Installation und Wartung der Eingangsschalter, das ganze Personal, das die Eingänge überwacht, die längere Fahrtzeiten für Busse usw. usf. – das alles kostet Geld. Es scheint irgendwie ›natürlich‹, Fahrkarten zu verwenden, aber wir wollen die Frage umdrehen«, erläutert Christian Tengblad. Er glaubt, dass gemeinsame Interessen mit den BusfahrerInnen bestehen, die (wie auch in Deutschland) in letzter Zeit immer häufiger Opfer von Überfällen wurden. »Es geht sogar so weit, dass die Verkehrsbetriebe sogenannte ›GeheimeinkäuferInnen‹ einsetzen, die das Verhalten der BusfahrerInnen kontrollieren. Durch diesen Druck sind sie so streng geworden, dass sie sogar kleine Kinder auf dem Weg von der Schule nach Hause, die ihre Brieftaschen verloren haben, aus dem Bus rauswerfen. Wir aber sagen: öffentlicher Verkehr muss ein Recht für alle sein. Man muss ja auch kein Ticket kaufen, um den Bürgersteig benutzen zu können!«[122]

Nach einem Treffen mit ähnlichen Initiativen im Rahmen des Europäischen Sozialforums 2008 im schwedischen Malmö startete Planka die globale Webseite *freepublictransports.com* als Forum für eine Bewegung für freien öffentlichen Transport. Angesichts der Milliarden für die Auto-Industrie dürfte das Argument, dafür sei kein Geld da, ja wohl endgültig verpufft sein.

http://www.planka.nu
http://www.freepublictransports.com

## 9.4. Trampen

Früher, in den siebziger und achtziger Jahren, standen wir an jeder Landstraße, heute sind sie praktisch nur noch auf Autobahnrasthöfen anzutreffen: TramperInnen – doch trotz des großen I´s gilt: Frauen sind selten geworden. Zu viele haben schon einmal eine blöde Erfahrung gemacht, und haben danach von dieser Möglichkeit Abstand genommen. Allerdings betonten Wandergesellinnen, mit denen ich sprach, dass sie auf diese Weise gut reisen. Da diese sich verpflichten, während ihrer dreijährigen Wanderschaft keinerlei Geld für ihr Fortkommen auszugeben, halten sie, in ihre Kluft gekleidet, immer noch auf jeder Strecke den Daumen heraus.

Aber auch für Männer ist Trampen heute aufwendiger als früher. Nicht nur, weil sie erst zu den Autobahnraststätten hinkommen müssen. Sondern auch in Punkto Outfit ist vorzusorgen: Rasieren, sagt Raphael, sei absolut wichtig. Auch die Haare eher kurz, und auf keinen Fall komplett schwarz gekleidet – sonst nehme einen niemand mit. In Zeiten des Internets stellt man sich aber sowieso nicht einfach an die Straße, sondern geht erstmal online. Hier finden sich nicht nur in mehreren Sprachen allgemeine Tipps zum Trampen, sondern auch die besten *hitch-points*.

http://www.hitchwiki.org

## 9.5. Mitfahrgelegenheiten

Unter www.mitfahrgelegenheiten.de und ähnlichen Webseiten lassen sich im Vergleich zu beispielsweise Bahnpreisen erschwinglichere Möglichkeiten des Reisens koordinieren. Die MfGs beziehen sich meist auf PKWs, seltener auf Bahnfahrten. Sie bedeuten für beide Seiten eine monetäre *win-win*-Situation, während die Webseite mit Werbung betrieben wird. Mit Umsonstökonomie hat dies erstmal nichts zu tun, kann aber trotzdem eine hilfreiche Alternative darstellen.

Wer des Öfteren mit dem Wochenendticket oder auch mit den Ländertickets reist, wird es kennen, von Mitreisenden spontan angesprochen zu werden, ob sie auf diesen Gruppentickets, die in der Regel für insgesamt fünf Personen gelten, mitfahren können. Auch hier kann es sein, dass diese Geld anbieten, doch ist es durchaus üblich zu fragen, ob die Mitfahrt umsonst erfolgen kann – eine prima Alternative zum Trampen für alle jene, die sich mit Unfallstatistiken auskennen!

## 9.6. Hospitality Club & Co

Mehrere Hundertausend Unterkünfte in über 200 Ländern stehen allen offen, die sich beim *Hospitality Club* anmelden. Was schon vor über fünfzig Jahren unter dem Namen *Servas* gegründet wurde – sich weltweit zu vernetzen und gegenseitig Platz in der eigenen Wohnung zum Übernachten bereitzustellen – boomt nun durch die Möglichkeiten des Internet. Bei Servas geht es bis heute wesentlich um die ›zwischenmenschliche Kontakte zwischen den Völkern‹, und auch beim Hospitality Club wird der Weltfrieden beschworen. Letztlich aber ist er wesentlich pragmatischer vom Ansatz. Bei Servas muss erst ein persönliches Gespräch bestanden werden, und es wird viel Wert auf die gegenseitige Begegnung gelegt, bei den jüngeren Vernetzungen reicht die elektronische Anmeldung (die allerdings auf Echtheit überprüft wird), und es darf auch einfach mal nur übernachtet werden.

»Der Hospitality Club ist ein nicht-kommerzielles Projekt«, heißt es auf seiner Webseite, und jeder Versuch einer Gastgeberin, Geld zu nehmen, würde sicherlich sofort zu einem Eintrag im persönlichen Steckbrief führen. Erst im Jahr 2000 von dem Dresdner Veit Kühne gegründet, gibt es mittlerweile rund 2.000 HelferInnen, die Neu-Mitglieder betreuen, Chat-Rooms moderieren oder lokale Treffen organisieren. Aber nicht alle der rund 400.000 Mitglieder zeigen ein solches Engagement: So manche Karteileiche befindet sich darunter. Da heißt es schon manchmal, eine Nachfrage nach der anderen in die Welt hinauschicken zu müssen, bevor man selbst fahren kann. Erfolgt hier keine Antwort, ließe es sich bei *bewelcome.org* versuchen. Diese Abspaltung vom Hospitality Club wurde 2007 gegründet und ist der erste online-Gastgeberdienst, der durch und durch mehrsprachig organisiert ist.

Die Webseite *couchsurfing.org* wurde 2003 ins Leben gerufen, und zählte im März 2009 bereits über eine Million Mitglieder in 231 Ländern. Die schnellere und größere Verbreitung liegt vermutlich daran, dass anders als der Hospitality-Club, der sich nie eine andere Form suchte und damit letztlich ein Einzelunternehmen darstellt, der Couchsurfing-Gründer Casey Fenton nach einem technischen Ausfall der Seite die Organisierung und Programmierung auf eine breitere Basis gestellt hat.

Für die Überprüfung der Daten muss eine von der Kaufkraft des eigenen Landes abhängige Gebühr bezahlt werden; in Deutschland sind dies derzeit knapp 16 Euro. Aber auch couchsurfing betont, »We are not now, nor have we ever pursued financial gain«.[123] Kritik entzündet sich daran, dass Mitglieder sich bei Anmeldung damit einverstanden erklären müssen, dass ihr Foto und ihre Profildaten beliebig verwendet werden können. Die Betreiber des Hospitality-Clubs dagegen lesen erstmal die Emails zwischen den Mitgliedern durch, bevor diese ihr Ziel erreichen.

Das Problem, dass diese Vernetzungen als Kontaktbörsen missverstanden werden, haben alle. Selbst als Gastgeberin bei Servas erinnere ich mich an einen Besucher mit dem vielsagenden Namen Randy Cook…

http://www.hospitalityclub.org
http://www.couchsurfing.org
http://www.servas.de
http://www.bewelcome.org

# 10. Fun

## 10.1. Fiesta Umsonst in Hamburg

»Was kostet das denn?« Zweifellos hat sie mitbekommen, dass sie sich auf einem Straßenfest befindet, dass sich *Fiesta Umsonst* nennt – einmal im Jahr, immer mitten im Hochsommer, findet dieses Straßenfest in und um den Bürgertreff Altona-Nord in Hamburg statt, organisiert vom Arbeitskreis Lokale Ökonomie. Aber wie kommt man denn nun an den Kaffee? »Nehmen Sie sich einfach. Aber Sie können gerne spenden, wenn sie mögen«, antwortet ihr der Mann hinter dem Tresen. Sie bleibt verunsichert: »Wie viel soll ich denn spenden?« Ein ungefähr 10jähriger Junge meint, er habe das Prinzip schon etwas besser verstanden: »Und wenn ich nur einen Cent Spende, dann bekomme ich auch eine Waffel?«. Hat er aber nicht.

Allerdings: Bei einer Sache, die mir auf einem der Flohmarkttische gefällt, wird mir bewusst, wie ich kurz denke: ›Ach, das besorge ich mir mal im Umsonstladen, da muss ich nicht spenden‹. Als mir das klar wird, nehme ich es einfach so, gehe weg, so auch bei weiteren Dingen, obwohl die Leute direkt hinter den Tischen stehen, es ist nicht so anonym wie im Schenkladen. Auch beim Essen mache ich das noch mal. Es bleibt kein komisches Gefühl, schräg angesehen zu werden hierfür. Ja, es ist wirklich umsonst.

Natürlich aber lebt auch diese Fiesta vom Beitragen vieler. Die Harfespielerin ist kein Profi, aber als sie überlegte, was sie beitragen könnte, kam sie eben auf diese Idee. Ähnlich erging es vielleicht derjenigen, die Kopfmassagen anbietet. Hier gibt zwar keine Warteschlange, doch nie sehe ich den Stuhl frei, er ist den ganzen Nachmittag über besetzt. Schade eigentlich. Eine Spendendose entdecke ich nicht.

Nicht nur an den beiden Vorführungszelten spielt die Musik, sondern am späten Nachmittag bis in die Nacht hinein auch drinnen im zur Verfügung gestellten Gemeindezentrum. Die erste Band spielt ›PsychoPop‹. »Das hat mir unheimlich gut gefallen«, sagt meine Sitznachbarin zu der Frau neben ihr. »Ich muss unbedingt für die mal einen Song schreiben«.

Nach dem Konzert geht sie auf die Sängerin zu. Die ist begeistert. So ist auch hier eine Form des Beitragens entstanden.

## 10.2. Camp Tipsy

›Kultur kann man nicht kaufen‹ steht auf seinem T-shirt, während er sich im Rhythmus über die Tanzfläche bewegt. Es ist Sonntagnachmittag, After-Hour-Party auf dem Camp Tipsy, das ›Camp jenseits kommerzieller Verwertbarkeit‹. Verschiedene Dancefloors sind noch offen, die Live-Bands aber haben ihre Auftritte schon hinter sich. Wer nicht mehr tanzen möchte, probiert sich beim Siebdruck-Workshop, sonnt sich mit einer Cuba Libre oder einem Indischen Chai auf einem der Sofas – oder schläft endlich mal. ›Bitte bringt keine Schweine mit und kommt mit Bahn und Fahrrad und Luftballons!!‹, hieß es auf der Ankündigung. Als Solidaritätsbeitrag werden offiziell mindestens fünf Euro erbeten, doch versichert sich die Frau am Eintritt, ob das nicht zu viel sei? Mit dem Geld werden die Unkosten gedeckt – und Überschüsse kommen den Angeklagten der Repressionswelle im Zusammenhang mit dem Widerstand gegen das G8-Treffen in Heiligendamm zugute. Verschiedene Getränke- oder Essensstände – die einen mit Festpreisen, die anderen auf Spendenbasis – sind nur zugelassen, wenn auch ihre Überschüsse einem ›guten Zweck‹ dienen. Die Bands erhalten lediglich Spritgeld, doch trotzdem war schon lange vor dem Camp die Live-Bühne voll ausgebucht.

So kommen zu diesem ›kleinen Freudenfest der Kunst und Musik‹ jedes Jahr Musiker, Dj`s, Klangforscher, Filmemacher, Theaterleute, Artisten, Clowns und Kleinkünstler Ende Juli oder Anfang August ein Wochenende zusammen. Wer einige Tage vorher anreisen und mithelfen oder einfach nachher noch bleiben und am besten mit abbauen möchte, ist natürlich sehr willkommen. Und auf dem Gelände, 40 km vor Berlin, inmitten von Wald und von vielen Seen umgeben, lässt es sich gut eine Woche aushalten.

http://www.camptipsy.de

## 10.3. Kinderbauernhof am Mauerplatz

Der *Kinderbauernhof am Mauerplatz* in Kreuzberg ist 1981 als Initiative von unten und als erster Kinderbauernhof in Berlin entstanden: Eine Mutter-Kind-Gruppe, NachbarInnen, Kinder und Jugendliche, alles Menschen unterschiedlicher Nationalitäten, entmüllten und begrünten ein ehemaliges Trümmergrundstück an der Mauer, bauten Ställe und schafften Tiere an, um vor allem für die Kinder ein Stück Grün in der Betonwüste zu schaffen. Noch in den Achtzigern kam es zu einer gewaltsamen Räumung samt Wiedereroberung, im Jahr 2001 dann zu einem Nutzungsvertrag. Eine dauerhafte Absicherung des Geländes bedeutet dies aber nicht, da das Grundstück nach dem Fall der Mauer einen erheblichen Wert darstellt.

> Genau da, wo er gewachsen ist, wird er gebraucht und weil er genau dort gebraucht wird, hat er sich über lange Durststrecken hinweg gehalten und weiterentwickelt. Der Bauernhof dient als offener Spiel- und Lernort, der von zahlreichen Menschen, Kindergruppen und Schulklassen genutzt wird. Wir haben Schafe, Ziegen, Ponys, Esel, Enten, Gänse, Hühner, Kaninchen, Gärten, ein Gemeinschaftshaus aus Lehm, Weide- und Tobefläche. Kinder können Kontakt zu Tieren aufnehmen, exemplarisch lernen, wie Futter, Heilpflanzen und Gemüse angebaut werden, ökologische Kreisläufe ›zum Anfassen‹ begreifen und Verantwortung für sich, die Gemeinschaft und ihre Umwelt übernehmen lernen.

> http://www.kbh-mauerplatz.de

## 10.4. KinderCafé Lolligo in Wien

Mit Kindern nicht zu Hause sitzen bleiben müssen, nur weil es am Geld fehlt: Das ist ein Grundgedanke des Kindercafés Lolligo in Wien. Hier herrscht kein Konsumzwang, das Projekt läuft in erster Linie mit Spenden oder über Vermietung und Catering-Service. Die gemütlichen Räume beherbergen riesige Teddybären und Stofflöwen sowie viel anderes Spielzeug und ganze Regale voller Bücher. Sogar ein kleiner Sandkasten findet hier seinen Platz.

Nur für besondere Anlässe wird manchmal ein Beitrag verlangt: Drei Euro kostet der Sonntagsbrunch oder das Kontaktcafé für Alleinerziehende. Dafür haben dann aber nicht nur die Kinder ihren Spaß.

> http://www.lolligo.net

## 10.5. Ferienkommunismus in Widerstands-Camps

Spaß kann bekanntlich auch Widerstand machen. Aber gleichzeitig ist nicht ganz unbeabsichtigt, mit diesem Punkt dieses Buch zu verlassen. Es soll noch einmal darauf verweisen, dass nie damit gemeint war, ausschließlich das Konzept von Halbinseln – oder Keimformen – zu propagieren. Es geht nicht darum, die verschiedenen Möglichkeiten, diese Welt zu verbessern, gegeneinander auszuspielen.

Im Ferienkommunismus, wie die Selbstorganisierung in Widerstandscamps seit einigen Jahren mal kritisch, mal ironisch, mal liebevoll genannt wird, kommt zudem alles zueinander; hier wird spürbar, was in einem Alltag alles geregelt werden muss: eben Nahrungsmittel, Produktion, Dienstleistungen, Wohnen, Finanzen, Bildung, Gesundheit, Kommunikation, Mobilität und Spaß. Ein schönes Beispiel war das Camp in Reddelich gegen das G8-Treffen vom Juni 2007: Die gespendeten und containerten Lebensmittel, die in den verschiedenen Volxküchen ununterbrochen verarbeitet wurden. Der von den WandergesellInnen gebaute Holzspielplatz inklusive einem Karussell, das vom Dorf später übernommen wurde. Die Solarduschen mit dem geschnitzten und bemalten Regenbogen davor, und die in Schwarz-Rot gehaltene Bar, an der am Abend vor den Aktionen aber kein Alkohol ausgeschenkt wurde – eine Tatsache, die die DorfnachbarInnen ebenso beeindruckte wie überhaupt, dass 7.000 Menschen hier lebten und feierten und sich organisierten, ohne Chefs und, wie sie ebenfalls erstaunte, ohne Streitereien. Dazu Workshops, in denen Skillsharing betrieben wurde. Zelte, in denen Computer mit Internetzugang genutzt werden konnten – auch, um damit Nachrichten auf *indymedia* zu posten. Die medizinische Versorgung, die Demo-Sanis und der Trauma-Support. Die Kinderbetreuung während der Aktionen. Und das Delegierten-Prinzip der Bezugsgruppen, die eine Koordinierung auch bei Bedrohung durch Polizei ermöglichte. Der Camp-Schutz. Die Spenden, die soviel über den Ausgaben lagen, dass daraus im Anschluss eine Art informeller Stiftung gegründet wurde. Die Strandparty ohne Strand. Das gemeinsame Wohnen.

Auf diese Weise wurde es möglich, eine kurze Zeit ein ›*vivir bien*‹ zu erleben: Auf einer kleinen Halbinsel des Widerstands, die sich nicht nach innen abkapselte, sondern kraftvoll nach außen wirkte. Einige in diesem Buch zu Wort gekommene Menschen dehnen diese Zeit auf ihr ganzes Leben aus. Und auch dies kann kraftvoll nach außen wirken.

*An der Grenze von Camp Reddelich*
*(Foto: Torben Ibs)*

# Anmerkungen

1 Zit. na. J.K. Gibson-Graham (2006): *A Postcapitalist Politics*, Minneapolis/ London, S. xxvii.

2 Stiftung Fraueninitiative, Carola Möller, Ulla Peters, Irina Vellay (Hg.) (2006): Dissidente Praktiken. Erfahrungen mit herrschafts- und warenkritischer Selbstorganisation, Königstein.

3 Franz Schandl (2008): ›Fülle und Verzicht‹, in: *Contraste. Die Monatszeitung für Selbstorganisierung*, Nr. 291, S. 10.

4 Diese Meldung ging zurück auf die Präsentation der Studie ›60 Jahre Bundesrepublik: Quo vadis, Deutschland?‹ der Stiftung für Zukunftsfragen am 2. April 2009.

5 Vgl. REDaktion (Hg.) (1997): *Chiapas und die Internationale der Hoffnung*, Köln.

6 Zit. na. Gibson-Graham, a.a.O., S. 85; auch die in diesem Absatz folgenden Zitate finden sich hier.

7 Vgl. Gibson-Graham, a.a.O., S. 96.

8 Ob eine Person in diesem Buch nur mit Vor- oder mit Vor- und Nachname erwähnt wird, liegt entweder daran, dass sie sich dafür entschieden hat, oder an dem Kontext, indem sie mir begegnete. Des Öfteren ist damit auch eine Anonymisierung auf Wunsch der Person verbunden. Ebenso stand es Projekten frei, sich für eine Anonymisierung zu entscheiden.

9 Zit. na. Gabriele Goettle (2005): ›Umsonst ist nur der Tod. Gaby vom Umsonstladen-Kollektiv dementiert‹, in: *die tageszeitung* vom 31.01.2005; http://www.taz.de/ index.php?id=archivseite&dig=2005/01/31/a0234.

10 Katharina Kraiß/ Thomas van Elsen (2008): ›Community Supported Agriculture in Deutschland. Konzept, Verbreitung und Perspektiven von landwirtschaftlichen Wirtschaftsgemeinschaften‹, in: Lebendige Erde 2/2008, S. 46; http://forschungsring.de/ fileadmin/lebendigeerde/pdf/2008/Forschung_2008-2.pdf.

11 www.gegenseitig.de/unsere-pag/projektgruppe-karlshof.html.

12 Ebd.

13 Faltblatt der Lokomotive Karlshof: Warum Nichtkommerzielle Landwirtschaft (NKL)?

14 Carola Möller (1997): ›Überlegungen zu einem gemeinwesenorientierten Wirtschaften‹, in: dies. u.a., Wirtschaften für das ›gemeine Eigene‹: Handbuch zum gemeinwesenorientierten Wirtschaften, Berlin, S. 17-32, hier S. 22.

15 Über Gemeinschaftsgärten in New York schreibt Elisabeth Meyer-Renschhausen in ihrem Buch Unter dem Müll der Acker. Community Gardens in New York City, Königstein 2004.

16 Im Interview mit Julia Jahnke am 18.11.2006 in New York; zit. na. Julia Jahnke (2007): Eine Bestandsaufnahme zum globalen Phänomen Guerilla Gardening anhand

von Beispielen in New York, London und Berlin, Magisterarbeit im Studiengang Nachhaltige Landnutzung, S. 39.

17  Julia Jahnke, in: Jahnke, a.a.O., S. 46.

18  Zit. na. Jahnke, a.a.O., S. 71.

19  Für Berlin unter whopools.net; für London vgl. Jahnke, a.a.O., S. 44.

20  Zit. na. o.A. (2008): ›Keine Pflanze ist illegal‹, in: Zitty Berlin vom 19.07.2008; http://www.zitty.de/magazin-berlin/16119.

21  Vgl. Elisabeth Raether (2008): ›Gärten und Gardinen‹; in: die tageszeitung vom 22.08.2008; http://www.rosarose-garten.net/files/taz_22082008.pdf.

22  http://www.wir-koennen-auch-gruener.de/html/newsletter_rose.htm.

23  Zit. na. Jahnke, a.a.O., S.91.

24  Auch online einzusehen: http://stressfaktor.squat.net/vokue.php?day=all.

25  Zit. na. der Webseite Bandito Rosso; http://bandito.blogsport.de/bevoku.

26  Goettle, a.a.O.

27  http://www.umsonstladen-gießen.de.vu.

28  http://www.diggers.org/free_store.htm. Die Diggers oder auch True Levellers waren eine Bewegung des 17. Jahrhunderts in Großbritannien. Sie besetzten 1649 öffentliches Brachland, um es zu kultivieren und die Früchte ihrer Arbeit an die Armen zu verteilen. Bereits 1651 jedoch wurde das Land geräumt und die Bewegung zerschlagen.

29  AK LÖk (2008): Herausfinden, was ich wirklich will!, Flugblatt vom 16.09.2008.

30  AK LÖk (2008): Eine Selbstkritik der Umsonstläden – Rückblick und Ausblick; http://www.coforum.de/?78.

31  AK LÖk (2006): Umsonst ist nicht genug. Bericht aus dem Umsonstladen Hamburg Altona; http://coforum.de/?6294.

32  Freddy, Volker, Amadou, Ilka, Tonja und Hilmar auf dem zweiten bundesweiten Umsonstladentreffen im November 2004; http://coforum.de/index.php?UmsonstladenTreffen.

33  AK LÖk 2008, a.a.O.

34  Volker Lange am 15.01.2006.

35  Flugblatt des Systemfehlers zur Selbstdarstellung vom 03.07.2008.

36  http://autoorganisation.org/mediawiki/index.php/Systemfehler/Grundverständnis.

37  http://systemfehler.info/2007/06/26/alles-umsonst-bei-systemfehler.

38  Vgl. http://www.youtube.com/watch?v=g4nbbnB5e1Q.

39  http://www.schoener-leben-goettingen.de/Materialien/Publikationen/PDF/Warentausch-tag.pdf

40  Ebd.

41  http://de.groups.yahoo.com/group/freecycle-berlin/message/4555.

42  Ebd.

43  Zit. na. Ute Flamich (2008): ›Gibst du mir, geb´ ich dir‹, in: Thüringische Landeszeitung vom 28.02.2008; www.de.freecycle.org/?download=Thueringische_Landeszeitung_20080228.pdf.

44  Stephen Gudeman (2001): The Anthropology of Economy. Commodity, Market, and Culture, Oxford, S. 27; zit. na. Gibson-Graham, a.a.O., S. 95.

45  Vgl. Michael Heller (2008): The Gridlock Economy. How Too Much Ownership Wrecks Markets, Stops Innovation, and Costs Lives, New York.

46  Stefan Meretz (2009): ›Commons – Gemeingüter‹, in: Streifzüge Nr. 45 (April), S. 15.

47  Nick Dyer-Witheford: Commonism, http://www.turbulence.org.uk/commonism.html.

48  Christian Höner (2004): ›Über das Wesen des Kapitalismus. Eine Einführung‹, in: Streifzüge Nr. 30; http://www.krisis.org/2006/was-ist-der-wert.

49  Werner Ruhoff (2006): Zum Thema alternatives Wirtschaften. Eine Vorlage für die Friedensinitiative Köln-Mülheim.

50  Vgl. Andreas Exner (2009): ›Was ist oder soll sein Solidarische Ökonomie?‹, Webseite des Social Innovation Network; http://www.social-innovation.org/?p=1017.

51  Vgl. Pekka Himanen (2001): Die Hacker-Ethik und der Geist des Informations-Zeitalters, München; zit. na. Christian Siefkes (2007): Beitragen statt tauschen. Materielle Produktion nach dem Modell Freier Software, Neu-Ulm 2008, S. 18.

52  Dies war eins der Ergebnisse aus meiner Untersuchung der alternativen Ökonomie-Ansätze argentinischer Erwerbslosenbewegungen nach dem dortigen Finanzcrash: Aus der Not eine andere Welt. Gelebter Widerstand in Argentinien, Königstein 2004.

53  Christian Siefkes (2007): Beitragen statt tauschen. Materielle Produktion nach dem Modell Freier Software, Neu-Ulm 2008.

54  Vgl. A. Schlemm/ R. Nebelung (2008): Commons und Peer-Ökonomie, Arbeitspapier der Zukunftswerkstatt Jena zur Alternativ-Uni, S. 8.

55  Siefkes, a.a.O., S. 29.

56  Vgl. Siefkes, a.a.O., S. 34ff.

57  Siefkes, a.a.O., S. 34.

58  Vgl. Siefkes, a.a.O., S. 50.

59  Siefkes 2007, a.a.O., S. 39.

60  http://peerconomy.org/wiki/Fragen_und_Antworten.

61  Annette Schlemm/ Christian Siefkes (2009): ›Wie wir uns aus dem Kapitalismus herauswirtschaften können‹, Contraste. Die Monatszeitung für Selbstorganisation, Nr. 292, S. 10.

62  Besonders empfehlenswert erscheint mir das Buch Tauschen statt Bezahlen. Die Bewegung für ein Leben ohne Geld und Zinsen von Manon Baukhage und Daniel Wendl. Es stammt zwar bereits von 1998 (erschienen im Rotbuch-Verlag), doch zeichnet es sich nicht nur durch sympathisierende Einblicke in verschiedene Formen von Tauschringen aus, welche von eigenen Erfahrungen geprägt sind, sondern spart auch nicht damit, auf zum Beispiel rechte Tendenzen in Teilen der Tauschring-Szene aufmerksam zu machen.

63  http://www.whopools.net/index.php?lang=de&page=static&pageid=about.

64  Vgl. Heidemarie Schwermer (2003): Das Sterntalerexperiment. Mein Leben ohne Geld, München sowie http://www.HeidemarieSchwermer.com.

65  Hierzu vgl. die Webseite http://www.ressourcen-tauschring.de.

66  Die nicht in Anführungszeichen gesetzten Zitate entstammen einem früheren, nicht von mir geführten, die mit Anführungszeichen einem aktuellen Interview von mir mit Martin, einem Mitglied der Lutter-Gruppe.

67 Gerhard Breidenstein/ Uwe Kurzbein (1994): ›Gelittenes Leiden – ein Briefwechsel‹, in: Kollektiv KommuneBuch (1996), Das KommuneBuch. Alltag zwischen Widerstand, Anpassung und gelebter Utopie, Göttingen 1998, S. 235-250.

68 Obwohl mir die Kommune Niederkaufungen und einige KommuniardInnen speziell bekannt sind, habe ich für diesen Bericht wesentlich auf die 2007 erschienene Schrift 20 Jahre Kommune – Momentaufnahmen aus Niederkaufungen zurückgegriffen, indem jedeR einzelne über seine beziehungsweise ihre Zeit und Erfahrungen reflektiert. Da die einzelnen BewohnerInnen in dieser Schrift eigene Seiten haben, verzichte ich im Folgenden auf genauere Verweise.

69 Wissenschaftliches Zentrum für Umweltsystemforschung (2003): Ergebnisse des Vorhabens Gemeinschaftliche Lebens- und Wirtschaftsweisen und ihre Umweltrelevanz. Akzeptanz 3: Befragung der AussteigerInnen aus der Kommune Niederkaufungen, Kassel, S. 12.

70 Wissenschaftliches Zentrum für Umweltsystemforschung, a.a.O., S.16.

71 Ebd.

72 »Es heißt Läger und nicht Lager«, schärfte uns unser Buchhaltungsdozent im Wirtschaftsstudium ein, stolz auf diese sprachliche Distinguierung der Kaufmannsprache vom allgemeinen Sprachgebrauch. In diesem Geiste spreche ich von Bauwägen, wie es der sprachlichen Besonderheit auf Wagenplätzen entspricht.

73 Alla Hopp-Rundbrief vom 20.11.2005.

74 Ebd.

75 Alla Hopp-Rundbrief vom 28.12.2008.

76 Vgl. hierzu Friederike Habermann (2008): Der homo oeconomicus und das Andere. Hegemonie, Identität und Emanzipation, Baden-Baden, S. 178-193.

77 Gisela Notz (2007): ›Beginen sind freie Frauen, die mit beiden Füßen auf der Erde stehen‹, in: Contraste. Monatszeitung für Selbstorganisation, März 2007.

78 Gisela Notz (2008): ›Schluss mit einsam! Frauen wohnen gemeinsam!‹, in: AEP-Informationen. Feministische Zeitschrift für Politik und Gesellschaft, Heft 2/2008.

79 Kai Schlieter (2008): ›Laufen wollt ich, doch man gab mir Flügel‹, in: die tageszeitung vom 16.08.2008.

80 Zit. na. ebd.

81 Ebd.

82 Weitere Informationen hierzu befinden sich auf der Webseite des ehrenamtlichen Geschäftsführers der ›Dokumentationsstelle Pulverfabrik in Liebenau und Steyerberg e.V.‹, Martin Guse: http://www.martinguse.de/pulverfabrik.

83 Elisabeth Voß (1996): ›Wege, Umwege, Irrwege‹, in: Kollektiv KommuneBuch, Das KommuneBuch. Alltag zwischen Widerstand, Anpassung und gelebter Utopie, Göttingen 1998, S. 69-98, hier S. 94.

84 So behaupten es die ÖkonomadInnen Erika und Ofek auf ihrer Webseite http://www.economads.com/log20010819-20010910.php.

85 http://deu.anarchopedia.org/offener_raum.

86 http://de.anarchopedia.org/offene_raeume.

87 http://www.communitywiki.org/en/DoOcracy.

88 http://www.couchsurfing.com/people/somahaus.

89 http://de.wikipedia.org/wiki/Franz_Oppenheimer.

90 Ulrich Steinmeyer (2008): ›Aus der Praxis selbstverwalteter Betriebe: 10 Jahre BIBER. Ökologisch, kooperativ, sozial – wie geht das?‹, in: Sven Giegold/ Dagmar Embshoff (Hg.), Solidarische Ökonomie im globalisierten Kapitalismus, Hamburg 2008, S. 39-42, hier S. 39f.

91 Die Süddeutsche vom 21.09.2008; http://www.sueddeutsche.de/wirtschaft/22/310948/text.

92 http://www.bookcrossers.de/bcd/home/kurz.

93 http://www.tauschticket.de/cgi-perl/wirueberuns.cgi.

94 Aus einer Bitte um die Übernahme von Patenschaften in der Bedrohungssituation vom Frühjahr 2005, mit der die AktivistInnen der OUBS um öffentliche Unterstützungsbezeugungen baten.

95 Ebd.

96 http://www.unitopia.org.

97 Aus dem Unitopia-Veranstaltungsverzeichnis für das Wintersemester 08/09; http://www. unitopia.org/VA-VZ-08-09_WiSe.pdf.

98 Ebd.

99 Ebd.

100 http://www.fachschaft04.de/wp-content/uploads/2009/01/flur_funk_januar2009_endversion- klein.pdf

101 Kim Behrend (2009): ›Das Ende der Irrelevanz‹, in: Frankfurter Rundschau vom 06.02.2009.

102 http://www.jugendumweltkongress.de/JUkss_diesmal_in_Frankfurt/Main!.

103 Benni Bärmann (2009): ›Peer-Ökonomie. Beitragen statt Tauschen‹, in: Contraste. Die Monatszeitung für Selbstorganisation, Nr. 292, S. 1.

104 Aus einem Spendenaufruf, Anfang März 2009 auf jeder Wikipedia-Seite abrufbar: An Appeal from Wikipedia Founder, Jimmy Wales.

105 http://www.nexusboard.net/showthread.php?siteid=9296&threadid=7348.

106 Martin Teuschel/ Dilek Toptaş (2008): ›Das Heilehaus‹, in: 36°. Die Kotti-Rundschau, Nr. 1.

107 Ebd.

108 Faltblatt des Internetcafés Planet 13 zur Selbstdarstellung (o.J.).

109 Handout des Internetcafés Planet 13 zur Selbstdarstellung (2009).

110 Vgl. Siefkes, a.a.O., S. 145ff.

111 http://www.oekonux.de/texte/wasist.html.

112 Vgl. http://www.archive.org/details/onlinux_womeninopensource.

113 http://www.oekonux.de/texte/eigentum/index.html.

114 http://www.oekonux.de/texte/wasist.html.

115 http://www.ccc.de/faq/ccc?language=de.

116 http://start.non-profit-hosting.de/index.php/de/about-uus.

117 http://www.lora.ch/ueberuns/projekte/1-25jahre-lora.

118 Ebd.

119 Heinz Weinhausen (2006): ›Gut gelaunt im geschützten Raum‹, in: Contraste. Die Monatszeitung für Selbstorganisierung, Nr. 264, S. 2.

120 http://www.coforum.de/?7392.

121 Dieses Zitat (in eigener Übersetzung) wie auch den Hinweis auf planka.nu verdanke ich Tadzio Müller; vgl. seine Dissertation (2006): Other Worlds, Other Values. Alternative Value Practices in the European Anticapitalist Movement, University of Sussex.

122 Vgl. Wladek Flakin (2008): ›Gewerkschaft für Schwarzfahrer in Stockholm‹, indymedia vom 30.08.2008; http://de.indymedia.org/2008/08/225737.shtml.

123 http://www.couchsurfing.org/help.html#nonprofit.

.